우리 안의 우생학

— 적격과 부적격, 그 차별과 배제의 역사

현재환·박지영·김재형 엮음
김재형·민병웅·박지영·소현숙·이영아·최은경·현재환·황지성 지음

2024년 10월 11일 초판 1쇄 발행
2025년 3월 20일 초판 2쇄 발행

펴낸이 한철희 | 펴낸곳 돌베개 | 등록 1979년 8월 25일 제406-2003-000018호
주소 (10881) 경기도 파주시 회동길 77-20 (문발동)
전화 (031) 955-5020 | 팩스 (031) 955-5050
홈페이지 www.dolbegae.co.kr | 전자우편 book@dolbegae.co.kr
블로그 blog.naver.com/imdol79 | 트위터 @Dolbegae79 | 페이스북 /dolbegae

편집 하명성
표지디자인 김민해 | 본문디자인 이은정·이연경
마케팅 심찬식·고운성·김영수 | 제작·관리 윤국중·이수민·한누리
인쇄·제본 영신사

ISBN 979-11-92836-91-1 (93300)

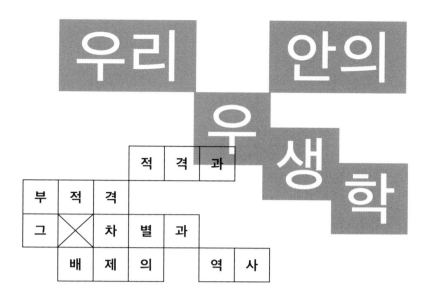

우리 안의 우생학

적격과
부적격
그 차별과
배제의 역사

현재환 박지영 김재형 엮음

김재형 민병웅 박지영 소현숙 이영아 최은경 현재환 황지성 지음

돌베개

차례

현재환·박지영

우리에게 우생학은 익숙한 주제이다. '우생학'이라는 단어를 접한 적 없는 사람이라도 나치 독일의 아리아인 우월주의와 유대인 학살, 그리고 장애인 강제불임수술과 안락사에 대해서는 한번쯤 들어보았을 것이다. 좀 더 현재와 가까운 이야기로는 산전진단기술의 발달이 촉진한 장애아 낙태나 유전자 편집 기술을 이용한 '맞춤아기'의 탄생을 들 수 있다. 이 사건들은 모두 생명을 살 가치가 있는 것과 없는 것으로 나누고, 살 가치가 없다고 판단된 사람들의 생식 또는 생존을 막으려는 시도들이었다는 점에서 우생학적이다.

　동시에 우생학은 우리에게 낯선 주제이다. 이런 어두운 역사가 우리와는 비교적 무관하다고 여기는 점에서 말이다. 과연 그럴까. 한국은 우생학적 이유에 의한 낙태를 법적으로 허용하고 있는 나라이다. 한국의 모자보건법은 "우생학적 또는 유전학적 정신장애나 신체질환이 있는 경우"를 낙태의 허용 요건으로 명시하고 있다. 이 조항을 개정하려는 시도가 역사적으로 수차례 있었지만 1973년 모자보건법의 성립 이래 '우생학'이라는 단어는 지금까지도 자리를 지키고 있다. 우생학적 사고는 정치인들의 말 속에서도 적지 않게 모습을 드러낸다. 발달장애인 부모에게 "죄가 있다면 안 낳아야 되는데 왜 낳았노"라고 한 오태원 현 부산 북구청장의 발언이나 "아이가 세상에 불구로서 태어난다든지, 이런 불가피한 낙태는 용납이 될 수밖에 없는 것 같"다고 한 이명박 전 대통령의 발언 등이 그 대표적인 예이다.

좀 더 시간을 거슬러 올라가보면, 우생학은 약 100년 전부터 한국에 등장했다. 한국의 지식인들은 1920년대에 민족을 발전시킬 수단으로서 우생학을 도입했고, 1930년대에는 조선우생협회 같은 단체를 조직해서 우생학의 중요성을 대중에게 전파했다. 1940년 일본이 장애인, 한센인, 정신질환자 등에 대해 강제불임수술을 규정한 국민우생법을 선포하자, 한국에서도 그와 비슷한 법을 제정해야 한다고 주장하기도 했다. 비록 그 시도는 성공하지 못했지만, 해방 이후까지도 우생법 제정과 우생학의 실천을 위한 지식인들의 노력은 지속됐다. 이런 과거와 현재의 상황을 살펴보면 한국이 우생사회라는 말도 과언은 아닌 듯하다.

하지만 우생학이라는 프레임으로 한국 근현대사를 이해하려는 시도는 많지 않았다. 최근 학계에서 해방 전후 한국 지식인들의 우생운동 전개에 관한 연구가 조금씩 축적되고 있고, 장애

인 등 사회적 소수자를 향한 차별과 우생학적 조치를 다룬 연구
도 점차 늘어나고는 있다. 그러나 우생학이 어떻게 한국 사회에
깊숙이 스며들어 오늘에 이르게 됐는지를 종합적으로 살펴보
려는 시도는 거의 이루어지지 않았다.

  학문적 영역 너머를 살펴보더라도, 우생학에 대한 비판이
한국에서 사회적으로 공론화된 적은 거의 없었다. 장애인 차별
로 인한 논란이 불거질 때마다 한국은 우생사회라는 비판 또한
빠지지 않고 등장했지만, 그런 지적이 한국에 우생학적 사고가
얼마나 널리 퍼져 있는지, 그것이 어떤 방식으로 사회적 약자에
대한 차별을 강화하고 있는지에 대한 면밀한 검토로 이어지
는 않았다. 이웃 나라 일본의 경우에는 1990년대 말부터 국가
의 강제불임수술에 대한 피해 보상 운동이 전개되면서, 그것이
우생학에 대한 사회 전반의 반성으로 이어졌다. 2018년 이후로
는 국가를 상대로 강제불임수술에 대한 집단 손해배상 소송이
시작됐고, 법원은 해당 시술이 행복권과 재생산권 등 헌법의 이
념에 위배된다는 판결을 내리고 있다. 반면 다양한 집단에 대해
행해진 강제불임수술의 역사와 국가 개입 여부 등이 공식적으
로 '조사' 및 '연구'된 적이 없는 한국의 경우에는 오히려 우생
학에 대한 사회적 성찰을 촉구할 만한 결정적인 계기가 조성되
지 않았다.

  『우리 안의 우생학』은 이 같은 지적 공백을 채우기 위해 일
제강점기부터 최근까지 한국 우생학의 역사를 추적한다. 우생
학의 역사를 일관되고 매끈하게 서술하기는 사실 쉽지 않다. 우

생학이 무엇인지에 대한 학자들의 정의도 여럿일 뿐 아니라, 과거의 역사 속 인물들도 우생학을 저마다 다르게 생각했기 때문이다. 좁게 보면 우생학은 부적격자의 출산을 억제하고 적격자의 출산을 장려해 특정 집단의 질적 향상을 도모하고자 19세기에 만들어진 학문을 가리킨다. 이 정의는 유전과 생식 통제에 방점을 둔다. 넓게 보면 우생학은 적격자와 부적격자를 나누고 적격자만 사회에 남겨 공동체의 발전을 이룩하려 한 고대부터의 유구한 시도가 19세기에 과학의 도움을 받아 권위와 정당성을 획득한 담론적 실천의 형태를 말한다. 이 관점에서 보면 우생학은 유전과 생식의 통제뿐 아니라, 사회적 가치체계와 편견에 따른 적격자와 부적격자의 구분, 그런 구분을 합리적 혹은 자연적인 것처럼 정당화하는 과학 연구, 부적격자를 사회에서 배제하려는 여러 전략들, 부적격자의 증가, 이른바 사회의 '퇴화'를 막기 위한 공중보건적·사회복지적 접근 등을 모두 포함한다. 『우리 안의 우생학』은 한국 사회의 우생학적 특징들을 보다 다층적으로 검토하기 위해 후자의 정의를 따르고자 한다.

한 가지 짚고 넘어가야 할 점은, 한국 우생학의 역사를 살펴보려는 우리의 의도가 한국 역사의 어떤 부분을 우생학적이라고 낙인찍고 비난하는 데 있지 않다는 것이다. 우생학을 그저 나쁜 것으로 묘사하며 '악마화'하는 것은 우생학이 실제로 차별을 양산하는 방식을 충분히 이해하는 데 별 도움이 되지 않는다. 따라서 『우리 안의 우생학』은 우생학의 비윤리성을 드러내는 것보다 우생학이 작동하는 방식을 탐구하는 데 중점을 두려

한다. 우생학이 어떻게 사회적 약자들을 부적격자로 구분하는지, 그로 인한 차별을 어떻게 자연스러운 것으로 만드는지, 그러한 과정을 통해 우리가 눈치채지 못하는 사이에 보건, 복지, 교육 등 여러 분야에 어떻게 녹아들어 있는지를 드러냄으로써, 한국 사회에서 이루어지는 차별의 한 양태를 밝히고 문제 삼으려는 것이 우리의 목적이다.

우생학의 복잡한 실행 방식을 세밀하게 분석하기 위해『우리 안의 우생학』은 간학제적 관점에서 한국 우생학의 역사를 살핀다. 이 책의 저자들은 과학사, 의학사, 의료사회학, 장애사, 젠더 연구의 관점에서 한국 사회 우생학이 과학적·의학적 담론을 생산하고 기술적·법적으로 제도화되며, 한센인과 미감아, 혼혈인과 장애 여성과 같은 다양한 사회적 소수자들의 삶에 공식적·비공식적으로 개입하게 되는 역사를 탐구한다. 그리고 그 과정에서 우생학이 어떻게 차별을 만들어내는지를 드러낸다. 일견 식상해 보이는 우생학에 대한 비판적 메스를 우리의 과거에 들이대면서 더 이상 낯선 다른 문화권의 이야기로 안주하지 않게 하는, 우리 사회가 시급히 다루어야 할 문제로 환기시키는 것이 이 같은 집합적 연구의 지향점이다.

이런 문제의식에 따라『우리 안의 우생학』은 다음의 세 부로 이루어진다. 먼저 1부에서는 일제강점기에 우생학이 도입되고 확산되는 과정을 검토한다. 1장에서 박지영은 조선인 의사들의 조선인 발육 체질에 관한 연구에 주목하여 조선인에 대한 우생학적 지식이 만들어지고 활용되는 과정을 살핀다. 2장에서 이영아는 우생학의 대중화와 함께 조선 사회의 여성의 몸에 대한 시선이 변화하는 과정을 추적하며 임신과 출산에 관한 여성의 선택에 우생 사상이 얽혀들어간 양상을 탐구한다.

2부에서는 해방 이후 한국에서 우생학이 과학과 법, 그리고 임상진료라는 영역에 자리를 잡아가는 과정을 고찰한다. 3장에서 현재환은 해방 이후부터 박정희 정권기에 이르는 시기 동안 유전학자와 의사들이 우생학을 과학적으로 온당한 분야이자 담론으로 만들고, 이를 한국 사회 전체에 저변화하는 과정을 탐구한다. 4장에서 소현숙은 박정희 정권기에 가족계획사업과 함께 우생 조항이 법제화되고, 장애인 강제불임시술이 사회적 관행으로 자리잡게 되는 양상을 검토한다. 5장에서 최은경은 1980년대 이후 환경오염에 따른 기형아 출산이라는 "우생학적 공포"의 확산 가운데 산전진단기술이 우생학적 도구로 한국 사회에 정착하게 되는 과정을 다룬다.

마지막으로 3부는 한국 사회에서 우생학적 실천의 수단이자 공간이었던 집단수용시설 안팎에서 사회적 소수자들이 우생학의 이름으로 분류, 격리, 단종당했던 어두운 역사를 다룬다. 6장에서 김재형은 한센인을 민족 개량에 저해되는 대상으로 만드는 데 동원된 다양한 우생학적 논리와 그것에 근거해 설립한 소록도병원 등이 이들을 배제, 통제, 절멸하는 우생학적 공간으로 만들어지는 과정을 다룬다. 7장에서 민병웅은 한국전쟁 이후 미군과 한국 여성 사이의 "혼혈아"가 해외입양에 적합한 몸인지 선별되기 위한 국제적인 우생학적 관찰의 대상이 되었음을 보여준다. 마지막으로 8장에서 황지성은 부랑부녀 수용시설인 서울시립부녀보호지도소에 초점을 맞추어 한국전쟁 이후 정신보건 의료전문가들이 이곳을 여성의 몸과 정신을 병리화하고 연구하며 통제하는 우생학적 공간으로 재구성하는 양상을 탐구한다. 이와 같이 근현대 한국의 우생학의 면면을 역사적으로 추적함으로써, 독자들은 책 제목 그대로 "우리 안의 우생학"이라는 과거와 오늘을 비판적으로 들여다볼 기회를 갖게 될 것이다.

혹자는 한국 사회가 우생사회로 나아가게 된 역사를 설명하는 것보다 시급한 일은 탈우생사회로 나아가기 위한 새로운 사유라고 주장할지도 모른다. 하지만 탈우생사회라는 처방에 앞서 필요한 것은 우리가 왜 우생사회를 살게 되었는지에 대한 진단이다. 『우리 안의 우생학』이 한국 사회의 우생학적 과거를 환기시키고, 이와 관련해 학계와 시민사회에 문제의식을 불러일으키는 계기가 된다면 이 책은 주어진 임무를 다한 것이겠다.

이 책은 2021년 4월 29일 제2회 국제우생학회의 100주년을 비판적으로 기리고, '지구적 반우생학 연대global anti-eugenic movement'를 결집하기 위해 추진된 "From Small Beginnings" 프로젝트의 일환으로 대한의사학회의 지원하에 개최된 "한국 우생학의 역사와 오늘"이라는 제목의 특별 워크숍으로부터 출발했다. 같은 해 12월에 해당 워크숍을 모태로 『사회와 역사』에 한국 우생학사 특집호가 출판되었고, 김재형의 노력 덕분에 기획 특집에 기여한 학자들에 더해 소현숙과 황지성이 새로운 필진으로 참여하면서 현재와 같은 구성이 이루어질 수 있었다. 이 지면을 빌려 2023년 10월 한국의 해방 후 우생학사 연구에 큰 관심을 보이며 필진들을 교토로 초청해 여러 중요한 조언들을 제공해준 맨체스터대학교의 아야 호메이保明綾 선생님과 리쓰메이칸대학의 마쓰바라 요코松原洋子 선생님께 감사드린다. 또 계약 당시 단언한 일정을 계속 늦추는 필자들의 게으름을 묵묵히 인내하고 학술 논문의 성격이 강한 글들을 다듬어주신 하명성 편집자께 고맙다는 말씀을 전하고 싶다.

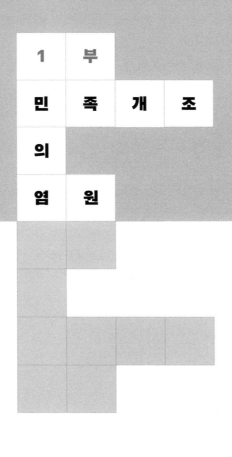

1 부

민 족 개 조

의

염 원

일제강점기 조선총독부는 우생학적 제도와 관념을 조선에 도입했다. 1910년대 후반부터 한센인을 격리 시설에 수용하기 시작했고 1930년대 후반에는 한센병의 대물림을 방지한다는 명목으로 강제불임수술을 실시했다. 1923년에는 「조선감화령」을 발표한 뒤 고아, 부랑아 등 '범죄를 저지를 가능성이 높은' 청소년을 감화원에 강제로 수용하기 시작했다. 유전과 가정환경에 의해 '범죄 소질'을 갖게 된 자를 미리 격리해서 사회의 치안을 유지하겠다는 취지였다. 나아가 일제는 일본인의 '민족적 질'을 개선하기 위한 하나의 수단으로서 조선인과 일본인 사이의 '잡혼'을 장려했다. 이는 '열등한' 조선인과 '우월한' 일본인의 혼혈이 어떤 신체적·정신적 소질을 지니는지에 관한 사회적 논란을 야기했다.

이처럼 일제가 시행한 우생학적 차별과 배제는 현대 한국 사회에서 잘 알려져 있다. 그러나 당시 조선인들이 그런 일제의 정책을 환영했고, 나아가 우생학을 더 수용하기 위해 적극적으로 노력했다는 사실은 별로 알려져 있지 않다. 조선인이 식민 통치에 의한 억압과 차별의 피해자였다는 사실이 '한국인 사이에는 우생학이 없었다'는 통념을 만들어내는 듯하다. 하지만 그런 일반적 인식과 달리 조선의 지식인들은 우생학의 도입을 강력히 추진했다. 그들은 왜 사회적 약자에 대한 차별을 종용하는 우생학을 받아들이려고 했을까? 그것이 더 많은 억압과 차별을 만들어내리라고 예상하지 못했던 것일까? 아니면 우생학의 화살이 자신을 향할 일은 없다고 생각했던 것일까?

그러나 우생학을 '차별'의 상징으로 보는 이런 의문들과 달리, 식민지 조선에서 우생학을 대표하는 키워드는 '발전'과 '진보'였다. 조선의 지식인들은 1910년대 후반부터 우승열패의 세계질서에서 민족의 생존을 가능케 하는 중요한 수단으로서 우생학을 수용했다. 우생학은 민족의 선천적 소질 중 우수한 요소를 개발하고 열등한 요소를 제거할 방법을 모색하는 과학적 방법으로 여겨졌다.

그들이 보기에 19세기 후반에 우생학을 창안한 영국, 그리고 그것을 받아들여 적극적으로 실행한 미국과 독일은 그 세력을 세계에 떨치고 있었다. 그 강대국들처럼 우생학을 사회에 적용해서 우수한 사람의 자손을 늘리고 열등한 사람의 수태를 제한하면 민족의 신체적·정신적 소질을 개선할 수 있으며 이를 통해 종국에는 민족 간 경쟁에서 살아남아 번영하게 되리라는 기대가 조선인들 사이에서 퍼져나갔다.

우생학을 통한 민족 발전의 꿈은 1930년대 조선 사회에서 '우생운동'을 촉발했다. 이 운동의 주도자는 1933년에 창립된 '조선우생협회'였다. 조선우생협회는 조선인 의사들을 주축으로 모인 85명의 지식인이 조직한 단체로, "후생의 육체와 정신을 우생학적으로 개량"함으로써 "사회의 행복을 증진"한다는 목적을 가지고 있었다. 이 단체에서는 1937년까지 우생학 보급을 위해 광범한 계몽 운동을 전개했다. 강연회, 좌담회, 강습회 등 다양한 학술행사를 개최했고, 우수한 배우자의 선택과 우량한 자녀의 출산을 위한 상담 교육 프로그램, 이른바 '우생 결혼 상담'을 실시했다. 아울러 『우생』이라는 잡지를 발간하여 우생학에 관한 과학 지식과 해외의 실천 사례들을 소개하기도 했다.

우생학을 향한 사회 전반의 관심이 높아짐에 따라 그에 관한 활동이 다방면에서 이루어졌다. 그 대표적인 예 중 하나는 우생학에 관한 과학적 연구였다. 서구에서는 우생학이라는 이름 아래 각종 연구가 시행됐다. 그중에는 질병, 장애, 범죄 성향의 유전성 및 가계도 조사나 특정한 민족의 신체적 특징 및 다른 민족과의 유연관계를 보여주는 인체 계측 연구 등이 있었다. 특히 인체 계측 연구는 일제강점기 초부터 일본인 의학자들에 의해 조선에서 활발하게 수행됐다. 조선인 의학자들은 그들의 연구를 보조하는 역할에 머물러 있었지만, 1930년대부터는 민족의 체질과 건강도를 파악하겠다는 문제의식을 느끼고 자체적인 연구 프로젝트를 진행하기 시작했다.

과학계의 논의와 더불어 인구조절에 관한 대중 담론에서도 우생학의 영향이 확대됐다. 조선 사회에서는 1920년대부터 1930년대에 걸쳐 인구의 가파른 증식으로 인해 인류가 가까운 미래에 심각한 식량 부족을 겪게 될 것이라는 신멜서스주의가 크게 유행하고 있었다. 그런 세계적 추세로부터 조선이 예외일 리 없다고 본 조선의 지식인들은 인구조절의 필요성을 역설했다. 그 논의를 파고든 우생학적 관념은 인구의 양적 조절뿐 아니라 질적 조절도 중요함을 부각시켰다. 인구조절의 필요성을 아는 '유식유능계급'의 출산만 감소하고 '무식무능자'의 자손은 계속 늘어간다면 '그 민족의 장래는 비참'해질 것이라는 경고였다. 이는 '열악한 성질을 가진 사람'이 출생률 감축의 타깃이 되어야 한다는 인식을 조선인들 사이에서 확산시켰다.

우생학적 논의들은 조선의 개혁과 발전을 목표로 내세운 다른 사회적 움직임과 긴밀하게 얽혀들어갔다. 예를 들어 우생학은 산아제한이라는 접점을 통해 페미니즘과 연결됐다. 조선의 페미니스트들은 소수의 우량한 자녀만 낳는 것이 여성을 봉건적 질서에서 해방시킬 수 있다는 이유로 우생학을 지지했다. 그들에 따르면 소수의 건강하고 총명한 자녀만 낳는다면 출산과 양육에 대한 여성의 부담이 줄고, 그만큼의 시간과 자유를 자기계발과 사회 진출에 쏟음으로써 여성은 지위 향상의 기반을 다질 수 있었다. 생식 통제의 필요성을 제시해온 우생학의 논리는 산아제한을 실행할 명분을 제공했다.

그뿐 아니라 우생학을 지지하는 조선인들의 활동은 일제가 추진한 우생 정책과도 맞물려 있었다. 일제는 식민 통치의 안정화와 정당화를 목적으로, 그리고 1930년대 후반부터는 전쟁에 동원할 인력 확보라는 목적까지 더하여 조선인의 '질'을 관리했다. 그와 달리 조선의 지식인들은 민족의 발전, 나아가 궁극적으로는 조선의 독립이라는 목적을 가지고 있었음에도, 조선인의 '민족적 질'을 향상한다는 1차적인 목표를 일제와 공유했기 때문에 우생 정책에 협력했다.

가령 그들은 1928년 조선인 나병 근절 대책 연구회를 조직해서 한센인의 전면적인 격리 수용을 위한 모금 운동을 전개했다. 1930년대에는 조선총독부에 감화원의 증설을 촉구하면서 그곳 수용자들에 대한 생식 통제의 필요성을 강조했다. 나아가 1940년 일본에서 한센인, 장애인, 정신질환자 등에 대한 불임을 강제하는 '국민우생법'이 제정되자 조선에도 그와 같은 법을 도입해야 한다고 주장했다.

1부는 우생학의 도입과 확산 과정에서 일어난 이런 복잡한 흐름들을 구체적으로 짚어본다. 먼저 1장에서는 조선인의 발육 체질에 관한 지식이 조선인 의사들의 손에서 만들어지고 사회에 적용되는 궤적을 따라간다. 그리고 그 과정에 '민족적 육체 개조'를 추구한 조선인 민족주의자들의 고민과 전쟁에 투입할 인력을 확보하려는 조선총독부의 의도가 모순적으로 얽혀 있던 모습을 살펴본다. 이어서 2장에서는 우생학의 보급에 따라 여성의 몸에 대한 조선 사회의 시선이 바뀌어가는 과정을 추적하며 여성의 역할에 대한 전통적 관념, 페미니즘, 맬서스적 인구론, 미의식 등과 우생학 사이의 긴밀한 연계를 드러낸다. 이런 이야기들을 통해 한국의 근대화 과정에 우생학이 어떻게 녹아들어갔는지를 소개해보겠다.

박지영

1장 '민족성 향상'을 위한 도구, 우생학

박지영

민족개조론의 부상과 우생학의 도입

우생학은 1910년대 후반 인종개선학, 민족개선학 등의 이름으로 일본에서 도입됐다. 일본의 지식인들은 19세기 말 영국에서 체계화된 우생학을 수입하여 인종개선학, 민족개선학 등으로 번역했다. 그들의 저술에서 인종개선학은 유전적으로 열악한 형질의 소유자를 도태시키고 우수한 형질의 소유자만 사회에 남겨서 그 국가를 발전시킬 방법을 탐구하는 분야를 뜻했다. 일본에서 유학한 조선의 지식인들은 인종개선학이 조선 민족에게 진보를 가져다 주리라 생각하면서 그것을 받아들였다. 인종개선학의 원리에 따라 건강하고 재능 있는 사람들의 결혼을 장려하여 우수한 자손을 늘리고 열등한 사람들이 자손을 남기지 못하도록 함으로써 민족의 우수성을 높일 수 있다는 믿음이었다.[1]

1920년대에 들어서면서 우생학은 조선에 널리 퍼지기 시작했다. 전파를 촉진한 것은 당시 조선의 지식인들 사이에서 활발히 논의된 '민족개조론'이었다. 민족개조론이란 조선의 즉각적 독립보다 독립을 위한 실력 양성을 중시한 민족주의 우파 지식인들을 중심으로 형성된 사상으로, 조선이 직면한 위기를 극복하기 위해서는 봉건적·유교적 제도와 관습을 혁파하고 '민족성'을 개조해야 한다는 주장을 담고 있었다. 여기에서 민족성은 어느 민족의 사회적·정신적·신체적 특성으로서, 서구로부터 근대 문화를 수용하거나 조선의 고유한 민족 문화를 확립하는 등 문화의 향상을 통해 계발할 수 있는 성질을 가리키는 개념이었다.

초창기 민족개조론은 주로 민족의 도덕적·문화적 측면의 개조를 강조했지만, 우생학적 개조의 논리 또한 포함하고 있었다. 이는 가장 대표적인 민족개조론자이자 소설가로도 잘 알려진 이광수의 견해에서 잘 드러난다. 그는 1922년 대중계몽잡지 『개벽』에 '민족개조론'이라는 제목의 글을 발표했는데, 이 글은 민족성을 유전에 의해 결정되는 근본적 성격과 환경에 의해 결정되는 부속적 성격으로 나누고, 근본적 성격이 대체로 좋지 못한 민족의 경우 상대적으로 나은 형질을 지닌 사람들을 뽑아서 그 수를 늘려야 민족성의 개조가 가능하다고 주장했다.[2]

1920년대 중후반 민족개조론은 민족의 신체 개조에 점차 무게를 두었다. 신체가 '인생의 유형적 기초'이며 그것이 공고하고 건전해야 그 위에 선 무형적 요소, 즉 정신적 부분도 건전해질 수 있다는 인식이 부상하면서 민족성 개선에서 신체가 차지하는 비중이 커졌던 것이다. 민족의 신체적 조건을 향상시키는 방법은 그 논의의 핵심 주제였다. 우생학은 체육, 위생 등과 함께 민족의 신체를 개조하는 주요 수단 중 하나로서 언론에 소개됐다.[3] 가령 한 민족개조론자는 인간이 "다른 모든 생물체와 같이 유전의 법칙에 복종하지 않을 수 없고 따라서 … 우생학으로 신체의 진보를 얻을 수 있"으며 "정신병자나 천치 같은 … 위생만 가지고는 … 근치하기는 도저히 불가능한 일"을 우생학으로 해결할 수 있다고 하면서 우생학의 유용성을 강조했다.[4]

이처럼 1920년대를 지나며 조선 사회에서 인지도를 높여온 우생학은 1930년대에 이르러 지지자들의 조직적인 활동을 통해 본격적으로 영향력을 키워나갔다. 1933년 윤치호, 여운형, 이광수 등 조선의 대표적인 지식인 85명이 모여 '조선우생협회'를 창립했다. 이 협회의 목적은 대중에게 우생학을 널리 보급하는 것이었다. 그러기 위해 그들은 우생학과 관련된 각종 학술행사를 열었고, 우량한 아이를 낳기 위한 조건을 교육하고 배우자 선택을 돕는 '우생결혼상담소'를 운영했으며, 『우생』이라는 대중계몽잡지를 발간했다. 이런 활동들은 '우생운동'이라는 커다란 사회적 흐름을 만들어내면서 우생학의 침투력을 강화했다.[5]

우생운동의 전개와 함께 1930년대 전반에 걸쳐 민족의 질을 향상하기 위해 열등한 자의 생식을 통제해야 한다는 담론이 의사들을 중심으로 공유됐다. 대표적으로 경성제국대학 의학부 병리학교실에서 근무하던 의사 이재곤은 "우생학적 지견을 근저로 하여 사회에 해독을 주는 악질자의 자손 산출을 방지하고 사회 구성분자로써 불량한 자를 감減하며 우수한 자만을 증식시키어 민족 내지 인류의 소질 향상을 도모"해야 한다고 주장했고,[6] 세브란스연합의학전문학교 교수이던 이영준은 '비지식 및 무산계급'의 출산율은 높은 반면 '중류이상 분자'의 출산율은 낮은 현실을 우려하며 민족의 번영을 위해 선별적인 산아제한이 필요하다고 강조했다.[7]

이런 견해는 1930년대 후반에 이르러 열등한 자의 생식을 법으로 금지해야 한다는 논의로까지 확대됐다. 우생학의 실천에 법적 강제성을 부여해야 한다는 요구였다. 일례로 1938년 경성제국대학 의학부 부속의원 내과 의사인 김사일은 일본 후생성 민족위생협의회가 선천적 장애, 정신질환, 한센병을 지닌 자들에 대해 자손의 생산을 금지하는 이른바 '단종법'을 실시하기로 결정했다고 하면서 "다소의 희생이 있다 하더라도 국가, 사회와 민족의 발전을 위해서는 우리는 입법의 정신을 잘 이해하고 대승적 견지에서 이에 협력"해야 한다고 말했다.[8] 세브란스 연합의학 전문학교의 교수 김명선 또한 "국민 체질 향상으로 보아서 단종법은 단연 시행을 요하는 것"이므로 그것이 조선에서도 속히 시행되기를 기대한다고 말했다.[9]

하지만 하루라도 빨리 단종법을 도입해야 한다는 조선 지식인들의 주장은 실현되지 못했다. 그 결정적인 이유는 단종법 실시에 대한 조선총독부의 회의적인 태도 때문이었다. 조선총독부는 기본적인 보건의료 자원조차 충분히 갖추지 못한 조선에서 단종법을 실시하는 것이 시기상조라고 여겼다. 단종법안이 일본 의회를 통과한 직후 조선총독부 위생과장 니시카메 산케이西龜三圭가 발표한 내용에 따르면, 조선에는 일반적인 의료시설이 아직 너무 부족해서 단종법까지 고려할 여유가 없으며 그보다는 오히려 결핵 환자와 나환자를 격리하기 위한 요양시설이 더 필요하다는 것이었다.[10]

물론 조선총독부가 단종법을 유보했다는 것이 조선에서 강제적인 우생학적 처치가 전혀 이루어지지 않았다는 뜻은 아니다. 조선총독부는 1935년부터 부랑 한센병 환자를 소록도병원에 강제로 격리하기 시작했고 그 이듬해부터 소록도병원에서는 단종수술을 조건으로 한센병 환자들에게 부부 생활을 허용했다. 단종수술은 서양인 선교사가 운영하는 한센인 수용시설에서도 시행됐다. 여수 애양원에서는 소록도병원보다 2년 앞선 1933년부터 단종수술을 한 환자들에 한하여 부부 생활을 허락했다.[11] 이처럼 비록 조선에는 단종에 관한 법은 없었지만, 현실에서는 이미 한센인 수용시설들을 통해 자체적으로 단종수술이 시행되고 있었다.

나아가 우생학은 생식 통제보다 훨씬 더 은밀한 방식으로 조선 사회에 영향을 미치고 있었다. 우수한 자와 열등한 자를 가르고 우수한 자로만 구성된 사회의 건설을 이상으로 내세우며 열등한 자를 살 가치가 없는 존재로 보는 우생학적 사고는 보건과 관련된 논의에 긴밀하게 얽혀들었다. 우생학과 보건의 교차

점에서 건강의 유지와 증진은 개인의 행복보다는 민족의 발전을 위해서 중시됐다. 반면 건강하지 못한 신체는 민족 전체의 질을 저하하고 종국에는 그 민족을 도태시키는 요인으로 간주됐다. 이런 시각은 '민족적 체질'의 개선에 관한 담론에서 두드러지게 드러났다.

체질의 퇴화는 언론매체에서 조선의 위기를 초래한 원인으로 지목됐다. 『조선일보』의 한 기사는 체질의 향상을 등한시한 잘못된 전통이 조선의 정치적 위기를 초래했다고 비판했다. 과거 수백 년간 선조들이 학문만을 중시해서 "그 결과 조선인의 체질이나 체격은 참혹한 퇴화"를 했고 그로 인해 "외국인 눈에는 조선인은 모두 다 빈사자 같아서 한 손으로 백 명씩은 잡아치울 것 같이 넘보게" 되었다는 것이다.[12] 『동아일보』의 다른 기사도 "조선인의 체질이 쇠퇴하는 경향"을 우려했다. 이 기사는 당시 발표된 학교 신체검사 결과가 "조선인의 체질이 본디 중국인보다 우월하지 못하고 요새는 일본인보다 손색이 있"음을 보여주었다고 하면서, "허약한 체질을 가진 개인이나 민족은 용기와 활력이 결핍하여 오늘같이 생존경쟁이 격렬한 시대에 있어서는 우승자가 되기 어렵다"고 경고했다.[13]

이처럼 '체질'은 민족의 흥망성쇠를 좌우하는 중요한 요소로 여겨졌다. 여기에서 한 가지 짚고 넘어갈 점은 당시의 '체질'이라는 말이 오늘날 우리가 사용하는 뜻과 달랐다는 것이다. 현대 한국에서 체질은 개인이 타고난 생리적 성질이나 건강상의 특질을 의미한다. 하지만 식민지 조선에서 체질은 체격 또는 체력과 혼용됐고 때로는 양쪽 모두를 가리켰으며 건강 상태 그 자체를 나타내기도 했다. "민족적 육체개조운동"을 주창한 세브란스 연합의학 전문학교 교수 김창세는 체질의 포괄적인 용례를 잘 보여준다.

김창세는 체질을 세 가지 의미로 사용했다. 첫 번째 의미는 체격이었다. 그는 조선인과 일본인을 비교하며 일본인의 경우 지난 20년간의 체질 변화를 검사한 결과 키, 가슴둘레, 몸무게가 모두 크게 증가한 반면 조선인은 그렇지 못하다고 지적했다. 여기에서 체질은 키, 가슴둘레, 몸무게로 나타낼 수 있는 것, 즉 체격을 가리켰다. 두 번째 의미는 체격과 체질을 구분하지 않고 모호하게 포괄했다. 김창세는 역사상 위대한 민족은 모두 건장했으나 체력의 저하가 그들의 몰락을 초래했다고 하며 그 예로 몽고족과 만주족을 들었다. 그에 따르면 몽고족은 고비 사막에서 말을 달리고 얼음 위에서 잠을 잘 수 있는 체력을 지녔을 때 중국을 정복했지만 그 후 약 200년간 체력과 정신력이 쇠퇴해서 끝내 한족에게 쫓겨났다. 마찬가지로 한족을 지배해온 만주족도 만주의 광야에서 말을 달리던 건장한 종족이었으나 지난 300년간 안일하게 산 탓에 "체질이 퇴화하여 지금은 골격이나 근육이 보통 한족과 다름없이 되었"다. 여기에서 체질은 체력과 동시에 골격과 근육의 상태, 즉 체격까지 포함하고 있었다. 세 번째 의미는 일반적인 건강 상태였다. 김창세는 "조선 사람의 체질은 어떠한가"라는 물음을 던지며 조선인이 일본인보다 10년 정도 빨리 늙는 듯하다고 답했다. 그가 보기에 조선인의 이른 노화를 초래한 가장 큰 이유는 "건강이 부족"하기 때문이었다. 여기에서 체질은 민족의 노화 혹은 수명을 결정하는 건강 상태를 가리켰다.[14] 이와 같이 체질은 체격, 체력, 건강 상태 등 여러 의미를 포함하고 있었다. 하지만 어떤 뜻으로 사용되든 민족의 발전과 퇴화, 민족 간 생존경쟁에서의 승리와 도태를 결정하는 요소를 가리킨다는 점에서 일관되게 우생학적 시각을 반영하고 있었다.

민족성의 개조를 추구하는 조선의 지식인들에게 무엇보다도 중요한 것은 민족의 체질을 개선하는 실제적인 방법이었다. 여러 방책이 제시되는 가운데 가장 효과적인 방법으로 꼽힌 것은 '아동의 발육 향상'이었다. 성장이 끝난 성인의 체질을 바꾸는 것보다 성장 중인 아동의 체질을 바꾸는 것이 더 효과적이며 아동의 성장 결과가 다음 세대의 민족적 체질과 직결된다는 이유에서였다. 그런 관점 아래 아동의 발육을 향상하려는 시도가 크게 두 방향으로 전개됐다. 과학적 육아법의 보급과 무료 아동 검진이 그것이었다.

과학적 육아법의 보급은 1920년대 중반 이래 계몽 선전을 통해 적극적으로 이루어졌다. 아동의 양육 방식을 개선해야 한다는 논의는 1900년대부터 있었지만, 당시의 초점은 아동의 몸보다도 근대적 교육의 도입에 초점이 맞추어져 있었다. 그러다 1920년대에 들어서면서 민족개조론의 영향을 받은 의사들의 주도로 과학적 육아법을 사용해서 아동을 건장하게 키워야 한다는 논의가 확산됐다. 그들은 신문·잡지, 강습회, 활동사진, 연극 등 각종 방법을 동원하여 아동의 영양, 위생, 질병에 대한 지식을 전파했고 아동의 육체적 건강이 민족의 발전을 도모하는 중요한 요소임을 강조했다.[15]

과학적 육아법의 보급과 함께 무료 아동 검진 또한 1920년대 중반부터 적극적으로 시행됐다. 빈곤층 아동의 건강 향상을 위한 무료 진료 사업이 지역 유지와 사회단체의 후원 아래 전국적으로 등장했다. 1928년에는 화순, 금산, 신의주 등을 필두로 여러 지방의 청년동맹에서 '무산유년아동'을 위한 무료진료소가 설립됐고, 1929년부터는 어린이날을 기념하여 적게는 1주에서 많게는 한 달까지 무료 아동 검진이 실시됐다.[16] 특히 1931년에 설립된 '보건운동사'는 무산계급 아동에 대한 건강 검진을 지속적으로 수행했는데, 그 목적은 "단순한 체격 검사에만 그치지 않고 특히 아동의 영양 상태, 질병 유무를 엄밀히 조사하여 이들 무산 아동의 보건 문제에 중대한 참고자료"를 작성하려는 것이었다.[17]

과학적 육아법 보급과 무료 아동 진료는 조선인 아동의 발육 표준에 관한 지식을 요구했다. 개별 아동의 성장 수준을 평가하는 데 명확한 기준이 필요했기 때문이다. 그때까지 신문·잡지에서 조선인 아동의 발육 저하를 우려하는 목소리가 점점 더 늘어나기는 했지만, 그런 기사들은 대부분 개인의 경험과 간헐적으로 공개되는 일부 학교의 신체검사 결과를 토대로 추론한 것에 불과했다. 요컨대 조선인 아동의 발육 저하를 염려하는 어느 누구도 실제 조선인 아동의 발육 상황을 정확히 알지 못했다.

이에 조선의 지식인들은 "매 학년 아동의 건강진단을 실행하여 완전한 발육의 법칙을 발견하고 또 발육이 여러 가지 주위의 사정과 사회적 영향으로 얼마만큼이나 변화가 생기는 것인지" 알아야 한다고 촉구했다.[18]

하지만 조선인 아동의 발육 표준을 만드는 것은 쉽지 않은 작업이었다. 식민 당국의 도움 없이는 발육에 관한 기초 자료조차 구할 수 없었기 때문이다. 어느 소학교에서 신체검사 자료를 얻어보려 했으나 실패했다는 한 연구자의 언급은 그런 상황을 잘 보여주고 있었다. 연구의 현실적 장벽을 극복하기 위해서는 자료를 열람할 수 있는 권한과 그것을 분석할 능력이 필요했다.[19]

이에 따라 조선인 아동의 발육 표준을 구하려던 조선의 지식인들은 자료 수집을 위해 식민 당국과 협력하게 됐다. 식민 당국 또한 조선인 아동의 일반적인 발육 상태를 파악할 필요성을 느꼈다. 조선인 아동의 보건은 조선총독부에게 민심을 안정시키고 통치의 정당성을 보이기 위한 수단이었다. 조선총독부는 한일병합 직후부터 본국 일본의 제도들을 조선에 도입해서 아동의 신체를 관리했다. 대표적으로 1911년에 공포된 '조선교육령'은 초등 교육 과정에 '체조과'를 의무적으로 포함시켰고, 1913년에 발표된 '관공립학교생도 아동신체검사규정'官公立學校生徒兒童身體檢查規程은 모든 관공립학교에 전담 의사를 두고 정기적으로 신체검사를 시행하도록 규정했다.[20]

그러나 조선인 아동의 발육 상태를 파악·개선하려던 조선총독부의 시도는 성공하지 못했다. 신체검사가 제대로 시행되

1부 민족개조의 염원

지 않았던 탓이었다. 많은 학교들은 예산 절감을 위해 신체검사를 시행하는 기간에만 단기적으로 의사를 고용했다. 일시적으로 일하는 의사들에게 정확한 신체검사 데이터의 축적과 분석은 관심의 대상이 아니었다. 그들과 학교 당국에게 신체검사는 그저 형식적인 연례 행사일 뿐이었다.[21] 실패한 신체검사 제도는 아동의 발육 상태를 파악하기 위한 추가적인 조사를 필요로 했다.

조선인 아동의 발육 표준에 대한 수요는 점점 더 누적됐다. 조선의 지식인들에게 조선인 아동의 발육 표준은 민족의 개조를 위한 기초 자료였다. 바꾸어 말하면 그것은 조선인의 체질이 열악해지는 원인과 해결법을 알려줄 단서로서 민족적 체질의 향상에 필요한 초석인 셈이었다. 그와 동시에 조선인 아동의 발육 표준은 조선총독부에게는 원활한 식민 통치를 위한 자료였다. 그러나 신체검사 제도의 파행은 지식의 산출을 방해했다. 이런 상황은 머지않아 조선인 발육 표준에 관한 전문적 연구가 등장할 것임을 예고하고 있었다.

위생학자들의 조선인 발육 표준 연구

1931년 경성제국대학 의학부 위생학교실은 조선인의 발육 표준에 관한 연구에 착수했다. 이 연구는 1941년까지 약 11년간 진행됐다. 동일 주제에 대하여 그보다 많은 연구를 수행한 기관은 존재하지 않았다. 조선인 아동의 발육 표준을 다룬 연구들은 대부분 『조선의학회잡지』에 발표됐는데 총 52편의 연구 중 경성제국대학 위생학교실이 발표한 것이 37편으로 약 71퍼센트를 차지했다. 그곳 다음으로는 세브란스연합의학전문학교의 이영춘이 많은 연구를 발표했으나 그 수는 총 5건에 불과했다.[22]

경성제국대학 위생학교실에는 다수의 일본인 위생학자와 소수의 조선인 위생학자가 근무하고 있었다. 그중 조선인 발육 표준 연구를 주도한 사람은 조선인 위생학자들이었다. 이 교실에서 발표된 조선인 발육 표준 연구는 거의 모두 그들의 것이었다. 연구에 참여한 조선인 연구자는 모두 9명이었는데, 그중 위생학 전공자가 6명이었고 나머지 3명은 박사학위를 취득하고자 경성제국대학 위생학교실에서 공부하던 임상의사들이었다. 1931년에 경성제국대학 의학부를 졸업하고 곧바로 위생학교실에 들어온 이인규가 가장 먼저 조선인의 발육 표준을 연구하기 시작했고 그의 뒤를 이어 위생학교실에 들어온 최희영과 박용해가 연구에 참여했다. 1930년대 중반부터는 경성제국대학 소아과학교실 출신의 이성봉, 이병남, 이선근과 산부인과학교실 출신의 김용업이 연구에 합류했고 거기에 위생학 전공자인 정윤용과 배영기가 추가됐다.

이 조선인 연구자들의 결집에 핵심적인 역할을 한 것은 이인규와 이선근의 연대였다. 그들은 연구를 시작하기 전부터 아동 보건에 관한 계몽운동에 참여하며 서로를 알고 있었다. 이선근은 1924년 경성의학전문학교를 졸업한 후 1926년부터 경성제국대학 소아과학교실에서 근무한 인물로 언론 기고와 강연회 등을 통해 아동의 건강과 과학적 육아법에 관한 지식을 대중에게 널리 보급했고 아동을 무료로 검진하기도 했다.[23] 이인규 또한 여러 신문·잡지를 통해 위생 지식을 전파하는 데 힘썼고 1931년에는 민중 보건 운동을 전개한 '보건운동사'의 창립에 관여했다. 그는 보건운동사의 선전부장으로서 잡지인 『보건운동』의 편집과 간행을 담당했는데, 이 활동을 하면서 자연스레 보건운동사의 조사연구부장을 맡은 이선근과 교류하게 됐다.[24] 그들은 보건운동사에서 실시한 무산 아동 건강검진에 함께 참여하며 아동 발육에 대한 문제의식을 키워나갔고, 그것을 자신들의 연구에 적용했다. 먼저 이인규가 "경성의 전문학교 입학지원자들의 체격"에 관한 논문을 발표하며 발육 표준 연구의 물꼬를 텄고 경성제국대학 소아과학교실에서 이선근에게 배운 이성봉과 이병남이 그 연구에 합류했으며, 훗날 이선근도 조선인 아동의 발육을 직접 연구하게 됐다.[25]

조선인 위생학자들은 신생아부터 만 25세까지 조선인 남녀의 연령별 발육 표준을 조사했다. 발육 상태를 대표하는 체격 요소로는 키, 몸무게, 가슴둘레, 앉은키, 팔다리 길이 등이 있었고, 신생아의 경우에는 머리 크기, 어깨 둘레, 배 둘레, 허리둘레 등이 추가로 포함됐다. 체격뿐 아니라 체력도 발육 정도를 평가하는 지표로서 조사 대상이 됐다. 폐활량, 악력握力, 등 근육의 힘인 배근력背筋力 등과 함께 달리기, 던지기, 멀리뛰기, 매달리기 능력 등이 측정됐다. 그 외에도 성장과 발육에 영향을 미치는 여러 요인이 탐구됐다. 여성의 평균 초경 연령, 영양 상태, 교육 정도, 거주 지역, 질병 유무 등이 그에 해당했다.

이렇게 발육 표준을 구하는 데에는 조선 전체의 아동을 대상으로 가능한 한 많은 자료를 구하는 작업이 필수적이었다. 그러기 위해서는 식민 당국의 협조가 긴요했다. 조선인 위생학자들은 전국 각지에 분포한 관공립 보통학교와 전문학교로부터 신체검사 결과 자료를 받았고, 그 자료를 이용한 논문의 말미에는 "특별한 호의로 연구 재료를 제공해주신 각 보통학교장 및 직원 제위께 많은 감사를 드린다"라는 감사의 문구를 붙였다. 이 같은 광범한 자료 수집은 학교의 협조뿐 아니라 전국적인 자료의 열람을 허가한 행정 당국의 협조 덕택에 가능했다.

경성제국대학 위생학교실의 조선인 발육 표준 연구는 대부분 학생들을 대상으로 진행됐으나, 드물게 학교에 다니지 않는 아동을 연구 대상으로 삼기도 했다. 그런 조사의 경우에는 경찰의 지원을 받았다. 가령 배영기는 학교에 다니지 않는 빈곤 아동을 조사하며 지역 경찰의 도움을 구한 경험을 다음과 같이 설명했다.

학동은 그 지방의 보통학교(지금은 모두 소학교로 칭함)에 통학하는 사람이다. 따라서 다수의 재료를 모으는 것이 특별히 곤란하지 않다. 하지만 학령學齡에 도달했으면서도 통학을 하지 않고 가정에 있는 아동을 다수 모아서 측정하는 일은 상당히 어렵다. 그래서 나는 다음과 같은 수단을 강구했다. 평양부 내에서는 공동목욕탕의 입욕권을 부근의 비학동非

學童에게 주고 목욕을 하러 오게 하기 때문에, 그 공동목욕탕의 2층에서 측정했다. 또 방면위원에게 의뢰하여 교회, 빈집, 혹은 천막 등에 사람을 모았고, 피측정자에게는 캬라멜을 지급하여 모이는 것을 장려했다. 강서 및 영원에서는 경찰관에게 의뢰하여 아동들을 이장의 집에 모아 측정한 후에 산토닌정(구충제의 일종_ 저자 주)을 주었다. 이렇게 고생하여 총계 6,091명의 비학동을 모아 측정할 수 있었다.[26]

요컨대 배영기는 학교 제도로 통제되지 않던 미취학 아동을 경찰과 지역 유지의 힘을 빌려서 한 장소에 집합·대기시키고 체격을 측정했다. 입욕권, 간식, 구충제 등으로 조사 대상을 회유할 수는 있었지만 그들을 강제할 직접적인 방도는 없던 배영기에게 행정 권력의 협조는 연구를 관철할 강력한 도구였다.

식민 당국의 지원하에 모은 대량의 자료를 이용해서 조선인 위생학자들은 조선인의 발육 표준을 도출했다. '발육 표준'은 성별과 연령에 따라 나타나는 일련의 성장 패턴으로, 민족마다 고유한 특징을 가지고 있다고 여겨졌다. 성장 패턴을 파악할 때 가장 핵심적인 부분은 이차성징이 시작되는 시기와 성장이 종료되는 시기를 찾는 것이었다. 이차성징에 들어가면 아동의 성장이 급격화되며, 그 시작 시점이 성체의 크기, 즉 발육의 최종 결과를 좌우했다. 조선인 위생학자들의 연구에 따르면 조선인의 이차성징이 시작하는 시기는 11세 무렵으로, 여자에서는 13세, 남자에서는 14세에서 15세 사이에 발육 속도가 정점에

달하고 여자의 경우 17세, 남자의 경우 20세에 성장이 완료됐다. 최종적인 키는 남자가 166.0센티미터, 여자는 154.5센티미터였다.[27]

　조선인 위생학자들은 조선인의 성장 패턴을 주변 민족의 것과 비교함으로써 특징을 찾았다. 비교의 대상은 대부분 일본인이었다. 조선인 위생학자들에 따르면 조선인 아동의 표준 키는 일본인 아동보다 작았다. 둘 사이의 차이는 남자는 11세, 여자는 10세 이후에 훨씬 더 현격해졌다. 그 이유는 일본인이 조선인보다 먼저 이차성징에 들어가기 때문이었다.[28] 이와 대조적으로 만 18세에서 만 23세에서는 조선인이 일본인을 능가했다. 이를 통해 조선인 위생학자들은 조선인이 일본인보다 늦은 나이까지 성장한다고 추론했다. 이와 같이 이차성징의 시작과 발육 종료의 시점이 '늦다'는 조선인의 특징은 일본인과의 비교를 통해 상대적으로 정의됐다.[29]

　조선인 위생학자들이 일본인과의 차이를 끊임없이 의식한 이유는 무엇이었을까? 우선 식민 지배를 받던 정치적 상황이 영향을 미쳤을 것이다. 그러나 그 이상으로 그들이 몸담았던 의학계의 분위기 또한 큰 몫을 차지했다. 그때까지 식민지 조선에서 조선인의 체격에 대한 연구가 가장 활발하게 이루어지고 있던 분야는 사실 위생학이 아니라 해부학이었다. 많은 일본인 해부학자들이 조선인의 인종적 기원과 특징을 찾는다는 목표 아래 1920년대부터 조선 전역에 걸쳐 조선인에 대한 체격 조사를 진행했다.[30] 그들의 연구 결과는 조선인이 일본인보다 생물학적으로 열등하다고 주장하거나, 조선인과 일본인이 동일한 조상에서 갈라져 나온 '형제 관계'임을 주장하는 데 사용됐다. 여기에는 조선인과 일본인의 유전적 관계를 토대로 일본의 식민 통치를 자연적이고 필연적인 사실인 것처럼 간주하려는 의도가 담겨 있었다.[31]

조선인 위생학자들은 이런 분위기에서 자유로울 수 없었다. 그로 인해 그들은 조선인과 일본인의 관계를 밝히는 데 집중하는 해부학 연구의 전통을 물려받았다. 하지만 그러면서도 그들은 해부학 연구와 거리를 두고자 했다. 그러기 위해 조선인 위생학자들은 조선인의 체격이 고정불변의 유전적 요인에 의해 결정되는 것이 아니라 환경의 산물임을 강조했다. 대표적으로 배영기는 동일 연령의 아동 중 취학자와 미취학자의 발육을 비교했다. 미취학 아동은 학비를 댈 수 없을 정도로 빈곤한 가정에서 생활한다는 점, 그리고 학교의 체육 교육을 받지 못한다는 점에서 취학 아동보다 발육에 불리한 환경에 놓여 있었다. 배영기의 비교 연구는 이런 환경적 요소들이 발육에 미치는 영향을 보려는 것이었다.[32] 비슷한 관점에서 이인규도 빈곤이 발육에 미치는 영향을 탐구했다. 그는 저소득층 대상의 특수학교에서 체격을 측정하고 그 값을 보통학교의 것과 비교했다. 그 결과는 빈민 아동이 일반 아동에 비해 발육 정도가 낮고 연령 증가에 따라 발육량의 차이가 점점 더 커지며 이차성징의 시작 시점 또한 빈민 아동이 일반 아동보다 1년가량 늦다는 사실을 보여주었다. 이 논문에서 이인규는 "아동 신체의 발육은 유전, 질병, 영양, 주거, 의복, 기후, 지역적 관계, 사회적 지위 및 빈부의 차이, 직업, 운동, 기타 정신적 요소들 등에 영향을 받"고 그중 "특히 빈부 여하가 아동 발육에 미치는 영향이 큼은 모두 인정하는바"라고 언급하며 발육에 미치는 경제적 조건의 영향력을 강조했다.[33]

　이처럼 경성제국대학 위생학교실의 발육 표준 연구는 조선인의 민족적 특징을 구하려는 기획이었다. 여기에서 '민족적 특징'은 조선인의 고정된 선천적 특징이 아니라, 현재를 투영하고 환경 개선을 통해 향상 가능한 가변적 특징이었다. 그런 점에서 그들의 연구는 보건학적 성격을 뚜렷하게 가지고 있었다. 그러나 발육의 우열을 가르고 거기에 민족의 생존과 발전에 대한 기여 혹은 해악이라는 의미를 부여하는 점에서 그들의 연구는 우생학적 사고 또한 반영하고 있었다. 가령 이인규는 "신체 발육의 충실도가 박약한 경우에 … 자연도태를 당하지 아니치 못할 것"이라고 하며 발육의 저하가 진화와 생존경쟁에 악영향을 미칠 것을 우려했다.[34] 아울러 최희영은 발육 성적을 통해 드러난 조선인의 체질이 일본인, 서양인의 것보다 열등함을 지적하며, 질적으로 우량한 국민을 늘려 국가 민족의 융성을 도모해야 한다고 말했다.[35] 이 같은 형태로 우생학은 체질, 발육, 보건에 관한 담론에 섞여들어 조선 사회에 그 영향력을 펼쳐나갔다.

조선인 발육 표준의 활용

조선인 위생학자들의 발육 연구는 언론을 통해 널리 알려졌다.

이인규는 1937년 『동아일보』에 "아동의 발육 형상-조선아동의 특이성"이라는 제목으로 4편에 걸쳐 자신의 연구 요지를 자세히 소개했다. 이 글은 민족마다 "독특한 기준과 발육 상태"를 갖고 있으며, 그 발육은 "주위 환경의 지배를 받고 있"다고 서술했다. '주위 환경' 중 가장 중요하게 다루어진 것은 빈곤이었다. "빈부의 차이가 신체 발육에 끼치는 영향은 가장 중대한 문제로서 한 개인의 한 가족에 한하는 것이 아니라, 한 국가, 한 민족에 있어서도 현저한 영향을 가져오는 인자"였다. 빈민 아동은 일반 아동에 비해 발육이 열등하고 연령 증가에 따라 발육량의 차이가 점점 더 커지며 이차성징이 1년 정도 늦었다. 이인규가 보기에 이러한 빈곤 아동과 일반 아동 사이의 발육 차이는 조선인과 일본인의 관계에서도 거의 동일하게 나타났다. "조선 아동의 발육 기준은 도저히 일본 내지 아동을 따르지 못"하며 "그 발육 불량의 정도가 연소 시보다 연령이 증대함에 따라서 더욱 심해지는 터로 이 현상이 전술한바 빈곤 아동과 일반 보통 아동과의 관계에 있었던 현상과 일맥상통"한다는 것이었다.[36] 요컨대 이인규에게 '빈곤'은 단지 조선인 사이의 빈부 차이를 설명하는 요소만이 아니라 조선인의 민족적 특징을 결정하는 요소이기도 했다.

최희영도 경성제국대학 위생학교실의 조선인 발육 표준 연구를 언론에 소개했다. 그는 정부의 신체검사 통계를 검토하며, 예전에 비해 조선인의 키, 몸무게, 가슴둘레가 모두 증가했지만 실제로 조선인의 발육은 더 나빠졌다고 평가했다. 키에 비해 몸무게와 가슴둘레가 적어 균형에 맞지 않는다는 이유에서였다. 그에 따르면 이런 발육 불균형은 빈민에게서 나타나는 특징으로, 조선인 아동 전체에서 그런 현상이 나타난다는 것은 조선 사회의 전반적 빈곤이 민족의 체질을 악화시킨다는 의미였다. 이런 관점에서 최희영은 조선인 발육의 향상 방법으로 의식주의 개선을 제시했다. 조선인의 발육 문제를 해결할 근본적인 방법은 조선인 사회 전반의 경제적 수준과 생활수준을 향상시키는 것이었다. 이는 빈곤 아동에 대한 지원보다는 허약 아동을 위한 특수 학급 설치, 체조 교육 강화, 우유 제공 등 학교 지원에만 초점을 맞춘 조선총독부의 방침에 대한 간접적 비판이기도 했다.[37]

조선인 위생학자들의 논의에서 등장한 조선인의 발육 부진은 그전까지의 체질 개선 담론에서 거론된 것처럼 짐작, 추론, 부분적 경험에 의거한 판단이 아니었다. 그들의 판단 근거는 자신이 직접 측정한 자료와 그에 대한 분석을 바탕으로 한 과학적 통계였다. 이는 그들의 판단이 이전에 비해 객관적이고 가치중립적이었다는 뜻은 아니다. 조선인의 발육 부진에 관한 그들의 진단에는 조선의 사회문제를 바라보는 그들 나름의 시각이 투영되어 있었다. 다만 여기에서 강조하고자 하는 바는 이전부터 논의되어온 조선인의 체질 저하를 전문적인 연구를 토대로 서술하는 수사적 방식이 도입되었다는 것이다. 이 같은 수사의 도입은 체질 개선 담론의 과학적 권위를 강화하는 역할을 담당했다.

　　　　　　　　　　　1부　민족개조의 염원

이처럼 조선인 위생학자들의 조선인 발육 표준 연구는 민족의 체질 저하에 대한 원인과 해결책을 제시하는 데 이용됐다. 이는 민족개조론의 연속선상에 있었지만, 그들의 연구가 실제로 조선인 전체를 아우르는 제도적 실행력을 가지는 것은 식민 당국과의 협력을 통할 때라야 가능했다. 1930년대 후반 전시총 동원체제가 시작됨에 따라 전쟁에 필요한 군사력과 노동력 확보를 위해 조선총독부는 다양한 '체위 향상 정책'을 시행했다. 여기에서 '체위'體位란 체격, 체력, 정신력을 포함한 신체적 능력을 의미했다. 체위 향상 정책의 일환으로 1937년부터 신체검사의 대상이 보통학교 학생에서 교직원, 청년단원 등으로 확대됐고 '개정학교체조교수요목'改正學校體操敎授要目의 발표에 따라 학교 교육 중 체육의 비중이 증가했다. 이런 정책의 바탕에는 전쟁의 승리를 결정하는 것이 후방에 있는 국민의 체력, 특히 곧 다가올 미래의 인력 자원이 될 아동의 체위라는 관념이 놓여 있었다. 그에 따라 조선인 아동의 건강 보호는 긴급한 사회적 과제가 됐다.[38]

이런 흐름 속에서 조선인 발육 표준 연구는 조선총독부의 체위 향상 정책에 동원됐다. 그 대표적인 활용 사례는 1939년 '중등학교 입학시험제도'의 개정에 따른 신체검사 평가 기준의 개편이었다. 1930년대 후반 아동의 발육 향상이 중요한 사회적 과제로 부상하면서 조선 교육계에서는 학생들이 공부만 하느라 발육에 필요한 신체 활동을 충분히 하지 못하고 그로 인해 체위가 약화된다는 비판이 거세졌다. 그런 비판을 불식시키기 위

해 조선총독부는 중등학교 입학시험에서 필기고사의 비중을
축소하고 신체검사의 비중을 늘림과 동시에, 신체검사가 형식
적으로 진행되는 일이 없도록 그 평가 방식을 대폭 개편하기로
했다. 그리고 새로운 신체검사 평가 기준의 제작을 경성제국대
학 위생학교실에 맡겼다.[39]

경성제국대학 위생학교실은 조선인 위생학자들이 그때까
지 축적한 연구를 토대로 '체격검사표준표'를 제작했다. 그것
은 만 11세부터 만 16세까지의 학생이 성별, 연령별로 갖추어
야 할 체격 기준을 제시하고 각 입학지원자가 그에 비추어 자신
의 체격을 점수화할 수 있도록 만든 도표였다(〈그림 1-1〉 참조).
조선인 위생학자들의 조선인 발육 표준 연구의 내용은 '체격검
사표준표'를 통해 중등학교 입시 준비생과 그 학부모들 사이에
서 널리 확산됐다. 조선총독부는 개편된 중등학교 입학고사 매
뉴얼인『중등학교 개정입학고사 수첩』中等學校改正入學考査の手引
(1940)을 만들어 유료로 배포했는데, '체격검사표준표'는 그 책
자의 뒷부분에 부록으로 실려 있었다.[40] 언론에서는 이 '체격검
사표준표'를 중등학교 입학 시의 신체검사를 준비하기 위해 반
드시 참고해야 할 자료로 소개했다. 가령『조선일보』의 한 기사
는 "체격검사표준표는 새로 정한 신체검사의 세 항목-체질, 체
능, 체격의 세 가지 중 체격검사의 채점표로서 이 표만 보면 입
학지원 아동의 연령과 키, 몸무게, 가슴둘레만 알면 그 아동의
체격에 대한 점수를 알"수 있다고 홍보했다.[41]『동아일보』에서
도 그것을 "보기만 하면 입학지원 아동의 체격검사의 점수를 대

1부 민족개조의 염원

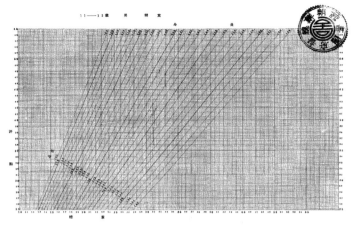

<그림 1-1> 체격검사표준표 중 만 11~12세 남아의 몸무게 평가 그래프

번에 알 수 있는 그래프"라고 선전했다.[42]

개정된 중등학교 입학시험 기준은 높은 체위 수준을 요구했다. 결핵, 정신질환, 한센병, 중증 시력 장애가 있는 사람은 시험에 응시할 수 없었다. 그 밖의 사람들은 신체검사, 필기시험, 구술시험, 초등학교 교장의 추천서를 종합한 성적으로 입학 여부가 결정됐는데, 시험 부문별 배점은 각각 300점, 300점, 200점, 200점으로 신체검사가 필기고사와 함께 가장 큰 비중을 차지했다. 신체검사는 키, 몸무게, 가슴둘레를 평가하는 체격검사, 달리기, 멀리뛰기, 던지기 등의 운동 능력을 평가하는 체력검사, 골격상의 기형이나 주요 장기의 질병 유무를 평가하는 체질검사로 구성됐다. 이들 시험에서 종합적으로 높은 성적을 거둔 사람만이 중등학교에 진학할 수 있었다.[43]

관점을 바꾸어 살펴보면 엄격한 체위 조건을 요구하는 중등학교 입학시험은 그 기준에 도달하지 못한 사람들의 고등 교육을 차단하겠다는 의미를 포함하고 있었다. 응시 자격을 얻지 못한 결핵 환자, 정신질환자, 한센인, 시각장애인은 중등교육의 기회를 박탈당한 것과 다름없었다. 빈곤으로 인해 발육이 빈약한 사람이나 주요 장기의 질병을 충분히 치료하지 못한 사람, 기형 또는 장애를 지녀서 체력시험에서 좋은 성적을 얻을 수 없는 사람은 학식이 뛰어나더라도 중등학교에 진학하기가 전보다 훨씬 더 어려워졌다. 당시 언론은 개정된 입학 기준이 신체에 결함이 있지만 천재적 두뇌를 지닌 사람의 진학을 막을 염려가 있으므로 특별히 구술시험을 두었다고 했으나,[44] 바꾸어 말하면 이는 천재적 재능이 없는 이상 건강하지 못한 자가 중등학교에 진학하기는 매우 어려움을 가리켰다. 그런 의미에서 중등학교 입학시험의 개정은 건강을 유지하기 어려운 사회적·경제적 약자들을 고등 교육에서 배제하는 효과를 지니고 있었다.

조선인 위생학자들의 관심은 그런 '배제되는 사람들'에 있지 않았다. 그들의 관심사는 민족 전체의 체질을 개선할 수 있는 사람과 그렇게 하기 위한 방법에 있었다. 조선인 위생학자들은 자신들의 연구를 토대로 신체검사에 관한 전문적인 지식을 대중에게 전달하는 데 집중했다. 가령 이성봉은 1936년 『조선일보』에 "신체검사란에 대한 이해와 주의"라는 제목의 연속 기사를 실었다. 이 기사는 학교에서 실시하는 의무 신체검사를 통해 아동의 건강을 감독할 수 있음을 강조하며, 신체검사 결과를 기록한 '신체검사증'을 읽는 방법을 소개했다. 신체검사증에는 체격을 측정한 성적과 질병 및 장애 유무 등이 기입됐는데, 이성봉은 그 내용을 정확히 이해하여 가정에서 아동 발육상 미진한 부분을 보완해야 한다고 언급했다.[45]

그와 더불어 정윤용은 신체검사의 비중이 대폭 확대된 새 입시제도에 맞추어 '신체검사에 바로 붙는 요령'을 제시했다. 그에 의하면 "입학시험에 합격되는 몸"은 "아무런 곳에도 나쁜 데가 없"으며 "정신이 똑똑하고 체격과 영양이 좋은" 몸이었다. 그런 몸으로 평가받기 위해서는, "자기 몸에 나쁜 곳이 있는 것을 알면 얼른 서둘러 고치고 나서 말짱히 낫나 안 낫나 검사"해야 했다. 예컨대 목과 코 뒤에 아데노이드가 있거나 편도선이 큰 경우 "미리 수술해서 떼어 버릴 것"이며, 눈병과 귓병이 있으면 반드시 치료해야 했다. 나아가 '체격영양지수', 즉 가슴둘레와 몸무게를 곱한 값을 키의 제곱으로 나눈 값에서 높은 수치를 얻는 것도 중요했다. 체격은 단기간에 개선하기 어려운 부분이지만 그럼에도 최대한 좋은 점수를 얻기 위해서는 폐활량 검사에서 "될 수 있는 대로 많은 숫자가 나타나도록 힘껏 공기를 들이마셨다가 천천히 힘껏 내뿜도록" 하는 것이 유리했다. 이 같은 내용을 통해 정윤용은 식민 당국이 요구하는 기준에 부합하는 신체, 혹은 적어도 그렇게 보이는 신체를 만드는 방법을 제시했다.[46]

조선인 위생학자들의 계몽활동은 조선인의 민족적 체질을 개선한다는 목표에서 출발했지만, 전시총동원체제가 강화됨에 따라 점점 더 식민 통치에 부합하는 색채를 띠어갔다. 1941년 매일신보와 경성일보가 공동으로 개최한 우량유아심사회에 심사위원으로 참여한 이성봉은 "애기를 많이 낳고 튼튼하게 기르자는 것은 중대한 시국의 오늘에 있어서 한시라도 잊지 못할 국책이며 동시에 국민의 의무"라고 강조했다.[47] 정윤용도 일본의 제국주의적 팽창에 조선인의 체질 향상이 중대한 결과를 초래할 것이라고 전망했다. 그는 신체검사의 결과가 조선인 전체의 체력 상태를 알 수 있는 수단이라고 선전하면서, "국민의 우수한 체력은 인적자원의 중심"으로 "지원병 제도도 창설되어서 우리도 흥아건설의 성전에 한 몫을 보게 된 금일에 있어서 우리들의 체력 운운은 더 중요성을 띠게 되었"다고 말하며 "장기 건설에 얼마나 한 국민의 체력이 필요한 것"인지를 강조했다.[48]

이처럼 조선인 위생학자들의 발육 연구는 조선총독부의 정책에 기여함으로써 조선인의 체질을 향상할 실행력을 갖게 되었다. 이 과정에서 조선인 위생학자들과 조선총독부는 민족 혹은 신민의 발전을 최우선 목표로 공유했고 그에 반영된 우생학적 시각 또한 사상, 연구, 정책의 영역을 가로지르며 강화됐다. 아이러니하게도 이런 조선인 위생학자와 조선총독부의 협력은 조선인 아동 발육 연구가 원래 지니고 있었던 사회 구조적 비판을 오히려 약화했다. 조선인의 체위 향상을 위해 먼저 해결되어야 하는 것은 민중의 빈곤 문제라던 그 연구의 지적은 정책화 과정에서 거의 누락됐다. 건강하지 못한 경제적·사회적 약자들은 민족 전체의 체위 향상에 별 도움이 되지 않는 존재로 취급됐고 교육의 영역과 체질 개선의 논의에서 점점 더 배제됐다.

2장   여성의 '선택' 속 우생학의 그림자

이영아

'초이스 맘'이라는 새로운 선택지가 던진 질문들

2020년 11월, 일본 출신 방송인 후지타 사유리藤田小百合는 본인
의 출산 소식을 공개했다. 비혼 상태에서 정자를 기증받아 낳은
아이였다. 한국에서는 비혼여성에게 정자 기증을 해주는 병원
을 찾을 수 없어서 외국의 정자은행을 통해 정자를 기증받아 일
본에서 출산을 했다고 한다.[1] 사유리 씨의 선택을 부정적인 시
선으로 보는 사람들도 있었지만 결혼, 출산의 새로운 대안을 제
시해준 그녀를 응원하는 대중도 많았다. 어느 쪽으로든 그녀의
선택은 한국 사회에 적지 않은 파장을 가져왔다. 특히 사유리 씨
를 통해 '자발적 비혼모'라는 주제가 한국 사회에서도 공론화
될 수 있었다. 언론사들은 사유리 씨의 출산 이슈가 불거지자 이
문제와 관련된 한국의 현황을 취재하고, 해외의 사례에 대한 소

개를 이어갔다.

아직까지 한국에서는 '자발적 비혼모'가 되기는 현실적으로 어렵다. 현행법상 비혼 여성에게 정자 기증을 금지하는 법안은 없지만, 대한산부인과학회는 시험관시술과 같은 보조생식술에 관한 윤리지침을 통해 난자나 정자를 공여받아 보조생식술을 받을 수 있는 대상을 법률적 혼인 관계상 부부로 제한하고 있다. 이에 대해 국가인권위원회는 윤리지침을 개정하여 개인 삶의 다양성을 인정하고 여성의 자기결정권을 적극적으로 보장할 것을 권고했지만 대한산부인과학회는 사회적 합의가 선행되어야 한다는 이유로 이를 받아들이지 않았다.[2] 그럼에도 비혼 출산을 법적으로 지원하고 보장하려는 움직임은 사회적으로나 정치적으로 지속되고 있다.[3]

한편 해외의 경우 결혼을 하지 않고 정자은행 등 관계 기관을 통해 아이를 낳거나 아이를 입양해 키우는 여성, 소위 '초이스 맘'choice mom, single mother by choice의 사례가 적지 않다고 한다. 미국 여성의 비혼 출산은 1996년부터 2018년까지 꾸준히 증가했고, 특히 32~38세 여성 중 대졸 이상 고학력 여성의 비혼 출산율은 같은 기간 4.0퍼센트에서 24.5퍼센트로 6배나 증가했다. 이로 인해 최근에는 기증 정자를 통한 임신·출산의 선호도가 높아졌는데, 정자 주인에 따라 정자 가격이 달라지기도 하고 가장 인기 많은 '파란 눈을 가진 미남 대졸자' 정자는 빠르게 '완판'되기도 한다고 한다. 또 미국의 어떤 정자은행에서는 정자 기증자들의 어린 시절 사진과 키, 몸무게, 눈 색깔 등이

1부 민족개조의 염원

함께 공개되어 있다고도 한다.[4]

여성주의적 입장에서 자발적 비혼모 문제는 여성들의 임신과 출산, 가족 구성에 대한 자유를 한층 넓혀준다는 점에서 지지받는다. 여성주의자들은 여성의 몸과 재생산에 대한 권리를 온전히 여성의 것으로서 인정해줄 것을 요구한다. 자녀를 출산하고 양육할 수 있는 권리는 남녀로 구성된 부부뿐 아니라 혼인제도에 구속됨 없이 누구에게나 보장되어야 한다는 것이다. 이는 성소수자의 재생산권 보장과도 연결될 수 있다는 점에서도 가족구성권에 관한 전향적 가능성을 내포하고 있다.

그러나 여기에 개입되어 있는 우생학적 사고에 대해서도 주목하지 않을 수 없다. 미국의 정자은행에서 정자 기증자에 대한 유전학적 정보를 제공하고, 선호되는 유전자를 지닌 정자는 빠르게 팔려나간다는 것은, 여성들의 자발적 비혼 출산에 우생학적 선택 기제가 개입되고 있음을 보여준다. '초이스 맘'들에게 임신과 출산은 파트너를 만나 자연스러운 사랑과 결합의 과정을 거쳐 우연적으로 얻게 되는 결실이 아니라, 철저히 스스로의 의지에 따라 계획되고 선택된 최상의 결과물이다. 그들은 감정, 우연, 상황 등에 휩쓸려 원치 않는 임신, 출산을 하는 것보다 이 방법이 훨씬 안전하고 효율적이라고 여기는 것이다.

또한 비혼 출산을 국가의 저출생 문제를 해결하기 위한 대책으로서 지지하는 정치적 논리들도 있다. 이러한 입장에서는 '초이스 맘'을 여성 개개인의 성적 자기결정권이나 행복을 위한 선택이 아니라 출산을 통한 국가의 노동력 수급 문제로 바라본다. 자녀 양육의 의지와 여건을 갖춘 여성들이 출산을 통해 인구를 증식시켜주는 것을 '출산장려책'의 일환으로 여기는 것이다.

바로 이 지점에서 우리는 혼란스럽다. 임신과 출산을 자신의 계획대로 수행하려 하는 여성의 자율성, 독립성은 적극적으로 응원하고 지지해야 할 일이 아닐까? 그런데 그 과정에서 '우월한' 유전자를 지닌 정자를 선택하고자 하는 것은 우생학적이고 인종주의적 태도라고 볼 수 있지 않은가? 또한 자발적 비혼 출산을 시도할 여유가 있는 고학력, 고소득 여성들의 출산을 장려하는 것 역시 우월한 어머니 유전자를 지닌 국민의 생산 증가를 노린 우생학적 셈법이 아닌가? 이러한 질문들을 복합적으로 떠올리다 보면, 이 사안에 대해 무조건 긍정하기도, 쉽게 비판하기도 어려운 면이 있다.

우생학, 앞으로 태어날 인간의 신체에 대한 조절과 통제

우생학은 프랜시스 골턴Francis Galton(1822~1911)이 창안한 '인위도태설'에서 기원한 것으로, 인위도태설은 찰스 다윈의 진화론이 내세운 '자연도태설'과 대비되는 학설이다. 골턴은 인간의 신체적·정신적 특성들을 과학적으로 측정함으로써 인간을 연구하기 위해 생물통계학이라는 분야를 창시했는데, 이 생물통계학을 이용하여 인간 사회의 출산율을 조절하기 위한 응용과학 프로젝트로서 우생학을 고안했다. 그는 가축이 개량되는 것처럼, 인위적인 선택에 의하여 개량된 인종은 진보할 것이라고 생각했다.[5] 골턴의 우생학은 '부정적 우생학'negative eugenics(소극적 우생학)과 '긍정적 우생학'positive eugenics(적극적 우생학)의 두 가지 방식으로 나뉜다. '부정적 우생학'에서는 우생학을 "정신과 육체의 양면에서 차세대 종의 질을 좋게 혹은 나쁘게 하는 작용과 요인에 대해서 연구하고, 이를 사회의 통제 아래에 두는 것을 목표로 하는 과학"으로 정의하면서 '부적격자'the unfit의 출산을 억제하려고 한다. '긍정적 우생학'에서는 우생학을 "인종의 질적 개량에 영향을 주는 모든 요인, 그리고 인종의 질을 최대한 발전시키는 데 관련되는 모든 분야를 취급하는 학문"으로 규정하고 '적격자'the fit의 비율을 늘리는 것을 목표로 한다.[6]

그 방향이 긍정적인 것이든 부정적인 것이든 본질적으로 우생학은, 대부분 '앞으로 태어날' 인간의 신체에 대한 조절과 통제를 목표로 하는 것이다. 즉, 우생학은 성, 생식, 출산과 관련된 관점이나 담론, 정책들에 가장 역점을 둔다. 그리고 성, 생식, 출산은 많은 경우 여성의 영역으로 여겨진다. 그래서 우생학은 여성의 몸에 많은 관심을 가지고 있다. 어떤 여성에게 출산을 허용·장려하고, 통제·금지할 것인가가 우생학 프로젝트의 주요 관심사였던 것이다.

골턴은 앞서 말한 두 가지의 우생학 중 주로 긍정적 우생학의 의미를 중요시했다고 한다. 즉, 인종의 질적 개량을 위해 건전한 자녀의 출산과 양육을 중요시하는 골턴의 우생학은, 전통적으로 여성의 역할로 간주되어왔던 일들에 가치를 부여한 것이기 때문에 여성들의 사회적 위상을 고양시키는 효과를 가져왔다. 그래서 긍정적 우생학에 무게를 두는 골턴의 관점은 여성들의 입장에서도 환영받을 만한 논리가 될 수 있었다.[7]

이 지점에서 우생학이 여성을 어떠한 관점과 태도로 다루었는가를 고찰할 필요성과 문제의식이 도출될 수 있다. 우생학의 인위적 선택이라는 과정을 여성이 주체적으로 수행할 수 있다면, 그것은 여성들에게 새로운 권한과 자유를 부여하는 일이 될 수 있다. 그런 점에서 우생학이 여성(의 몸)에 작동한 방식은 꼭 '억압적'이지 않을 수 있다. 그러나 역으로 생각하면 여성의 권익 향상이 우생학적 사고에 기반을 두고 있을 수 있다는 점에 대해 경계할 필요성을 시사하는 것이기도 하다. 우생학은 이처럼 여성의 성적·재생산적 자율권 문제와 마주칠 때 딜레마적 상황을 만들어내는 것이다.

보통 우생학에 대해 제일 먼저 떠올리는 '우생학=나치즘=거대 악'이라는 해석 도식은 우생학 담론의 모든 것을 부정적으로만 바라봄으로써 역사 속에 실재하는 흐름의 많은 부분을 놓칠 우려가 있다.[8] 물론 1930년대 말 독일에서 유대인 학살이라는 극단화된 인종위생 정책이 있었던 것도 사실이며, 특정 질병이나 장애를 가진 이들에게 행했던 강압적 단종법 등도 역사적 책임을 면하기는 어렵다. 그러나 개개인이 신체적·정신적으로 우월한 자손을 낳고자 하는 열망 자체를 모두 부정하거나 비난할 수는 없고, 실제 당대의 맥락에서는 우생학적 사고가 긍정적으로 받아들여진 경우도 많았다. 오늘날의 '초이스 맘'들이 우

1부 민족개조의 염원

월한 유전자의 정자를 선택하는 것이 자연스러워 보이듯 우생학에 기반한 사고나 행위를 모두 부도덕하거나 폭력적인 것으로만 매도할 수 없다.

그리고 우생학은 태생부터 과학으로서의 성격과 이념으로서의 성격을 동시에 지니고 있었다.[9] 최근 학계에서는 우생학을 과학이나 이데올로기 어느 한쪽으로 편입시켜 거짓된 과학이나 윤리적으로 잘못된 이데올로기로 파악하고자 했던 과거의 관점으로부터 벗어나, 과학으로서의 우생학이 사회의 이데올로기로부터 전적으로 분리될 수 없다고 보는 것이 일반적이다. 그래서 이 글에서는 우생학을 과학, 학문으로서만 접근할 때 놓칠 수 있는 사회적 성격, 이데올로기적 맥락을 간과하지 않고자 하며, 이데올로기, 정치로서만 접근함으로써 우생학자들의 학술적 발견, 논의들을 무의미한 것으로 취급하는 태도도 경계하고자 한다.[10] 그리고 처음 우생학, 우생사상이 도입되었을 때 그것을 조선이 어떻게 받아들였는지를 선험적 판단을 유보한 채 살펴보려고 한다.[11]

우등한 자녀 생산의 주체로서 '국민'이 된 여성들

조선에 우생사상, 사회진화론, 인종주의 등의 외래 사상이 알려지게 된 것은 『황성신문』, 『제국신문』, 『독립신문』과 같은 신문들에 실린 글을 통해서이다.[12] 당시 신문의 논설들에서 개화 지식인들은 당시의 시대적 정황상 세계의 정세와 조선의 현실에 대한 설명을 하는 일에 집중할 수밖에 없었는데, 이 세계를 진화한 '강한 인종'에 의해 미개한 '약한 인종'이 지배받는 곳이라고 보며, 조선은 현재 하위 인종에 속해 있기 때문에 국가가 위기에 처한 것이라고 해석했다. 그러나 그들은 이러한 인종의 차등적 지위는 고정불변의 것이 아니라 인종의 개량, 사회의 진화에 의해 변화될 수 있는 것이라는 희망을 품고 있었다. 그러므로 사회를 진화시키고, 우등한 인종이 되기 위한 우생학적 프로젝트를 실천하여 국난을 헤쳐가야 한다고 주장했다.[13]

이러한 맥락에서 1900년대 이후 여성들에게 주어진 임무는 '우등한 국민을 많이 생산'하는 것이었다. 조선의 전통사회에서 후손을 낳는 것은 개별 가문의 승계와 번창을 위한 일이었다. 그런데 개항 이후 해외 견학, 유학 등을 경험한 지식인들이 '우승열패'優勝劣敗의 제국주의적 세계질서 속 생존을 위해 국민(인구)의 관리가 중요함을 역설하기 시작하면서부터 자녀 생산이 국가적 문제가 되었다. 근대 국가는 국민의 수를 정확히 파악하고, 이들에게 세금을 부과하여 국가의 재정을 확충하고, 이들의 노동력과 소비로 국가의 산업과 경제를 발전시켜야 함을 자각하게 된 것이다. 특히 국민들 개개인이 건강하고 우수할수록 국가 진보의 속도는 더 빨라질 것이었다. 그래서 필요한 것이 우등한 국민을 많이 생산, 양성하는 일이었고, 이 임무를 맡아야 하는 최일선의 존재가 여성들이었다.[14]

이를 위해 여성들은 건강한 몸과 현명한 지혜를 갖춘 어머니가 되어야 했다. 결혼하기 전에 학교 교육을 통해 지식을 쌓고, 건강과 위생을 챙길 줄 아는 규율을 익히고, 체력과 체격을 갖추고, 출산에 적합한 연령으로 발육·성장해야 했다.[15] 유길준은 『서유견문』(1895)에서 집 안에만 갇혀 있으면 "질병이 쉽게 생기고 질병이 있으면 그 생산하는 자녀의 기혈도 부실하여 요절하는 자가 많"[16]으므로 여성 자신과 자녀의 건강을 위해 내외법을 폐지해야 함을 역설했고, 이광수는 혼인에 대해 "심신의 충분한 발육과, 쌍방의 경제적 능력과 연애를 중요한 조건으로 들었으니, 남자의 교육이 필요함과 같이 여자의 교육이 필요함은 말할 것도 없는 것"이라고 하면서 여성 교육의 필요성을 강조했다.[17]

여성들 스스로도 이와 같은 논리로 여성 교육의 필요성을 주장했다. 한국 최초의 여성단체 간행물로 알려져 있는 『여자지남』(여자교육회 회지)(1908)에서도 여성들은 자녀를 생산·양육함으로써 국가와 인류 사회에 기여하는 존재이기 때문에 이들의 학식과 도덕이 국가의 문명 정도를 결정짓는다고 말한다.[18] 여자교육회를 설립한 총재 이옥경은 남녀동등이 되어 내외하는 법을 폐하고, 학문을 가르치고, 소년에 과부 되거든 개가하게 하고, 조혼법을 막고, 서로 맞지 않는 부부는 이혼하여 다시 개가케 하고, 조강지처 없는 곳으로 개가를 한 경우에는 정식 부인으로 인정할 것을 제안하는 글을 창간호에 실었다.[19] 여자교육회의 설립 취지에 해당할 이옥경의 글에는 당대 여성들이 요구한 여성의 사회적 지위와 권한에 대한 세목들이 망라되어 있는데, 외출 및 여성 교육과 더불어 강조되고 있는 조혼폐지와 개가

문제 역시 주목할 만하다. 조혼이 국가의 번영에 크게 해가 된다는 인식은 여성들뿐 아니라 남성 지식인들 사이에서도 자주 지적되는 문제였다. 당대 지식인들은 아래의 글과 같이 조선의 인구가 점점 감손하고 열강의 인구가 증가하는 이유를 결혼 연령에서 찾았다. 조혼은 혼인한 당사자들뿐 아니라 그들 사이에서 태어난 자녀에게도 큰 해를 끼치기 때문에, 조혼한 남성이나 조혼으로 낳은 자녀가 건강하지 못하거나 요절함으로써 인구의 감손이 온다는 것이다.

(강조는 인용자) **조혼지국은 반드시 인구의 감손이 있고 만혼지국은 반드시 인구의 증가가 있으니**… 우리 조선과 같으면 점점 감손의 경향이오 열강과 같으면 반드시 증가가 될 것이니…

인류도 또한 그러하여 선천적 원질元質**이 충실하고 체격이 건전한 자는 거칠고 소박한 음식으로도 천수**天壽**를 누릴 수 있을 것이오.** 만약 이와 반대되는 이라면 편작, 화타와 같은 명의의 의술과 책으로도 요절을 면하기 어려울 것이다.

우리 조선의 가정을 깊이 관찰하건대, 혹 아이가 10여 명 태어나도 역병에 걸려 죽거나 갑작스런 병에 걸려 꽃다운 나이에 짧게 생을 마치니 부모의 고통만 가중시키고 성년에 이르는 자 겨우 한두 명뿐이니… 혹자는 말하길 **요절의 원인은 전해 내려오는 의학이 미진함이오 위생이 부적절함이라** 하는데 그렇지 않다 할 수는 없지만 그 최대 원인은 전해 내려

오는 원질이 부실함이오 그 원질의 부실은 조혼에 원인이 있
으니 이 폐단이 없어지지 않으면 인구의 감손이 나날이 끊임
없을 것이오 인구감손이 그치지 않으면 국가의 앞날을 가이
점칠 수 있으니[20]

조혼에 대한 비판론은 근대 초기 여성 담론의 핵심적 주제
로 꼽힐 정도로 지속적이었고,[21] 특히 우생학적으로 우등한 인
구 증식에 불리하다는 점이 자주 지적되었다.[22] 이광수도 "조혼
이 당자 양인에게 육체적 정신적 대해大害를 급及함은 물론이어
니와, 차 양자 간에 생하는 자녀에게까지도 악영향을 급함은 현
대의 과학이 확실히 증명하는 바외다. (…) 남녀의 육체가 십분
발육하여 더 발육할 수가 없는 정도까지 발육하여 이만하면 족
히 생식 작용을 할 수 있다 하는 시계가 즉 혼인의 시계일 것이
외다"[23]라며 조혼의 문제점에 대해 '현대 과학'을 근거로 비판
했다. 이런 맥락 속에서 여성들은 이제 결혼, 임신, 출산에 적합
한 연령이 될 때까지 교육을 받으며 성숙·발달되기를 기다릴 필
요가 있었다. 그러한 관점에서는 조혼폐지 역시 산아제한정책
으로 변주된 우생학이라고 볼 수도 있다.[24]
　이와 함께 여성의 개가를 허용하자는 의견도 제기되었는
데, 이것이 인구 증식 차원에서 유리하기 때문이었다. "미성숙
한 아이를 가취嫁娶하는 까닭에 이십 전 청상이 허다"한데, 이들
이 수절을 하게 되면, "인종이 번성치 못하고" "국가와 강토와
생명을 보존할 실력"이 없어진다며, 이들에게도 개가를 통해 인

구 생산이라는 국가적 프로젝트에 기여할 수 있는 기회를 주어야 한다는 주장이었다.[25] 그러는 것이 '개인적私分 쾌락일 뿐 아니라 국가에 행복'이라고 말한다.[26] 즉, 이 시기에는 재혼이 여성 개인으로서 행복을 추구할 권리일 뿐 아니라 '국민'으로서 여성이 이행해야 할 의무라고 여기고 있었다.

이 점은 1900~1910년대에 발표된 소설 『자유종』이나 『홍도화』, 『명월정』 등에서 개가를 해야 하는 이유를 이야기할 때에도 언급된다. 그들이 낳는 것은 자기 소유의 자녀가 아니다. 소설에서는 "그 악한 습관을 타파하여 버리지 못하고, 사정으로 말하면 나의 금옥같이 귀한 자식에 못할 노릇을 하여 움을 자르고 소금을 치러 들며, 또 공익으로 말하면 청상과부를 억지로 수절케 하여 국가생산에 큰 손해가 되게 한단 말인가?"(이해조, 『홍도화 상(上)』, 1908)라며 조혼의 문제점을 지적하고, "자식이라는 것이 내 몸만 위하여 낳은 것 아니오 실로 나라를 위하여 생긴 것이니 자식을 공물이라 하여도 합당하오"(이해조, 『자유종』, 1910) 라며 자식은 '공물'公物이고 자녀 출산은 국가를 위한 의무라는 관점을 피력하고 있다.[27]

염운옥 교수의 『생명에도 계급이 있는가: 유전자 정치와 영국의 우생학』에 따르면 우생학의 발원지인 영국에서도 우생학의 등장은 "성과 생식이라는 사적 영역이 국가와 사회의 공적 영역과 밀접하게 결합되어 있을 뿐 아니라 종의 미래를 방향 짓는 중대사"라는 점을 부각시켰다고 한다. 우생학이 여성의 역할을 '종의 어머니'라는 레토릭을 통해 찬양함으로써 여권 신장

1부 민족개조의 염원

의 한 계기를 만들어준 것이다. 물론 "여성 해방운동과 우생학의 보수적인 지향 사이에는 넘기 어려운 간격이 존재한다. 출산과 육아의 사회적 의미를 강조한다고 해도 여성을 자립적인 주체로 인정하지 않는다면 여성의 몸을 재생산을 위한 도구로 만들어버릴 위험에서 자유로울 수 없다"는 점 또한 지적된다. 그러나 이러한 위험에도 불구하고 "진화 과정에서 여성의 역할에 대한 긍정을 시사하는 우생학은 당시 여성들에게 신선하게 다가왔고, 여성들은 우생학 논리를 발판으로 여성의 권리를 주장하고 모성을 보호하는 복지 서비스를 요구할 수 있었다"고 평가했다.[28]

　　1900~1910년대 일본과 조선의 여성운동에 큰 영향을 끼친 엘렌 케이Ellen Karolina Sofia Key(1849~1926)의 사상 역시 우생학에 기초한 아동론, 교육론이었다. 스웨덴의 여류 사상가이자 여성해방론자였던 엘렌 케이는 『아동의 세기』(1900), 『연애와 결혼』(1903) 등의 유명한 저서를 통하여 여성해방운동의 이론적 리더 역할을 수행했다. 다이쇼시대 일본의 여성운동이 새로운 국면을 맞이하는 데는 케이의 영향이 매우 컸다. '연애=결혼=생식'이라는 도식을 통해 연애를 통한 평등한 양성관계의 회복과 여성의 사회적 지위 개선이라는 여성해방적 측면을 지니고 있었지만, 이를 사회적 가치로 치환함으로써 개인의 행복보다 인류의 진보, 국민국가의 수립에 기여할 수 있는 연애와 결혼, 출산을 강조했다는 점에서 파시즘적 성격을 지니고 있기도 했다.[29] 특히 결혼을 선택할 때는 후대의 이익을 전제로 해야 하

며, 인종개량에 불리한 생식의 자유에 대해서는 반드시 제한을 가해야 한다는 우생학적 연애와 결혼을 주장했다.[30]

이런 면에서 우생학적 담론들과 여성해방 담론들에는 접점이 있었다. 조선 여성들에게 주어지게 된 자유와 권익의 신장은 결국 우생학적 논리가 명분을 제공한 셈이었다. 여성들의 내외풍습 폐지, 운동과 교육 권장, 조혼폐지, 개가허용 등은 여성해방만을 의미하는 것이 아니라 우등한 자녀 생산에 대한 의무와 연관되어 있었기 때문이다.

산아제한론과 부정적 우생학 담론의 접점과 간극

우생학은 1920~1930년대 전 세계적 의제가 된 산아제한론産兒制限論을 만나면서 성, 생식, 출산 문제에 대해서 보다 구체적인 고민을 하기 시작했다. 식량 생산의 속도를 초과하는 인구증가의 속도가 인류의 멸망을 초래할 수 있다는 공포에서 비롯된 양적 차원에서의 인구조절 필요성이, 우등한 인구의 증식과 열등한 인구의 감소를 지향하는 질적 인구조절의 필요성과 결합하여 산아제한의 대상과 방법에 대한 논의를 심화시켰다. 여기에 여성들의 임신과 출산에 관한 성적 자기결정권 문제도 개입되면서 산아제한론은 1920년대 페미니즘에서 중요한 의제가 되었다. 그런 점에서 산아제한론은 맬서스주의, 우생학, 성과학, 모성주의, 사회주의 등과 복잡한 관계를 맺고 있었다.[31]

일본과 조선에서도 경제적인 빈곤 완화, 우생학적 필요, 모성의 보호 등을 위해서는 출산을 조절하는 것이 필요하다는 주장이 제기되면서 산아제한과 관련한 논쟁이 시작됐다.[32] 이러한 논의의 불씨가 된 것은 1922년 산아제한론자로 유명한 마거릿 생어Margaret Sanger의 중국 및 일본 방문이었다. 당시 일본 정부는 산아제한이나 피임을 공식적으로 허용하지 않았기 때문에 그녀의 입국이나 강연도 허용하지 않았다.[33] 그러나 생어의 입국을 불허한 데 대해 비판 여론이 들끓자 일본 정부는 입국은 허용하되 공개연설을 금지하는 선에서 타협점을 찾았다.[34] 그리고 그녀의 입국은 동북아시아에 산아제한론에 대한 관심을 촉발시키는 기폭제가 되었다.[35]

산아제한론에 대한 일제, 남성들, 여성들의 입장은 제각각이었다.[36] 일제는 산아제한 문제에 대해 기본적으로 반대 입장을 취했지만,[37] 이후 한센인 등에 대한 강제불임수술 등에서 확인되듯이 효율성의 관점에 따른 열등 인구의 조절에는 관심이 있었다. 남성들은 산아제한이 여성들, 특히 중간계급 이상 지식인 여성들의 성적 방종을 용인하는 결과가 될 것에 대한 우려를 표했지만[38] 가난이나 질병 등을 이유로 하는 출산 조절에 대해서는 공감하는 태도를 보였다.[39] 산아제한의 동기를 ① 사회학적·우생학적 차원, ② 향락적 요구, ③ 생계상 문제로 나눈 다음과 같은 글에서도 우생학적 필요에 의한 산아제한은 문제가 되지 않지만, 향락적 요구와 생계적 이유에 의한 산아제한이 문제가 된다고 보았다.

산아제한의 근본원유를 본다면 대략하야 세 가지로 나눌 수 있다. 즉 첫째는 사회학 우생학의 견지하에서 학리적으로 제창함이오 둘째는 향락적 요구하에서 부유계급의 여성들이 산아의 고통과 육아의 번잡을 피키 위하야 실행함이요 셋째는 교육비와 생계비에 고통하는 빈민계급이 생계상 불가피의 요구하에서 함이다. 그러나 실행상에 있어서는 제일의 학리적 원유는 거진 문제가 되지 않고 제이의 향락을 위하여서의 제한과 제삼의 생활고로서의 제한이 문제가 되겠는바 이는 인문진화와 자본주의의 발달에 의한 동작계급의 생활고에 수반되는 필연적 욕구요 필연적 결과라 하지 아니할 수 없다.[40]

산아제한론은 우생학 중에서도 '부적격자'의 출산을 억제하는 것을 목표로 하는 부정적 우생학의 관점과 교집합 지점이 있었다.[41] 모성의 보호, 모성의 자기결정권 실현을 위한 수단으로서 산아제한을 주장하는 페미니스트와 인구의 양과 질을 조절하는 데에 산아제한을 이용하려는 우생주의자 사이의 접점이 산아제한론과 우생학을 상호적으로 합리화해주었다. 원하는 수의 건강하고 총명한 자녀만을 낳을 수 있다면, 여성들의 출산·양육에 대한 부담은 감소할 것이다. 그렇게 해서 늘어난 시간과 자유만큼 여성들은 자신의 건강을 도모하고 자기계발, 사회 진출 등에 힘을 쏟을 수 있다.

조선의 현실을 통찰하여 볼 적마다 우생학적 견지에서 또는 구빈과 여성해방의 일수단으로써 불원한 장래에 (산아조절의_ 인용자 주) **실시를 희망하는 바이다.** 현금조선의 경제 상태는 극도로 쇠퇴하야 비참한 운명에 이르러 있다. 대부분 동포들은 먹을 것이 없어서 영양불량증에 걸리어 있는 듯싶다. (…) 다산의 결과는 모체의 건강을 해하고 자계교양에 분주하야 자기수양의 시간이 전무함으로 따라서 자식에게도 충분한 지적계발을 하야주지도 못하게 된다. (…) 현대까지 사회는 남성적 독무대이엿다. 그러나 **이후는 여성문화의 부흥시대인 만큼 여자의 해방은 무엇보다도 필요한 선결문제이다.** 이 문제를 해결하려면 여자로 하야 자손만을 많이 낳아서 모-든 정력을 육아에 집중시키게 하지 말고 자기의 수양도 하도록 부인의 지위의 향상을 사회적으로 도모하야주어야 한다.[42]

그것은 곧 여성의 지위 향상을 위한 중요한 토대가 될 것이며, 아울러 소수의 우량한 자녀들을 더 잘 양육, 교육할 수 있는 기반이 될 것이다. 그런 점에서 산아제한은 우생학적으로나 페미니즘적으로나 긍정적 효과가 많을 것으로 기대되었다. 그래서 여성들은 아래의 글들에서와 같이 임신과 출산에 대한 자기결정권이 강해지는 것을 긍정적으로 받아들이는 경우가 많았다.[43]

아이 낳는 것을 무슨 까닭으로 제한하느냐? 그 까닭은 우리

가 불생산적 노동에서 우리 자신을 해방하는 점에 있습니다.
그것은 성은 노예인 우리 자신을 해방하는 까닭에 있습니다.
**어린아이를 많이 낳아놓는다는 것은 결단코 생산적 노동은
아닙니다. 오히려 불생산적입니다.** 우리는 이 불생산적 노동
에서 해방될 것만을 생각하야도 마음이 가벼워지는 느낌을
금하지 못합니다. 이것은 남녀가 다름이 없을 터입니다. 경
제적으로 빈궁의 절정에 서 있는 우리들이 자식만 낳아놓으
면 무엇합니까? 산아제한은 생명의 본질을 무시하는 일부의
반대론자가 주장하는 거와 같은 그러한 기계적인 생관에서
출발된 것은 아닙니다. 이것이야말로 생명의 필연의 취로일
것입니다.[44]

기자는 모른다는 생도들에게 설명하기보다 얼굴빛 붉어지
는 생도들 앞에 바싹 다가서며 산아제한의 찬부贊否를 물었
다. … "진정한 의미에서 반드시 필요하다고 봅니다. 건강한
자녀를 적게 낳아서 전력을 다하여 기르는 것이 인생의 할
바 임무라고 보아집니다. 경제상으로 말하더라도 적게 낳는
다는 것은 퍽이나 좋은 방책이라고 생각해요."
"가난뱅이 아이 많이 낳는 것은 싫은 일이지요. 부모로서 자
녀에게 책임 있는 교육을 시킬 수 있을만 정도에서 자녀를
낳아야 하겠다고 생각합니다. 많은 자식을 아무렇게나 기르
기보다 적은 아이 잘 기르는 것이 좋은 일이겠지요. 이것은
그 자식에게뿐 아니라 부모의 행복도 될 것일 줄 알아요."

"너무 자식이 많다는 것은 경제상으로 불안한 일이외다. 또 조제람조粗製濫造(거칠고 넘치게 만들어짐)되기 쉬운 일임으로 적게 낳아서 주의를 다해 기르는 것이 좋다는 것은 우생학으로서 우리에게 가르쳐주었습니다"라는 놀라운 대답도 있었다.[45]

이처럼 우생학에 대한 호의적 분위기는 건강하고 우등한 자녀를 출산하여 인종을 개량하는 것에 그치지 않고 '불필요'한 자녀의 잉태와 출산을 피하는 것까지 용인하게 만들었다. 그런데 우생을 위해 출산을 억제해야 하는 대상은 가난하고 병약한 이들이었는데, 산아제한은 우수한 유전형질을 가진 지식인, 중간계급 이상에서 실행되는 경우가 많다는 점이 문제였다. 즉, 의도와는 달리 우생학적으로 보았을 때 바람직하지 않은 결과가 초래되었던 것이다. 여기서 우생학 담론은 유전병, 정신질환자, 선천적 장애인 등에 대한 단종을 주장하는 데까지 나아간다. 우생운동의 실질적 성공을 위해 산아제한의 대상을 '악성 유전질'로 특정하는 단종의 방법이 선택될 필요가 있었던 것이다.

… 산아제한은 사회의 우수층에서 흔히 실행되고 저열층에서는 실행되지 않는 경향이었으므로 이와 같이 방임한다면 사회 전체의 저급화는 면하기 어려우므로 **생활상 경제상 문제로 인구를 제한하려면 차라리 악성 유전질을 가진 저급 사회층에서 실행하는 것이 가할 것이요 이것은 법적으로 강제**

할 **필요가 있다**는 것이다. 독일과 같은 나라에서는 단종법을 실행한 지가 오래요 미국에서도 전체는 아니나 다대수의 주에서 법적 강제를 실행하는 중에 있다.[46]

그러나 산아제한론과 1930년대 중반 이후 등장한 '단종법' 사이에는 간극이 존재한다. 단종법은 부정적 우생학에 기반하여 나쁜 유전형질을 가진 이들의 연애, 결혼, 성, 출산을 외부의 힘에 의해 원천 차단하는 방향으로까지 확대될 수 있다는 점에서 훨씬 강압적인 방식이다. 이 지점부터는 여성의 성적 자기 결정권 차원을 넘어선다는 점에서 산아제한론과 부정적 우생학은 교차 지점을 통과해 멀어지기 시작한다. 여성들이 자발적인 선택에 의해 우수한 자녀를 낳기 위한 방법을 찾는 것과 국가의 강요와 폭력에 의해 임신, 출산을 통제받는 것은 전혀 다른 차원이기 때문이다. 그래서 법률로써 개인의 연애, 결혼, 임신, 출산을 통제하는 데 대해서는 우생운동에 동참하는 지식인들 내에서도 반대 의견이 많았다.[47] 그럼에도 적극적인 우생주의자들은 '악성 유전질'을 가진 이들을 타자화하면서 '그들'의 단종은 '우리'를 위해 필요하다고 생각했다. 서구의 열강 제국들에서는 단종법이 이미 실시되고 있었다는 점도 그들의 확신을 강화시켜주는 근거가 되었다. 그리고 실제로 조선에서도 일제에 의해 한센인 등을 대상으로 단종법이 시행되기도 했다.[48]

과학으로서의 우생학으로 재정의된 출산과 유전

이기영의 소설 『처녀지』(1944)에서 의사인 주인공 '남표'는 만주 지역에서 의료사업을 하면서 우생학에 대한 강연을 하는데 "어느 나라고 간에 부국강병이 되려면 훌륭한 자녀를 많이 낳고 또한 잘 길러야 되는 겁니다. 이렇게 우량한 자녀를 많이 두려면 그것은 전혀 모성에게 달린 줄 압니다"라고 말하고 "우생학에서 생각해보면 유전적으로는 모친편이 부친보다도 더 많이 아이한테 피를 가지게" 되기 때문에 모성이 더 중요하다고 강조한다.[49]

그런데 소설가가 재현한 우생학과 의사들이 우생운동을 통해 소개한 실제 우생학에는 차이가 있다. 1930년대 중반부터 우생학은 대중계몽 담론의 이론적 근거로서뿐 아니라 그 이름을 명시한 사회운동이자 의학적 지식을 기반으로 한 학문으로 본격화되었는데, 의학자들이 중심이 된 우생주의자들은 우생학적 책임을 남녀에게 동등하게 부과했다. 이 과정에서 그동안 여성들의 몸이 과도하게 짊어져야 했던 출산, 유전의 책임을 남성과 나눠질 수 있게 되었다.

이러한 활동의 중심에 있었던 것이 윤치호, 여운형, 유억겸, 주요한, 최두선, 김성수, 이광수, 현상윤 등 지식인 85명이 1933년에 창립한 조선우생협회이다. 조선우생협회는 강연회, 토론회, 좌담회 개최, 간행물 발간, 아동보건 및 결혼의학 상담 등을 주요 사업으로 설정하여 우생학적으로 우등한 몸을 만들기 위한 제도적·실천적 노력을 도모하였으며,[50] 아래와 같은 권

두사를 필두로 한『우생』이라는 잡지를 출판했다.[51]

> 무릇 인간은 유전과 환경의 산물이다. 교육으로써 우리 인류
> 를 좋은 환경으로 인도하는 것을 우경학이라 하고 이와 특이
> 한 점에 있어서 우리 인류의 후세에 전할 수 있는 그 유전적
> 물질을 개량시키는 것을 우생학이라 한다. 자고로 전자의 우
> 경학적으로 인간을 개선시키려는 운동은 인류사회에 끊이
> 지 아니하고 있다. 그러나 세상 사람은 그네들의 소용되는
> 저- 가축과 목초등은 힘써 그 종자를 개택하지마는 자기네
> 들의 귀여운 자손에 있어서는 위인과 천재의 인물이 나고 못
> 나는 것은 자연적이요 절대로 인력으로는 할 수 없다하야 우
> 생학적으로써 육체와 정신상 후생의 인간을 개량하려는 운
> 동은 극히 적다. 특히 조선사회에는 이와 같은 운동은 고사
> 하고 사상까지 전혀 업다는 것은 너무나 한심한 일이다.[52]

가장 적극적으로 우생협회를 이끌어간 인물은 이갑수(1889
~1973)였는데,[53] 경성의전 졸업 후 독일로 유학 가 베를린훔볼트
대학교를 졸업한 그는 조선우생협회를 창립하고『우생』의 발간
을 주도했으며, 자신이 유학 당시 접하게 된 독일 나치의 우생법
을 소개하며 우생의 사회적 실천, 법제화를 위한 운동과 논의를
펼쳤다. 이갑수 외에도『우생』의 전체 발기인 85명 중 25명이
의사로 다수를 차지했고, 실제 총 3권까지 발간된 잡지『우생』
의 주요 필진도 의사나 과학 관련 전문가들이었다.

『우생』이나 조선우생협회에서는 성교육, 배우자 선택, 결혼, 임신, 출산 등을 우등한 유전 인자에게 유리한 쪽으로 선택하고 통제해야 함을 좀 더 과학적 지식, 학계의 논문 및 학술적 논의를 바탕으로 주장했다. 그리고 우생이 왜 필요한지를 당대에 전 세계적으로 유행했던 우생사상과 정책들에 근거해서 강하게 설득하는 글들이 주를 이루었다. 예를 들면 경성의전 강사였던 유상규는 「우생학상으로 본 산아제한」에서 우생학적 산아제한의 방법으로 "유전되는 나쁜 소질을 가진 사람은 번식을 막는 소극적 방법과 이와 반대로 좋은(평균 이상) 소질을 가진 사람은 더욱더욱 번성하게 하는 적극적 방법"이 있다고 소개하면서 전자의 목적을 달성하기 위해서는 인위적 도태가 필요하고, 후자의 목적을 달성하기 위해서는 임신 조절이 필요하다고 말한다. 특히 정신병자, 정신박약자, 유전성 맹인·농인 등을 꼽으면서 이들에 대해 "우생학상으로 보아 번식의 필요가 없는 열등한 사람", "정신적으로 저격자低格者인 까닭에 절제와 책임감이 적어서 그 생산 제한으로 피임법에 맡길 수가 없"는 존재로 취급하며 미국의 경우에는 이런 사람들을 단종, 격리로 관리한다는 점을 언급해 이들에 대한 관리가 필요함을 말하고 있다.[54]

잡지 『우생』에서 눈여겨볼 것은 기존의 우생학적 관점을 가진 신문, 잡지의 대중계몽 담론들에 비해 여성(의 몸)에 대한 시각이 남녀동등론의 입장에 가깝다는 점이다. 우생이 출산과 가장 밀접한 관련을 맺고 있는 만큼 앞서 살펴본 바와 같이 그동안의 우생학적 관점의 담론들에서는 여성들에게 '우생'에 좀 더 많은 책임과 연관성이 있는 것으로 전제하는 경향이 있었다. 그런데 잡지『우생』의 글들은 유전학적으로 봤을 때 자녀의 우성/열성을 결정하는 인자는 부모 모두에게서 동일한 비율로 물려받게 된다는 점을 명시한다. 오히려 그동안 출산과 관련해 여성들에게 지나치게 일방적 책임이 부과되어온 것을 비판하거나 오류로 보아 교정하고자 하는 태도를 취하고 있다. 이화전문학교 교수 김호식의「우생의 생물학적 기초」에서는 다음과 같이 유전학 지식을 토대로 유성생식에 있어서 남녀가 동등함을 설파한다.[55]

> **유성생식에 있어서 남녀 어느 편이 유전상 힘이 더 강대할까?** 하는 문제는 얼른 일어날 만한 생각이다. 일견 정충은 난자에 비하야 그 몇만분지 일에 지나지 않으므로 유전력에도 그만큼 차이가 있어 약한 것이나 아닌가 하고 생각나기 쉽다. 그러나 사실인즉 결코 그렇지 않고 유전력에 있어서는 **남녀가 아주 동등이고 그 사이에 결코 강약우열의 차물**差物은 없다. 예로부터 어머니에게서는 다만 배를 빌린다고 해서 자녀 생산에 모성의 대우는 극히 박하였다. 그러는 **일방 딸만 자꾸 낳든지 또는 애기를 못 낳든지 하며는 모두 여자의 잘못이요 그를 탓하고 전 책임을 연약한 여성에게 돌려보냈**다. 이것이 생물학적으로 보아서 시是냐 비非냐는 여하간에 **극도로 남성 중심의 횡포한 정책, 야만적 여성관은 드디어 민족생활에 불건과 쇠퇴를 가져왔을 따름이다. 유전학은 가**

르키되 형질유전에 있어서 남녀는 절대로 동등이다.[56]

　또 "예부터 전하여 오는 태교에 관한 이야기는 오늘날 진보된 과학상으로 보아 아무 근거 없는 사실"[57]이라며 태교에 대한 과학적 근거 없는 정보들을 바로잡고, 태아에 영향을 끼칠 수 있는 의학적 사실들을 짚어주는 글도 있다. 여성의 임신과 출산에 대한 세간의 속설을 반박함으로써 여성의 몸에 대한 성차별적 시선을 교정해주는 것이다.[58]

　더 나아가 '부부 사이에 악질惡疾이 생겼을 때 어떻게 해야 하는가'에 대한 토론을 하면서, 부부 사이 악질의 대부분이 남자의 책임이라는 점을 동의한 다음과 같은 글도 『우생』의 담론이 보여주는 새로운 지점이다. 이때 결혼 전 악질은 화류병, 정신적 질병, 적병癩病 등을 의미하고, 결혼 후의 악질이란 성병을 주로 의미하는데, 성병에 걸려 부부가 모두 감염되거나 자녀까지 감염되는 문제의 원인은 90퍼센트 이상이 남성 탓이라고 말한다.[59] 이러한 악질은 완치가 쉽지 않은데, 이갑수가 독일의 경우 남녀 간에 악질이 생기면 법률로써 강제격리를 시킨다는 것을 소개한다. 이에 대해 좌담회에 참석한 사람들은 유전되는 악질을 사유로 이혼이 가능한가에 대해 논의를 하기에 이른다.

신흥우: 유전되는 악질이 법률상 이혼의 이유가 됩니까.

이갑수[60]: 될 줄 압니다.

유억경: 되기는 되겠지만 어렵습니다. 그런 경우에도 대개는

학대 같은 이유를 부치고 직접 그 리유를 부친 예는 아직 보지 못하였습니다.

유각겸(유억겸의 오기인 듯_인용자 주): **조선구법에는 있었지요. 소위 칠거지악 중에 하나로.**

오한영: 그것은 **여자에게 한했지요.**

장문경: 죄는 남자에게 있으면서 여자가 병원에 갔다 와서 의사의 말을 전하면 남자는 '나는 절대로 그런 병이 없다 그것은 의사의 오진이다' 그리고 또 '웬만치 아프거든 내 버려둬라 조금만 있으면 괜찮다' 이럽니다.

또 가령 남자가 어데서 임질 같은 것을 들려가지고 와서 그것을 여자에게 전염시켜놓고도 여자가 아이를 못 낳는다고 이혼하는 수가 많습니다. 저는 그런 것을 볼 때 남자가 여자를 여간 학대하는 것이 아닌 줄 압니다. 사회에서 좀 더 여자를 생각하여주는 그런 방침을 세워주는 것이 좋을 줄 압니다. … 하여간 죄는 모두 남자에게 있습니다.

이영준: 대다수는 남자에게 있지요.

장문경: 전부 남자에게 있습니다. …

이갑수: **남녀간 누구의 잘못을 말할 배 아니요. 하여튼 구십 퍼센트까지는 남자의 죄이니까 많은 편에서 제일 주의하여야 되겠습니다.**[61]

인용문에서와 같이, 질병을 이유로 이혼을 당할 수 있는 것은 여성들뿐이었던 과거의 '칠거지악'이라는 구법舊法의 문제점을 지적하고, 사실 부부간에 전염되는 질병(성병) 대부분의 책임은 남자들에게 있다고 입을 모은다. 우생학적 관점에서 봤을 때 자녀에게 유전되는 질병은 남녀 모두에게 동등한 책임이 있고, 성병의 경우는 통계적으로 남성들의 책임이 훨씬 크다는 점을 인정하고 있는 것이다. 즉, 여성들이 모성이라는 이름으로 짊어지고 있던 자녀의 건강에 대한 책임은 의학적 사실들을 참조한 우생학을 통해 감경될 수 있었다.

특히 여성 의사인 장문경[62]은 남성들이 성병을 아내에게 전염시켜놓고도 책임을 아내에게 돌리는 세태에 대해 '학대'라고 말하며 강하게 비판한다. '대다수는 남자'에게 있다고 하며 일부 남성을 옹호를 하려는 이영준의 발언에도 못을 박듯이 '전부 남자에게 있습니다'라고 다시 한번 짚는 데에서 그녀의 확신이 엿보인다. 의학적 전문지식을 바탕으로 그간 여성들이 써왔던 억울한 누명에 대해 항변해주고 '사회에서 좀 더 여자를 생각하여주는 그런 방침을 세워주는 것이 좋을' 것이라고 제안하는 발화자는 여성들의 사회적 지위 향상에 매우 든든한 존재였을 것이다. 장문경은 여성 관련 좌담회나 전문가 칼럼 등을 통해 자신의 소신과 전문지식을 피력하는 활동도 주기적으로 해왔는데, 산아제한에 대해서도 우호적인 입장을 드러냈다.

기자: (…) 여기서는 만인개지萬人皆知의 원칙론보다 이 현실 생활 위에서 생각하여 볼 때에 산아제한이란 필요한 것인고 어찌한 것인고 하는 것을 한번 생각키로 합시다.

장문경: 그야 필요하지요. 첫째, 경제적으로 볼 때 산아제한
은 반드시 시행해야 할 줄 압니다. 열 놈의 자식을 굶주리
고 헐벗기고 교육 못시키는 것보다 단 한 놈이라도 잘 먹
이고 잘 입히고 잘 교육시키는 것이 어머니의 이상이여야
합니다. (…)

도덕적으로 보아 산아제한은 죄악이 됩니다. 생물의 성장
과 번식을 제한하는 것은 '자연'에 대한 커다란 모순이며
범죄입니다. 더구나 그 민족의 발전은 그 민족의 인구증가
율에서 영향됩니다. 산아를 제한하는 것은 민족 발전으로
보아 큰 죄입니다. (…)

우생학적으로 보아 산아제한은 반드시 있어야 합니다. 다
섯이나 열 명의 바보 자식을 낳느니보다는 한 놈의 자식이
라도 똑똑한 놈을 낳기 위해서는 꼭 산아제한을 해야겠습
니다.[63]

성생활의 결과로서 나타나는 산아라고 해서 반드시 그 산아
가 모두 다 충실하게 생리적인 발육을 해나가는 것이 아니고
사망률이 많다거나 허약하다거나 두뇌가 저능하다거나 해
서 인류의 발전이 지지한 결과를 가져오고 있다.

그러므로 생물학적으로나 우생학적 견지에서 두뇌가 우수
하고 건강한 산아를 얻도록 노력해야 할 것이다. 여기에 필
연적으로 문제되는 것이 산아제한이다. 부부 한 쌍이 아이를
십여 명씩 낳아서 거의 대부분을 사망시키게 한다거나 또 허

　　　　　　　　　　　1부　민족개조의 염원

약하게 한다거나 생활난으로 교육을 충분히 못 시키는 것보다는 단 한 아이라도 건강하고 두뇌 좋은 아이를 얻어서 교육시키는 것이 그 결과로 보아 사회나 국가에 미치는 영향이 좋은 것이다. 그러므로 산아제한은 반드시 필요한 것이다.[64]

장문경은 위와 같은 글들에서 산아제한이 '필요하다'고 말하고 특히 우생학적으로 반드시 있어야 한다고 말한다. 정화산부인과 의사인 여성 장문경의 입을 통한, 우생학적 견지에서 산아제한은 필요하다는 주장과 산아제한을 위한 여러 피임, 인공중절수술을 소개하는 글들은 당대 여성들에게 어떤 울림을 주었을까? 여성들에게 산아제한론이나 우생학은 의학적으로 검증된 담론으로 받아들여졌을 것이다. 실제로 장문경은 그녀의 병원으로 "같은 여성끼리란 생각으로 온갖 상의하러 오는 여성이 많"[65]았다고 한다.

이처럼 학문, 과학으로서의 성격을 강조한 1930년대 조선우생협회 중심의 우생학 담론은 우생 프로젝트의 책임과 역할을 남녀 모두에게 부여하려 했다. 그런 점에서『우생』은, 여성의 몸에 좀 더 집중되어왔던 기존 우생 담론의 성별에 대한 편향성을 넘어서는 모습을 보여준다.『우생』과 조선우생협회의 주장은 인종주의, 단종법 등을 옹호하는 위험성에도 불구하고, 여성의 몸에 대해 가져왔던 부당한 시선을 과학에 근거해 교정할 수 있었던 중요한 계기였다는 점에서는 재평가될 수 있을 것이다.

인간개조론(4)-우생학의 전망(상)
인공수태로 종개량-출산아의 『성별』도 마음대로

'인공수태'는 부부의 동의만 있으면 훌륭한 결과를 거둘 수
있다는 전망이 보인다. (…)
유전학적으로 평가한 결과 남편은 다음 세대에 대하여 절망
적이거나 또는 불치의 병을 전할 가능성이 많은 경우에 부부
간이 아이를 갖고 싶어 한다고 가정하자. 이런 경우에 과학
은 건강한 아이를 이들에게 줄 수 있되 유전학적으로 적합
하다고 생각되는 딴 사람의 정자를 부인에게 임태시켜서 결
국 육체적으로 반은 부부간의 피가 섞이게 되는 것이다. (…)
'크로우' 박사는 앞날의 천재들을 생산할 목적으로 현대의
천재들이 기증하는 '정자'를 냉동시켜 저장하여야 한다는
소신을 피력하고 있다.[66]

위의 글은 인공수정 기술이 개발되기 시작하던 1950년대
말의 기사로, 인공수정으로 우생학적 종 개량이 가능할 것이라
는 전망을 제시하고 있다. 이처럼 기증 정자를 이용한 인공수정
이나 임신이 우생학적 목적으로 사용될 수 있다는 것은, 이 기술
을 개발하고 있던 초창기부터 인지되었을 뿐 아니라 의도되었
던 것이기도 하다. 인공적인 방식으로 수정, 임신이 가능하다면

'적격의' 난자와 정자를 수정시키려 할 것이고, 이렇게 적격의 난자, 정자를 선택하는 것이 결국 우생학이기 때문이다.

같은 맥락에서 오늘날 '초이스 맘'의 선택도 우생학적 목적을 생각지 못했다고 말하기는 어려울 것이다. 사유리 씨 역시 "저는 EQ가 높고 술·담배를 하지 않는 분의 정자를 원했다"며 상대의 어릴적 사진과 가족력 등을 확인했다고 밝힌 바 있고[67] 이 글의 서두에서 말한 바와 같이 '초이스 맘'들도 특정 외모, 학력을 가진 남성의 정자를 더 선호하고 있다. 이러한 초이스 맘들의 특정 정자에 대한 선호나, 이들의 행보를 응원하는 사람들에게서 21세기까지 이어지고 있는 '우리 안의 우생학'을 발견하게 된다.

'자발적 비혼모'의 삶이라는 새로운 선택지가 생기고, 여성들이 가부장적 가족구조에서 벗어나는 것이 가능해졌다는 점에서, '초이스 맘'이 여성의 권익 향상에 긍정적인 계기를 제공했음을 부인할 수는 없다. 그러나 이들을 옹호하는 과정에서 우리도 모르게 가질 위험이 있는 좋은/나쁜 유전자, 신체, 인종의 구별과 차별을 경계하려는 태도 또한 견지할 필요가 있다. '초이스 맘'만의 문제도 아니다. 인간의 출생에 개입할 수 있는 의과학기술이 고도화될수록 이러한 경계심은 앞으로 더더욱 중요해질 것이다.

2부

과학과 국가의 이름으로

1945년 제2차 세계대전 종결과 함께 나치 독일의 우생학과 과학적 인종주의는 사법적·과학적 심판을 받았다. 전후 새로이 설립된 과학 국제 교류 진흥 국제기구인 유네스코(UNESCO)는 1950년부터 세계 각국의 과학자들의 회합을 통해 인종에 관한 공동선언문과 유관 저술들을 출판해 나치 독일의 과학적 인종주의를 비판하는 범세계적인 대중 캠페인을 전개했다. 비록 인종 개념을 과학적으로 인정할 것인지를 둘러싸고는 끊임없는 논쟁이 이어지기는 했지만 말이다.

나치 우생학에 대한 단죄와 비판이 전후 과학으로 인정받은 우생학 기획의 소멸을 뜻하는 것은 아니었다. 미국에서 많은 주는 여전히 단종법에 따라 인종적·사회적 소수자들의 생식을 통제하고 있었고, 우생학은 새로이 등장하는 유전상담이라는 학문 분야의 지적 기반으로 자리 잡았다. 1950~1960년대의 미국의 많은 유전학자는 우생학을 여전히 본인들의 주요한 연구 분야로 인식하고 있었다.

전후 일본에서는 국가의 우생학적 개입이 보다 본격화되었다. 태평양전쟁에서의 패전과 함께 일본 열도로 영토가 쪼그라든 일본에서는 조선, 대만, 만주 등의 식민지에서 돌아온 수백만 명의 귀환자들과 베이비붐으로 인한 높은 출산율 때문에 인구 과잉으로 일본 인구의 질이 저하될 수 있다는 "인구 문제"에 대한 우려가 커졌다. 이 가운데 1948년 일본 정부는 전시 동안 법제화되었던 '국민우생법'을 개정한 '우생보호법'을 통과시키고, 피임에 초점을 맞춘 산아제한 정책을 본격화했다. 이와 같은 산아제한 정책을 입안하고 추진한 고야 요시오(古屋芳雄)와 같은 우생학자들은 사회경제적 수준이 낮은 계층 및 장애를 가진 집단의 생식 통제에 초점을 맞추었다. 우생보호법은 "우생상의 견지에서 불량한 자손의 출생을 방지"하는 것을 제1조로 두어 그 우생학적 목표를 분명히 했고, 1996년 우생조항이 삭제되기 전까지 약 2만 5,000명이 유전성 질환이나 한센병 방지와 같은 우생학적 이유로 불임시술을 받았으며 그 가운데 1만 6,475명이 당사자의 동의가 없는 강제불임시술이었다.

미국, 일본에서와 마찬가지로 해방 이후 한국에서도 우생학은 그 후광을 잃지 않았다. 일제강점기에 우생학을 학습한 의학 연구자들은 신생국 대한민국에서 오롯이 한국인만을 위한, 우생학에 입각한 보건 정책을 도입하고 구현하려는 노력들을 전개했다. 일제강점기에 조선인 지식인들을 중심으로 결성된 조선우생협회가 해방 직후인 1946년 한국민족우생협회로 재발족되었다. 한국전쟁 이전에 협회 인사들은 우생학 관련 법령을 제정하도록 관계 당국에 건의했으며, 서울 종로에 위치한 화신백화점 내에 우생결혼에 관한 상담소를 설치하기도 했다.

1950~1960년대 동안 의학 전문가와 과학자들에게 신생 국가의 미래를 우생학적으로 위협하는 것으로 여겨지던 주요 집단은 장애인이었다. 물론 3부에서 확인하게 될 것처럼 한센인과 혼혈인, 부랑민을 비롯한 사회적 소수자들 역시 우생학적 개입의 대상이 되었지만, 의학 전문가와 과학자들은 "정신박약"을 위시한 각종 정신적·신체적 장애의 "유전"이 한민족의 인구 자질을 저하시킬 것이라고 계속해서 경고하며 이에 대한 국가적 통제를 요구했다. 이런 상황에서 1960년대에 5·16 쿠데타로 집권한 박정희 정권이 경제개발 정책의 일환으로 가족계획사업을 진행하고, 인공임신중절을 합법화하는 '모자보건법'을 통해 일본과 같이 우생학적 사유에 의한 낙태와 불임수술을 법제화하려는 시도들이 이루어졌다. 정신장애의 유전성에 대한 과학적 논란이 계속적으로 이어짐에도 불구하고, 의사들과 과학자들의 장애인 인구에 대한 우생학적 우려는 가시지 않았다.

1970년대에 이르러서는 새로운 유전자 검사 기법들의 도입과 함께 특정 유전 질환을 앓는 개인들의 출생을 "예방"할 수 있는 기술적 기반이 마련되었다. 양수천자 검사를 비롯한 유전진단기술을 선구적으로 도입한 의사들은 "기형아"에 관한 산전진단과 그에 따른 예방이 "국가적으로 막대한 이익"을 가져온다고 주장했다. 한편 1980년대 이후 공해를 비롯한 환경오염 문제의 대두와 함께 우생학적 공포는 새로운 단계에 진입했다. 이제 "정신박약"이나 기형과 같은 장애가 유전될 뿐만 아니라 환경오염에 노출된 가임 여성들이면 계층과 가족력과 무관하게 누구에게든지 발생할 수 있다는 인식이 확산되었다. 산전진단기술은 이처럼 유전의 논리를 넘어선 새로운 우생 문제를 기술과학적으로 해결할 수 있는 수단으로 상상되었다.

2부에서는 이처럼 해방 이후 우생학이 건전한 과학으로 상상되고, 장애인에 대한 우생학적 개입이 과학기술의 이름으로 법제화되며, 광범한 우생학적 개입이 실제로 기술과학적으로 상용화되는 양상을 검토한다. 3장은 해방 이후부터 1960년대까지에 초점을 맞추어 유전학자들과 의학 전문가들이 "민족우생"의 이름으로 우생학을 과학적으로 온당한 분야이자 담론으로 만들고 저변화하는 역사적 과정을 살핀다. 이 장은 특히 한국의 초중등교육 및 고등교육에서 우생학을 과학의 일부로 가르쳤으며, 이런 유산이 심지어 1990년대의 대학 과학 교육에서도 발견된다는 점을 보여준다. 4장은 1960~1970년대 가족계획사업과 함께 모자보건법이 도입되는 과정과 이후 장애인에 대한 강제불임수술 실태를 검토한다. 이 같은 역사적 검토는 한국 사회에서 어떻게 장애인 불임수술이 사회적 관행으로 자리 잡게 되었는지, 그리고 왜 오늘날에도 여전히 장애인의 재생산권 침해를 당연하게 여기는 인식이 널리 퍼져 있는지에 대한 이해의 기회를 제공한다. 마지막으로 5장은 1970년대 산전진단기술이 본격적으로 도입되고, 남아선호사상이 강한 한국에서 성 감별의 도구로 활용되다가 1980~1990년대에 환경오염에 따른 기형아 출산에 대한 새로운 우생학적 공포가 확산되면서 우생학적 도구로서 한국 사회에 성공적으로 정착되는 과정을 살핀다. 산전진단기술은 한국 사회가 "불구가 없는 미래"라는 우생학적 유토피아를 상상하는 데 중요한 기술과학이 되었고, 이는 정부가 허가하는 유전 검사 가능 목록이 지속적으로 늘어나고 있는 현재에도 여전히 그러하다. 이와 같은 내용들을 바탕으로 2부에서는 국가 형성, 경제개발, 환경오염과 같은 한국 현대사의 굵직한 흐름들 속에서 우생학이 과학기술의 이름으로 한국 사회에 튼튼하게 뿌리 내린 과정을 보여줄 것이다.

현재환

과학자들의 민족우생론과 그 유산

현재환

민족우생론의 등장

그윽한 녹음의 향기에 묻혀 있는 서울대학교 문리대 캠바스. 오후의 연구실은 더 한층 정적에 싸여 있다. 약품 냄새만 가득 찬 동물연구실에서 흰 실습복을 걸친 두세 명의 여학생들과 함께 현미경을 응시하고 있던 강영선 박사는 시험대에서 물러나면서 "요즘은 인류유전학 가운데서 인구 동태 문제를 연구하고 있습니다"라고 말을 시작한다. "인류 유전학 문제에서 근친결혼 문제는 유전학상 중대한 문제죠. 그래서 구미 선진국에서는 근친결혼의 폐해를 절실히 인식하여 근친결혼의 구체적인 비율에 관한 통계를 작성하여 민족우생을 지향하고 있지요. 한국에서도 내무부에서 통계를 내고 있긴 하지만 과학적인 근거가 박약해요"라는 것이 강박사의 불평이다. 강박사가 민족의 우생에 뜻한 바 있어 근친결혼 문제와 성비 문제 등을 연구하기 시작한 것은 지금으로부터 오년 전, 우수한 민족은 우수한 유전에서 비롯해야 한다고 믿어왔다고 한다.[1]

1959년 6월 말, 해방 이후 서울대학교에 생물학과가 한국 최초로 설립되는 데 기여하고 이후에는 동물학과를 세우는 데 중요한 역할을 맡은 유전학자 강영선(1917~1999)은 문리대 캠퍼스로 찾아온 『동아일보』 기자와 인터뷰를 진행했다. 이 인터뷰는 두 가지 점에서 우리의 흥미를 끈다. 하나는 강영선의 복장이다. 스스로가 밝혔듯이 당시만 하더라도 그가 진행하던 인류 유전학 연구는 설문지 조사를 활용한 통계 연구가 전부였으므로 실험복을 걸치고 현미경을 들여다볼 일이 없었다. 기자가 요청했던 강영선이 스스로 주의 깊게 기획한 것이든 간에, 흰 가운을 입고 현미경을 관찰하는 행위는 그가 이어서 언급할 주제에 관해 과학적 권위를 지녔음을 보여주기 위한 장치였다. 또 다른 하나는 굳이 실험복과 현미경으로 상징되는 과학적 권위를 업고 강영선이 언급한 긴급한 사회적 문제가 바로 '민족우생'이었다는 점이다. 그는 '민족우생'을 인류 유전학이라는 과학을 통해 성취될 수 있는 중요한 사회 정책으로 소개했다.

"우수한 민족은 우수한 유전에 비롯해야 한다"는 믿음을 전파하려던 강영선은 당시 결코 유별난 사례가 아니었다. 1950년대부터 1960년대 사이에 수많은 유전학자들, 의사들, 보건 관료들은 한민족에 대한 우생학적 과학 연구와 우생학에 기초해 '민족우생'을 성취해야 한다고 주장했다. 해방 이전까지 일제 강점하에 우생학이 과연 누구를 위한 것이냐의 문제, 즉 일본인 식민자들을 위한 것인지, 아니면 조선 민족을 위한 것인지가 불분명하던 상황에서 조선인 지식인들이 벌이던 우생학 운동이 총력전 체제에 돌입하면서 조선총독부에 의해 억압당하던 것과 비교하자면, 해방 이후 한국의 과학자들과 의학 전문가들에 게는 바야흐로 한민족만을 위한, 민족우생을 위한 우생학을 본격적으로 추진할 수 있는 시대가 열린 것이었다.

　이 장에서는 1940년대 말부터 1960년대 중반 사이에 남한 의 두 전문가 집단이 '민족우생'의 이름으로 우생학의 저변을 다진 과정을 살핀다. 첫 번째 부류는 의학 학위나 의사 전문자격증은 없지만 유전학을 공부하고 연구하는 생물학자들로, 앞서 소개한 서울대 동물학과의 강영선이 대표적이다. 두 번째 부류는 의사 전문자격증을 소지한 이들로, 대다수는 대학에서 교육과 연구에 종사하는 의학 연구자들이었지만, 보건사회부 소속의 보건 관료들과 긴밀한 관계를 맺고 활동한 이들이다. 여기에 해당되는 인물로는 1950년대 후반부터 국내에 보건학이라는 분야를 수립하는 데 주요한 역할을 맡은 서울대 의대의 권이혁 (1923~2020)을 들 수 있다.

　이 글에서는 이들 생물학자들과 의학 전문가들이 제2차 세계대전 이전의 미국 우생학과 이후 일본의 민족위생民族衛生을 학문적 자원으로 삼아 '민족우생'을 과학적으로 온당한 분야이자 담론으로 만드는 데 기여했다고 주장한다.[2] 해방 이후 남한 지역에서 이갑수 등이 조선우생협회를 한국민족우생협회로 재발족시키며 "민족우생"이라는 단어를 적극적으로 사용했는데, 여기서는 당시 유행하던 이 용어를 빌려 생물학자들과 의학 전문가들의 우생학 논의를 '민족우생론'이라고 부를 것이다. 민족우생론의 다양한 면모를 살펴보는 일로 먼저 해방 이후 학생들과 일반 대중들이 '과학'과 '현대 의학'으로 배우던 것들이 무엇이었는지를 당시의 과학 교과서들을 검토함으로써 확인해보자.

우생학을 '과학'으로 가르치기

우생학이라는 단어가 사이비 과학으로 여겨지는 오늘날 우리가 보기에 1960년대에 출판된 대학 유전학 교과서에 우생학과 우생 문제가 과학적인 주제로 버젓이 소개되고 있다는 점은 충격적일지도 모른다. 해방 이후부터 적어도 1960년대 후반까지는 우생학은 생물 및 보건 관련 교과서에서 항상 '건전한 과학'이자 '응용 유전학'의 사례로 소개되었다.

　생물학자들은 해방 이후 교과서 집필에 참여하며 우생학과 우생학적 지식들을 교과서 집필을 통해 대중 일반으로 확산시키는 데 기여했다. 특히 해방 직후 과학 교육 분야가 제대로 설립되어 있지 않은 상태에서 소수의 생물학자들이 국민학교와 중등학교 교과서뿐만 아니라 대학 교과서까지 모두 집필했으며, 여기에 우생학에 관한 장들을 삽입했다. 예를 들어 서울대학교 생물학과(이후 각각 식물학과 및 동물학과) 교수 이민재(1917~1991)와 강영선이 공동으로 집필한『생물(상)』(1948), 문교부 편수국장이자 생물학자인 박만규(1906~1977)의『중등교과 과학과 고등생물(하)』와『신제고등 생물과학』(1953), 강영선이 "인류의 유전" 장을 서술한 대학 교과서『유전학』(1968), 백대현의『유전학』(1959; 1961), 김익태와 이택준(1928~2001)의『유전학』(1970) 등은 모두 우생학에 관한 논의를 포함하고 있었다.

의학 교과서의 경우도 유사했다. 사실 해방 직후 우생학을 언급한 최초의 교과서로는 연세대학교 의과대학 교수이자 당시 미군정청 의학 교육 담당관인 김명선(1897~1982)과 최신해(1919~1991)가 집필한『일반과학 인류계교과서 (중등) 생리위생』(1947)을 들 수 있다. 이 교과서에서 우생학은 "우리나라가 건전한 발달"을 하는 데 필요한 학문으로, 단종법은 "국민우생"에 필수적인 법안으로 소개되었다.[3] 이외에도 해방 직후 문교부 편수국에서 근무하고 박정희 정권기에 보건사회부 의무관으로 활동했던 김사달(1928~1984)은『양호위생』(1954),『(고등)체육』(1956),『고등학교사범학교 남녀공용 보건위생』(1967) 등을 집필하며 우생학에 대해 소개하는 것을 잊지 않았다. 권이혁은 보건대학원 교재로『공중보건학』(1963)을 집필했으며, 이 저술들에도 우생학에 대한 내용들이 포함되었다. 초중등교육과 고등교육을 불문하고 우생학은 언제나 생물과 보건 교육의 일부로 다루어졌던 것이다.

의학 전문가들은 교육계 바깥의 대중에게도 우생학 지식

을 보급하는 활동을 펼쳤다. 서울여자간호대학교 교장 하두철(1898~1988)이나 『의사시보』(현 『후생신보』) 창간인이자 훗날 대한의사협회 이사장이 되는 김형익(1897~1974)은 각기 『국민의학』(1953), 『통속의학강좌』(1948; 1958)와 같은 대중 저술로 우생학적 논의들을 일반 대중들에게 유포하는 데 중요한 역할을 맡았다. 의학 전문가들은 언론 매체들에서도 우생학의 필요성을 역설했다. 예를 들어 1953년 서울의대 예방의학·위생학교실의 심상황(1909~1972)은 세계보건일에 관한 좌담회에서 정신위생에 대해 논의하면서 "청소년의 불량방지, 범죄방지, 교정지도" 등을 "우생 문제"에서 출발하여 다루기를 제안했다.[4]

이 교과서들, 대중저작들, 그리고 언론에 실린 계몽 담화들에서 이들은 '민족우생'이라는 이름 가운데 우생학을 민족의 미래를 위한 과학으로 소개했으며, 특히 우생학에 기초한 강제불임수술의 도입을 강하게 주장했다. 예를 들어 박만규는 『생물과학』(1953)에서 "우생학은 사실을 기초로 한 순수 과학"이며 "인류의 소질을 개선하고 진보시키는 데 필요한 학문"으로, 생물학을 현실 생활에 적용할 수 있는 중요한 응용 분야로 소개했다. 강영선이 저술한 모든 초중등 교과서는 인류 유전학의 주요한 연구 분야인 우생학이 "민족소질 개량"을 위해 "실천에 옮겨지"고 있고, "우생학의 실천"인 "단종법"이 "많은 선진국가"들에서 널리 시행되고 있으므로 한국에서도 시급한 도입이 필요하다는 내용을 담고 있었다(〈표 3-1〉). 이 내용들은 20세기 전반기에 일본민족위생학회日本民族衛生学会에서 우생학 지지자로 활동하고 유전학 연구에 대한 국가의 지원을 우생학 연구에서 찾은 일본의 유전학자 다나카 요시마로田中義麿(1884~1972)의 교과서에 빚지고 있었다. 1968년의 대학 유전학 교과서에서도 강영선은 '우생'이라는 절을 배치하여 다음과 같이 소개했다.

> 신체 또는 정신적으로 이상을 가진 사람이 많은 빈도로 나타나는 것은 개인은 물론 국가적으로도 큰 손실이라 하겠다… 집단의 행복을 누리고 복지사회를 건설하려면 인류집단을 유전적으로 개선하는 데 노력해야 한다. 일찍이 골턴Galton은 인류가 유전적으로 악화하는 것을 방지하고 나아가서 인류를 유전적으로 개선하는 목적으로 우생eugenics에 관한 일을 처음으로 다루었다… 집단 내의 악성유전자를 도태시켜 민족의 유전적 소질을 정화시키는 것은 우생정책의 한 목표로 삼고 세계 각국에서는 우생법을 제정·실시하고 있다. 우리나라도 우생법 제정에 관하여 여론이 많지만 아직껏 이루어지지 못한 상태에 있다. 그러나 선진국에서는 벌써부터 실시해왔으며 나라 안에 국민우생연구기관을 두고 연구도 실시하고 있다. 일본만 해도 1941년에 국민우생법, 1948년에 우생보호법을 제정하였으며 악성유전병환자의 우생수술(단종수술), 인공임신중절 등이 허용되어 있다. … 악성유전자를 가지고 있는 유전자 보유자를 발견하여 우생학적 처리를 하면 도태의 효율이 높아진다. 예를 들면 정신병… 발병 전에 보유자로 확인하면 자손을 낳지 못하게 지도하여 도태

교과서	저자	내용
『생물학 (하)』	이민재, 강영선	유전자를 개량하여 사람의 형질을 개선하며 우량한 자손을 나서 사람의 복리를 오래 증진시키고저 하는 것이 우생학이다. 근래에 이르러서는 민족소질의 개량에 관하여 우생학적인 여러 가지 연구가 실천에 옮겨지게 되었다. 악성인 유전형질을 가지고 있는 사람의 자손을 근절시키기 위하여 번식을 방지하는 방법으로서 행하여지고 있는 단종법은 많은 선진국가에서 행하고 있다. _ 383쪽, 1948년.
『고등 생물의 요점』	강영선	유전자를 개량하여 사람의 형질을 고치고 좋은 자손을 낳아서 사람의 행복을 더 한층 크게 하려는 것이 우생학이다. 이것은 유전질의 개량이니만큼 생물과 같이 유전학의 원리를 기초로 하여… 결혼법이라던가, 또는 좋지 못한 형질의 퍼져 나감을 적극적으로 막아내는 방법을 써서 연구하고 있다. … 근래에 이르러서는 민족소질의 개량에 관하여 우생학적인 여러 가지 연구가 실천에 옮겨지게 되었다. 열악적인 유전형질을 가지고 있는 사람의 자손을 끈쳐버리게 하기 위하여, 그 자속의 불어남을 방지하는 방법으로서 단종법은, 우생학의 실천이라 볼 수 있는 것이며 많은 선진 국가에서 행하여지고 있다. _ 178~179쪽, 1957년.
『생물학 개론』	강영선	사람에 대하여 유전적으로 연구하며 유전자에 변동을 일으키게 하고, 그 결과 형질을 고쳐서 좋은 자손을 낳아 사람의 행복을 한층 크게 하려는 것이 우생학이다. 이것은 유전자의 개량이라 하겠으며, 다른 생물과 같이 유전학적인 원리를 기초로 하여 사람의 여러 형질에 대하여 유전하는 상태를 명백히 할 뿐 아니라, 결혼법이라든가 또는 좋지 못한 형질이 유전을 통하여 널리 전파되는 것을 적극적으로 막아내는 방법 등을 연구하고 있다. … 근래에 와서는 민족소질의 개량에 관하여 우생학적인 여러 가지 연구가 실천에 옮겨지고 있다. 열악인 형질의 유전자를 가지고 있는 사람의 자손을 끊어버리게 하기 위하여, 그 자손의 불어남을 방지하는 방법으로서 단종법은 우생학의 한 개의 실천인 것이라 하겠다. 이와 반대로 우수한 형질의 유전자를 가지는 사람이 자손을 많이 남기기 위하여 인공수정을 실천에 옮기는 것도 우생학적 견지에서 대단히 효과적이라 하겠다. _ 284~285쪽, 1958/1961/1966년.

『일반 생물학』	조복성, 김창환	우생학은 민족의 지성이나 체질의 향상을 도모하고 그 저하를 가져오는 원인을 없애기 위하여 행하여지는, 인류를 대상으로 하는 생물학의 연구이다. … 인류의 발전과 소질의 향상을 이루기 위하여서는 어떠한 인위적 방법이 고려되어지지 않으면 안 될 것이다. _ 272쪽, 1958년.
『생물의 연구』	김인환	생물의 연구 결혼은 개인으로 보아서는 장래의 번영을 위하여 중요할 뿐 아니라, 또 이 개인은 민족 사회와 직결함을 잊어서는 아니 된다. 사람에 있어서 우량한 유전 형질을 많게 하고, 그렇지 않은 것을 없애려고 힘쓰는 것을 우생(eugenics)이라고 한다. 우생의 문제는 실현에는 매우 곤난이 많으므로, 민족의 소질을 개선하려면, 적당한 배우자를 선택하는 것이 중요한 문제이다. … 유전적으로 나쁜 형질을 가진 아이가 태어나는 것은 당자를 위해서나 사회 전체로 보아 대단히 불행한 일이다. 이러한 아이는 될 수 있는 대로 낳지 않는 것이 좋겠고, 또 그러기 위하여 국민 전체가 우생에 대한 깊은 관심을 가질 것이 필요하다. _ 227~265쪽, 1950/1960년.
『수험생물』	이일구	유전학의 성과를 동식물에만 응용할 것이 아니라 인간에도 응용하여 유전질을 개량하여 사람의 형질을 고쳐서 좋은 자손을 낳아서 사람의 행복을 더 한층 크게 하려는 것이 우생학이다. 방법으로는 우생결혼의 장려와 열악형질의 제거(단종) 등이 있다. _ 115쪽, 1957년.
『유전학』	김익태, 이택준 (*재판: 이택준)	실제로 우리 인류사회에는 의외로 유전성 이상자나 질환자가 많은데 개인의 행복 나아가서는 사회의 복지를 위하여 인류집단을 유전적으로 개선해 나가지 않으면 안 될 것이다. 집단 내의 악성 유전자를 도태시켜 민족의 유전적 소질을 정화시키는 것을 우생정책의 한 목표로 삼고 세계 각국에서는 우생법(優生法)을 제정, 실시하고 있다. 우리나라에서는 아직 우생법이 제정되어 있지 않으나 가까운 장래에는 이러한 우생정책을 세워 우리 민족의 신체적 및 정신적인 유전소질을 향상시켜 나가야 할 것이라고 생각한다. _ 267(331)쪽, 1970(1976)년.

<표 3-1> 1940년대 말-1960년대 중반 생물학 교과서들에서의 우생학 논의의 예시

3장 과학자들의 민족우생론과 그 유산

율을 높일 수 있다. 위에 말한 것은 우생방법 중 소극적 방법
이라 하겠으며, 적극적 방법으로는 인류유전학에 대한 계몽,
환경의 개선 등 우수한 형질을 증가시키는 데 노력하는 방법
이다.[5]

　문교부에서 보건양호 교과서 편수에 관여한 의사 김사달
의 교과서 역시 동일한 논조를 유지했다. 예를 들어 그는 "조상
으로부터 좋은 소질과 체질을 물려받는 것은 대단히 중요한 일
이다. 만약 나쁜 체질이나 열등한 지능과 체격을 물려받았을 때
의 불행이란 이루 형언할 수 없을 것이다. 장래의 결혼에 있어
서는 적어도 이 유전이란 것을 고려해야 할 것"이라며 이런 유
전을 탐구하는 과학으로 우생학을 소개했다. 일제강점기의 민
족위생 논의를 그대로 따른 것처럼 보이는 그의 정의에 따르면,
"우생학이란 유전의 법칙을 쫓아 인종 개선을 목적으로 하는 학
문"이며, "나쁜 유전 때문에 불행한 아이가 생기게 되는 것은 그
가정뿐만 아니라 사회나 국가 장래에도 좋지 못한 영향이 미치
게 된다." 그러므로 "우생보호법을 실시하고 그 법에 의하여 유
전성 정신병 그 밖의 유전성 악성 정신병환자에는 우생수술을
실시"하는 일을 참고하여 민족우생을 증진할 필요가 있음을 피
력했다.[6] 대중계몽서들에서도 마찬가지였다. 김형익은 『국민의
학전서』의 "우생의 관한 상식"이란 장에서 "우생학은 유전학의
원리를 응용해서 민족의 우생학적인 개선을 도모하려는 학문"
으로 그 주요 목적이 "민족의 유전적 변질과 악화(열등체질, 질

병, 악질성 유전)을 방지하고 민족의 심신을 개선시키며 우수하게 하는 데" 있다고 소개했다.[7]

한국의 아동, 청소년, 대학생들은 한국어로 교과서가 처음 집필되던 1940년대 말부터 심지어 1970년대까지 이러한 내용들을 일관되게 학습했다. 우생학에 대한 논의가 대학 유전학 교과서에서 처음으로 삭제된 것은 생화학 유전학을 전공하는 이정주가 인류 유전학 분야 집필을 맡은 1978년부터이다. 이렇게 우생학을 '건전한 과학'으로, 강제불임시술을 민족우생을 위해 필수불가결한 '과학적인 개입'으로 교육받아왔다는 점을 고려할 때 다음 세대의 과학자들과 의사들이 우생학적 주장을 이어가는 일은 결코 놀라운 일이 아니었다. 1974년에 서울대 의대 소아과의 최한웅은 "선진국에서는 유전병을 막기" 위해 "우생법"과 "단종수술"을 실시하는데 한국은 "불구아에 대한 구호수용이 불충분한 곳"임에도 이를 본격적으로 시행하지 않고 있다며 한탄했다. 그로부터 10년도 더 지난 1987년에 한양대 유전의학교실의 백용균은 특정 유전 질환의 발병률이 일본인보다 한국인 사이에서 더 빈번하다는 점을 발견한 후에 "우생학적으로 분하다"고 탄식하기도 했다.[8]

동성동본불혼제 논쟁과 생물학자들

생물학자들은 우생학을 학교 교육에 포함시키는 데 중요한 역할을 맡았을 뿐만 아니라, 가족법 및 생식 조절과 관련된 여러 사법적 논쟁들에서 우생학과 관련된 전문가로 자임하며 활동하기도 했다. 민법 제809조 1항의 동성동본불혼제도 입안을 둘러싼 논란이 대표적인 사례이다.

1957년 11월 국회에서 한국 혼례의 "민족전통"을 중시하고 "전래의 순풍"을 지킨다는 논리로 동성동본불혼제 법제화를 논의하면서 국회 안팎에서 논란이 일었다.[9] 이 가운데 생물학자들은 동성동본불혼제에 대한 "과학적 접근"의 필요성을 주장하며 근친혼에 관한 논의들을 사법 논쟁의 영역으로 불러들였다. 예를 들어 건국대 농학과의 유전학자 백대현은 "민족우생을 크게 좌우할는지도 모를 이와 같은 중대한 법률수정안을 기초함에 있어서 유전과학자들의 의견을 참고"하지 않은 것을 심히 유감이라고 주장했다. 그는 "도덕이니 전통이니" 등에 얽매여서가 아니라 "유전과학이 가르쳐주고 있는 사실적인 이유에서 동성동본 간의 혼인, 즉 근친결혼을 찬성할 수 없다"고 말하면서 동성동본금혼 논의를 근친혼의 문제로 전환시켰다.[10] 이후 백대현은 미국 우생학에서 널리 통용되던 사례들, 근친혼을 통해 "정신박약자와 범죄자들이 많이 산출"되었다거나 미국에서 "동족결혼의 습관을 계속한 결과 약 200명의 전 부락민 중 백치, 주유, 뇌수중자", 그리고 "기형아가 많이 산출"된다는 점을 근거로 들며 동성동본금혼제에 찬성한다는 입장을 피력했다.[11]

당시 연세대에서 강사로 활동하던 유전학자 공태훈(이후 건국대학교 농학과 교수)은 근친결혼의 해로운 점에 대한 논의가 극단적인 사례만을 제시해 "너무 공포에 빠지게 하는 것 같은

2부 과학과 국가의 이름으로

감"을 주기도 하고 "근친결혼에 있어서 근친에 대한 범위"도 분명히 말하지 않은 점이 있다며, 자신이 유전학에 기초해 "칠촌 간 결혼"을 금지하는 것을 찬성하는 이유를 밝혔다. 공태훈 역시 "근친결혼"을 "미풍 또는 도덕이라는 막연한 각도에서만 논의"할 것이 아니라 "민족 장래의 체질과 능력, 그리고 질병에 관한 문제이니만치, 이에 전문되는 과학적 척도에 의해서 분석"하고 "개선"해야 한다고 보았다. 무엇보다도 그는 동성동본금혼 문제를 넘어 "우생학적인 단종법의 제정이 시행되어야 할 것"이고 "100퍼센트의 완전성을 구비시키려면 결혼에 대한 의사의 인가제도를 설치"하는 것이 시급하다고 주장하며, 금혼의 법적인 한계를 결정할 때 과학자들을 활용하기를 제안했다.[12]

법제화가 이루어진 1958년 봄에 뒤늦게 참전하기는 했지만, 강영선은 근친혼의 범위에 해당되는 경우를 우생학적으로 파악하여 혼인을 금지시키는 법안을 만들어야한다고 주장했다. 여기서 중요한 점은 그가 '유전학'과 '우생학'을 동일시했다는 것이다. 강영선은 특히 미국의 우생학자 고다드Henry H. Goddard가 1912년에 보고한 "칼리카크 가계"The Kallikak Family에 관한 연구를 암시하며 "정신박약"을 가진 아이의 출생은 대부분 유전적 요인에 기인하며, 근친혼은 이런 "정신박약아에 대한 열성유전자"가 발현될 기회를 증대시키기 때문에 금지되어야 한다고 주장했다. 강영선은 "친남매, 사촌, 육촌남매, 이종사촌" 간의 결혼은 근친혼이라는 점에서 유전적으로 위험하므로 금지되어야 하며, 성씨가 같은지 여부보다는 "혈연관계가 가까

운 사이에서 결혼하는 것"이 "유전적으로 위험성을 가져온다는"점을 더 고려해야 한다고 강조했다.[13]

비록 유전학자들이 희망했던 것처럼 법제화 논의에 이들이 직접 참여하거나 유전학의 근친혼 논의에 기초한 법안의 수정 같은 일들은 결코 일어나지 않았지만, 이들의 논의는 우생학이 동성동본금혼제에 관한 논지의 주요한 일부로 포함되는 데 기여했다. 이듬해 내려진 이승만 대통령의 정책 교서에 동성동본 혼인은 점차 "백성"을 "퇴화"시켜서 "생물학상으로도 해롭"고 한국을 "생물학상으로 크게 불리"하게 만들 것이니 금지해야 한다는 내용이 포함되었다.[14] 또 유전학자들이 한창 논쟁을 전개하던 1957년 11~12월 당시 연세대학교 학생들로 추정되는 대학생들 778명을 대상으로 한 조사에서 동성동본금혼제를 찬성하거나 반대하는 논의 가운데 주요 근거 중 하나가 "우생학적인 견지"로 보고되었다.[15]

동성동본불혼 조항이 법제화된 이후로도 유전학자들은 이 조항을 언급하며 한민족에 대한 우생학적인 연구와 우생법 도입의 필요성을 주장했다. 예를 들어 1959년 3월 『동아일보』 칼럼에서 생물학자 홍순우는 한국에서 근친혼을 "일반 서민들이 문제시하고 있는 것은 선량한 사회풍속을 해친다는 점"에 있지만, "많은 나라에서도 우생법의 규정에 의하여" 근친혼이 불허되어 있음을 강조했다. 홍순우는 "우리나라에서는 사회윤리적 예습禮習으로 유전적인 폐단의 증거가 과학적으로 증명되기도 전에 혈족결혼이 사회적으로 반대되어왔으며 그 옛날 동방예 의지국을 자랑하는 우리 선조들이 유전학을 이미 통달"했다면서, 한국의 동성동본불혼제를 추켜세우는 동시에 적극적 우생학과 소극적 우생학에 관해 설명했다.[16]

　같은 해 강영선은 제자 조완규(1928년 출생)와 함께 국제 학술 저널 『인간 생물학』Human Biology에 「한국인 집단에 관한 생물학적 자료」Data on the Biology of Korean Populations라는 제목의 논문을 출판했다. 이 논문은 한 절을 한국의 근친혼 문제에 할애했는데, 이 때문에 서론에서 소개한 것처럼 『동아일보』와 인터뷰를 하게 되었다.[17] 이 인터뷰에서 강영선은 근친혼 비율에 대한 통계적 조사는 '민족우생'에 뜻을 두고 진행한 것인데, 도시보다 농촌에서 근친혼 비율이 높은 일본과 달리 한국의 경우 도시에서 비교적 높은 근친혼 비율을 보였음을 강조했다. 실제로 논문에 실린 조사 결과에 따르면, 1,364건의 결혼 가운데 65건의 사촌 결혼이 있었고, 이 가운데 37건이 서울에서, 17건이 제주도에서 이루어졌다. 강영선은 이 결과를 "일본의 대도시가 구미의 우생학의 영향을 받"아 근친혼을 꺼리는 반면, 서울에 거주하는 "한국의 도시민"은 우생학적 지식이 부족할 뿐만 아니라 "6·25동란으로 혈족끼리 모여 살게" 되면서 근친혼 비율이 높아진 것이라고 설명했다.[18] 이처럼 생물학자들은 해방 이후 한국 사회에서 인간 생식과 관련된 법적·사회적 논의가 처음으로 진행될 때 자신들의 공간을 만들기 위해 노력하는 동시에 본인들의 연구를 "민족우생"에 관한 과학으로 정의하고, 대중적으로 민족우생과 유전학이라는 과학이 서로 떼려야 뗄 수 없는 관계로 믿게 하는 데 기여했다.

국민우생법안과 의학 전문가들

생물학자들이 동성동본불혼제에서 자신들의 전문적인 영역을 구축하려 했다면, 의학 전문가들은 우생법 제정과 관련해 목소리를 냈다. 사실 우생법 도입은 1930년대부터 조선우생협회 안팎의 의사들에게 주요 관심사였다.[19] 해방 이후 우생학에 대한 내용을 담고 있는 최초의 교과서를 저술한 김명선은 단종법 입안이 일본 본토에서 논쟁이 되고 있는 상황을 소개하는 1938년의 글에서 "국가의 번영은 인구의 양으로만 문제될 것이 아니고 질이 더욱 요구될 것"이고, "악성질소유자가 없어지는 그날에야 국민의 우화優化는 실현될" 수 있으며, 이를 위한 "근본 방법은 단종법 이상의 것은 현시現時에는 찾지 못할 것"이라고 주장했다.[20] 1930년대 조선우생협회 내부에서는 이갑수를 제외한 여러 회원이 오히려 강제불임수술 법제화에 다소 유보적인 태도를 보였다는 분석도 있는데, 어찌 되었든 해방 직후 재발족한 한국민족우생협회는 1946년 10월에 열린 첫 이사회에서 "민족우생에 관한 법령을 급속 제정하도록 관계당국에 건의하기로 결정"했다고 보고할 정도로 우생법 제정에 열성이었다.[21] 또 의학사 연구자 신영전과 정일영은 우생협회를 이끈 이갑수가 초대 보건부 차관으로 활동하던 1949~1950년 당시 "우생법령을 제정"하려고 노력했음을 강조했다.[22]

다만 이 우생법이 반드시 강제불임수술만을 의미했던 것은 아닌 것 같다. 해당 연구가 인용한 이갑수의 회고에서 언급된 "나병환자", 즉 한센인에 대한 "우생 정책"은 분명히 단종법이었지만, 그가 차관으로 재임하던 1949년 8월 말 보건부가 제시한 "우생결혼법안"은 해방 이후 "민족우생학상" 예방이 시급한 것으로 여겨졌던 성병과 관련한 것으로, 결혼상담소에서 건강진단서를 발급받아 제출한 경우에만 결혼을 허용한다는 안이었다.[23] 이갑수와 마찬가지로 의사 출신이었던 보건부 차관 정준모(1904~1978) 역시 국무총리 비서실에 "국민우생법을 제정"하여 남성 한센병 환자에게 강제불임시술을 실시하는 방안을 보고하기도 했다.[24] 이처럼 비록 의미하는 바나 집행 대상이 달랐지만, 1950년대의 보건 관료들은 우생법 입안 의지를 가진 의학계 수장들의 영향 속에서 우생법을 미래에 시도할 만한 보건 정책 의제 중에 하나로 여기게 되었을 것이다.

우생법 제정에 대한 의학 전문가들의 목소리가 본격적으로 눈에 띄기 시작하는 것은 1958년 무렵부터이다. 같은 해에 김사달은 자신이 몇년 전 보건 및 체육 관련 교과서에서 제시하던 내용을 교양지 『여성계』에 게재했다. 이 칼럼에서 김사달은 일본의 우생보호법과 우생수술 대상자를 상세히 소개하며 이와 동일한 종류의 법제를 한국이 도입해야 한다고 주장했다.[25] 이듬해 겨울에는 한 사설에서 당시 주요한 사회적 의제로 떠오르던 산아제한 문제에 관한 이야기를 논의하면서 무엇보다도 "민족보건의 실을 기"하는데 중요한 "우생보호법"을 "제정실

시"하는 일이 가장 중요하다고 주장했다.[26]

김사달은 산아제한 논의가 본격화되는 1961년부터 산아제한뿐만 아니라 우생법 도입 또한 진지하게 고려해야 한다고 주장했다. 그는 전후 일본이 "인구 문제"를 해결하는 데 '우생보호법'이 크게 기여했다고 강변했다. 그에 따르면 일본은 패전 후 "우생보호법으로 산아제한 우생수술 등의 모든 인구조절의 방법을 강구하여 정부와 민중이 서로 협조하여 계속 인구증가 억제책을 실시"한 결과 오늘날 인구의 "안정선을 유지하고" 있었다. 그는 같은 해 봄에 가고시마대학의 박사학위 논문 심사 때문에 일본을 방문했는데, 그곳에서 일본이 패전을 딛고 "농촌경제와 생활상"에서 "눈부신 발전상을 엿볼 수가 있었"으며, 특히 "우생보호법을 엄격히 실시하여 산아제한과 우생보호책을 국가적인 중요시책의 하나로 중시"한 결과 이 같은 경제 성장을 성취했다고 주장했다. 그는 한국 역시 "후손에게 불행한 유전병 환자가 태어나지 못하게 이를 방지하고, 또는 가볍게 하기 위하여 유효적절한 인위적 수단"인 "우생보호법을 제정, 실시하도록 하여 민족의 체위를 향상시켜야" 한다고 역설했다.[27]

서울대 보건대학원 초대 교수들의 목소리는 1959년부터 두드러지게 나타났다. 당시 "보건사업에 종사할 인재 양성"과 "국가보건 시책에 기여함을 목적"으로 설립된 서울대 보건대 설립을 주도한 김인달과 권이혁은 보건학을 소개하는 특집 기사를 서울대 교내 『대학신문』에 게재하며 국내의 시급한 보건학적 문제로 우생법의 부재를 지적했다. 김인달은 현재 음지에서 공공연하게 벌어지고 있는 "낙태풍"落胎風이 도시의 "지식층 또는 중류 이상의 사람들"에게서만 이루어지고 있는 상황에 대해 걱정했다.[28] 이 상황에서 산아제한이 진행되면 이들에게서만 이루어지고 "농촌이나 하류층"에는 영향을 끼치지 못해 후자 집단의 무절제한 출산으로 "인구의 질적인 저하"를 가져올 수 있다고 우려했다. 이에 대한 해결책으로 김인달은 "농촌 인구에 대한 철저한 교육과 계몽 운동이 앞서야" 하고, 이와 함께 국민 각자가 서슴지 않고 그들의 성문제를 (의사에게) 문의할 수 있게 하는 "산아제한법"을 제정하자는 방안을 제시했다. 그러나 그가 보기에 "적절하고도 건실한 인구"를 만들기 위해서는 이런 가족계획뿐만 아니라 "우생학적으로 민족독民族毒, 사회악을 일으킬 수 있는 제인자諸因子를 제거하기 위하여 우생법을 수립함으로써 사회정화, 민족향상 등을 같이 꾀"할 필요가 있었다. 이런 이유로 김인달은 가족계획에 대한 진행과 함께 우생법에 대한 "입법부의 적극적 관심과 행정부의 적절한 우생수행優生遂行"이 요구된다고 주장했다.

김인달이 인구 문제에 대한 해결책의 일환으로 우생법의 도입 필요성을 주장했다면, 권이혁은 우생 문제를 한국 보건학의 가장 시급한 문제로 제기하며 우생법 도입의 당위성을 역설했다. 그에 따르면 "이집트와 인도" 등은 "위대하고도 찬란한 문명"을 가진 "과거"를 갖고 있음에도 오늘날 "후진국"으로 업신여겨지고 있는데, 이는 결국 "민족소질 여하에 그 원인"이 있었다.[29] "아무리 화려한 과거를 가졌던들 민족소질이 저하되면 그만큼 그 민족은 퇴락의 과오를 밟게" 된다는 것이었다. 그는 한국이 이와 관련해 "중대한 시험대 위에 놓여" 있는 상황으로, 한국 "국민은 우리 민족소질을 향상하는 데에 비상한 관심과 노력을 아낌없이 발휘해야만" 하고, 이를 위해 "유전에 관한 위생"인 "우생" 문제에 관심을 갖고 이를 해결하려고 노력해야 한다고 주장했다.

김인달에게 "농촌과 하류층"이 인구의 질적 저하를 가져올 수 있는 대상으로 여겨졌다면, 권이혁에게는 "유전병"을 앓는 이들이 가장 큰 문제였다. 그는 유전병을 "불량유전질을 후손에게 유전해주는 질병"으로 정의하고, 여기에 "정신박약증", "정신분열증", "성적 이상", "히스테리"뿐만 아니라 "습관성 범죄자나 비사회적 행위자의 소질"도 해당될 수 있다고 언급했다. 권이혁이 특히 가장 걱정하던 문제는 "역도태"였다. 그는 "정신박약자"들은 "정상적인 교육 방법으로는 인도되기 곤란"할 뿐만 아니라, "정신적으로 부족한 까닭에 민족소질이나 또는 사회적 문제 같은 것은 염두에 없"어 "무제한 산아"하여 "이 같은 소질자가 연연히 증가"하게 될 것이라고 전망했다. 이를 그대로 방치할 경우 "민족소질상 중대한 난관에 도달"할 뿐만 아니라 이런 "박약증을 가진 자들은 반사회적인 행위를 하기"가 쉬워 "매춘부나 불량소년, 기타 습관적 범죄자"가 될 수도 있었다.[30] 그는 정신박약증 이외에도 "열악한 소질을 가진 분자들이 도처에서 그 수가 증가되고 있음은 우리가 잘 이해하고 있어야 할" 오늘날의 중요한 문제라고 주장하며 독자에게 경고했다.

권이혁은 서울대학교 보건소가 우생 문제 해결이 시급한 상황에서 "전염병 관리"뿐만 아니라 "민족자질 향상에 기여할" 사업 또한 수행할 필요가 있다고 주장했다. 그 출발점으로 그는 한국에서 가장 우수한 서울대 "학생 개개인에 관한 가계를 조사해놓고 언제고 우생결혼상담과 같은 것이 대비될 수 있도록" 하자고 제안했다. 또 "우생 문제"의 시급성을 널리 알리고 "민족 소질을 향상"시키기 위한 과학적 조사도 진행해야 한다고 말했다. 그가 보기에 서울대생들이라는 "선택된 수재들이 우생 문제를 철저하게 이해하고 실천에 옮긴"다면 "사회와 국가에 그 호소가 반영될 것이며 우생법의 제정은 더욱 빨리 실현될 것"이었다.[31]

서울대 보건학자들의 우생 문제에 대한 우려는 초창기 보건대 대학원생들의 연구 주제에 영향을 미쳤다. 김인달은 2회 졸업생이자 이후 결핵연구원에 재직하게 된 최종선에게 도시 거주 지식인 및 중류층과 농촌의 지식인 및 일반 농민들의 가족 계획에 대한 이해도와 인식에 관한 설문조사를 학위논문 주제로 삼게 했다. 최종선이 고안한 설문 조항 중 하나는 "우생보호법에 대한 대중의 여론을 알고자" 하는 목적으로 "산아제한을 중심으로 한 우생보호법에 대하여 ① 제정하여 특별관리지도를 해주기를 요망, ② 이런 법령은 불필요, ③ 법제정까지는 불필요하고 당국이 관심을 가지고 지도해줌을 요망" 가운데 응답하게 했다.[32]

권이혁의 첫 제자 중 한 명이자 이후 산업보건행정 관료로 경력을 쌓게 된 윤석춘은 스승의 영향 아래에서 「각국 우생법의 비교고찰」이라는 학위논문을 작성했다. 이 논문에서 윤석춘은 "우생법이 민족의 우수한 소질을 보호 증식하고 악질 유전성환자를 방지할 뿐 아니라 나아가서 인류의 행복에 기여한다는 중대한 목적을 함유하고 있지만 우리나라는 아직도 입법이 부진한 상태에 있다"는 점에 주목하고, 우생법을 도입한 미국과 일본을 비롯한 여러 나라의 입법 현황과 법령 내용, 우생수술과 수술 대상자의 정의, 수술 방법 등에 대해 상세히 서술했다.[33] 그의 비교정책적 서술은 법의학자 도이 도오츠土井十二(1894~1966)가 1941년에 출판한 『국민우생법』國民優生法과 1960년 마쓰무라 미노루村松稔와 세기 미쓰오瀨木 三雄(1908~1982)가 막 출간한 『새로운 가족계획』新しい家族計画, 그리고 미국의 제2차 세계대전 이전 유전병 환자에 대한 강제불임시술을 주장한 우생학자 폴 포페노이Paul Popenoe(1888~1979)와 로스웰 존슨Roswell H. Johnson(1877~1967)의 저서 『응용 우생학』Applied Eugenics(1920) 국문 번역본에 크게 기대고 있었고, 결론 역시 동일한 방향을 향하고 있었다. 그는 한국이 "급격한 인구증가와 더불어 단종대상자의 증가율이 무시할 수 없"는 상황인데, 이를 고려하면 환경 개선과 같은 우경학euthenics도 중요하지만 "더욱 중요한 것은 선천적 자질의 향상을 위하여 근본적으로 우수한 국민성을 이어나가도록 하는 것"이라고 판단했다. 자신의 지도교수와 동일하게 윤석춘은 "유전성환자가 누차 증가하여 국민자질에 영향을 미치면 우생학으로도 문제되겠지만 부차적으로 형사정책상

국가정책상 인구정책상 등에도 영향을 주어 국가발전을 저해"
하기 때문에 "우리나라 백년대계를 위하여도 우생법 제정이 시
급하다"고 결론지었다.[34]

윤석춘의 글에서 주목을 끄는 부분은 그가 일본의 '우생보
호법'이 단종수술 대상자를 분명하게 정의한 것을 높게 평가하
고, 우생학적 목적과 인구학적 목적을 동시에 달성하기 위한 목
적으로 고안되었다고 언급하는 대목이다. 이처럼 서울대의 보
건학자들은 1960년경에 '우생보호법'을 가족계획과 전통적인
우생학적 목표, 유전병의 근절이라는 두 측면에 모두 기여할 수
있는 법안으로 인식하고 이를 법제화하기를 주장했다.

1960년대 초 의학 전문가들이 우생법의 입안을 주장한 것
은 가족계획사업 때문만은 아니었다. 앞에서 소개한 것처럼 해
방 직후부터 생물학자들은 일본의 '우생보호법'을 주요 사례를
들며 유사한 종류의 우생법을 "민족우생"을 위해 도입해야 한
다고 줄기차게 주장했다. 마찬가지로 의학 전문가들도 "민족우
생"을 목적으로 우생법 제정의 필요성을 주장했다. 실제로 권
이혁은 정부가 가족계획과 관련해 우생법을 논의하기 이전인
1963년 5월에도 일본을 본받아 '우생보호법'을 제정해야 한다
고 강변했다.[35] 적어도 당시에 그가 일본의 '우생보호법'을 도입
하자고 주장하는 배경에는 인공임신중절을 합법화하여 가족계
획사업에 박차를 가하는 것보다는 "국민자질의 개선"에 있었
다.[36]

1964년 여당인 민주공화당의 중진 의원 박규상(1924~2003)

은 가족계획사업을 지원할 목적으로 국민우생법안을 마련하고, 이를 바탕으로 이듬해에 '모자보건 및 국민자질향상에 관한 법률(안)'을 국회에 제출했다.[37] 다음 장에서 살펴볼 것처럼, 박규상의 국민우생법안은 비록 당장의 입법화에는 실패했으나 수정을 거듭하여 1973년 '모자보건법'의 통과로 이어지게 될 것이었다.[38] 이와 관련해 권이혁은 1964년 3월에 열린 국민우생법안 공청회에 참가하게 되었는데, 여기서 그는 "국민우생법이란 가족계획만을 목적으로 삼을 수 없"고, 오히려 "악성유전병의 근절"에 의의를 두어야 한다고 강조했다. 권이혁은 일본의 '우생보호법' 사례를 들면서 일본에서는 "악성유전병을 지닌 환자를 발견했을 시는 해당 시군에 있는 우생보호심사회가 수술의 가부를 심사하여 필요하면 강제로 우생수술을 하게 되어 있다"며 한국의 국민우생법안 역시 이에 초점을 맞추어야 한다고 주장했다. 사실 국민우생법안이 인공낙태를 합법화한다고 반대한 가톨릭의대 산부인과의 유훈조차 "유전성 질병을 가진 사람"을 강제 낙태시키는 것은 "의학적으로" 합당하므로 이에 대해서는 찬성하는 입장을 내비친 것은 당시 의료계의 우생학적 시선을 잘 보여주는 사례라 하겠다.[39]

미네소타대학에서 보건학을 공부하고 1960년대부터 미국 록펠러 재단의 인구 협회Population Council의 후원하에 인구 문제 연구를 진행해온 권이혁은 미국 유학과 학자이자 가족계획사업의 화신으로 그려져왔다. 그렇지만 권이혁은 이런 미국적인 경력 이외에도 다면적인 측면을 지닌 인물이었다. 예를 들어 그는 일제강점기 시절 경성제국대학 의학부의 위생학 및 예방의학 전통을 잇는 기초의학 연구자로, 해방 이후로도 일본 학계의 지적 논의에 늘 주의를 기울이고, 이를 한국에 소개하고 한국의 보건 활동에 적용하려고 노력했다. 이런 맥락에서 권이혁은 1960년대에 "환경위생학"環境衛生学으로 명칭을 바꾼 일본의 민족위생 논의를 정당한 과학적 지식으로 들여왔다.

권이혁은 1962년에 집필한 대학 보건학 교재 『공중보건학』에서 한 장을 "우생문제"를 소개하고 "역도태론"을 설명하는 데 할애하여 우생학적 방법뿐만 아니라 역도태의 효과, 그리고 이로 인해 야기될 인구 질의 악화에 대해 상세하게 논했다. 이 내용은 그가 1959년 『대학신문』의 "보건학 특집"에서 소개한 내용과 그의 대학원생에게 조사시킨 우생법에 대한 논의들을 일본의 환경위생학 문헌들의 설명으로 보완한 것으로 보인다. 권이혁은 여기서 우생학을 "유전에 관한 예방의학"이자, "소질이 열악한 자를 제한 또는 제거하여 사회나 민족, 국민의 자질향상을 목적"으로 하는 과학이라고 정의하며 "공중보건상 중요한 활동 분야"로 자리매김시켰다. 그는 공중보건학상 가능한 "우생 방책"으로 "우생결혼"과 "격리", "임신중절", "단종"을 제시했으며, 이 가운데 우생결혼은 소질이 좋은 우수한 남녀를 서로 결혼시키는 것이 쉽지 않아 "악성의 유전을 방지한다는 점이 중심"으로 되어 있어 외국에서는 "결혼금지, 결혼제한, 결혼유효증명, 건강진단 등의 제도를 규정"하고 있다고 소개했다. 또한 "격리"는 "대상이 일반적으로 중병자인 관계"로 실익

이 별로 없고, "임신중절"의 경우 "태아가 유전성 정신 또는 신체의 손상을 전승받을 위험이 있을 때"나 "태아가 매독 기타 악성유전병의 태내감염을 받을 위험이 있을 때" 실시하는 방편이라고 설명했다. "단종"의 경우 "정관이나 난관 등에 수술을 가하여 생식 능력을 없애는 것"으로 이런 네 가지의 "구체적 방법과 함께 우생목적을 달성하기 위해서는 우생사상의 계몽이나 우생문제의 조사연구 등이 필수적 전제"가 된다고 보았다.[40]

그렇다면 누가 현대 공중보건학의 핵심인 우생학의 대상이 되는가? 권이혁은 "정신손상" 대상자로 "정신분열증", "조현증", "정신박약" 등을 포함하고 "육체적 손상"으로 "유전성 색맹", "유전성 난청", "매독", "알콜 중독"도 우생방책으로 다루어져야 한다고 주장했다. 또 "일반적으로 매독, 주정, 마약"을 "민족독이라 하고 이의 예방이 우생목적의 하나로 취급되기도 한다"고 하면서 광범위한 사회 관리 대상들을 우생의 문제로 다루었다. 또 "많은 나라에서 우생보호법을 제정, 실시하고 있는데 일반적으로 불량한 자손의 출생을 방지하는 데에 목적"을 두고 있으며, "모성의 생명건강을 보호"하는 것을 꾀하는 나라들도 있지만, "근본은 우생학의 원리에 따라서, 악성한 소질을 전승받게 되는 것이 확실한 자손의 출생을 방지한다는 데" 있음을 강조했다.[41]

이와 같은 설명 이후 권이혁은 "역도태"에 관한 논의를 이어갔다. "역도태"는 "부적자, 약자, 열악자까지도 생식하고 증식하는 경우"를 가리킨다. 그는 도태를 "민족을 싸고 도는 환경,

특히 기후, 풍토가 민족 중에서 약자를 구축하고 강자만을 살게 하며, 그 자손을 증식시키는 경우를 자연도태"라고 불렀으며, "민족과 민족 간에서" 이 도태가 이루어지면 "민족도태"racial selection, "사회계급 간이나 직업 간에서 이루어질 때는 사회도태"라고 명명했다. 이 같은 정의 가운데 권이혁은 "문화민족의 자각적인 계급, 특히 지능적으로 봐서 우수하다고 인정되는 계급에서 많이 실시되고 그 결과 좋은 소질자의 자손이 민족유전질의 보유고에서 상실되고 불량한 소질자의 자손이 이것을 충만시키게 된다면 역도태가 된다"고 설명했다. 권이혁에게는 이런 역도태가 일어나는 맥락을 "분석하고 그 대책의 근본을 파악"하는 것이 "민족과학의 사명"이었다.[42]

이후 "자연민족"들이 어떻게 자연이나 외적에 맞서 투쟁하는 과정에서 "도태"를 이루게 되는지를 논의한 후, 권이혁은 오늘날의 "근대문화민족"의 "정신병질의 증식" 문제에 집중했다. 그는 "문명국에서는 악질유전병자까지도 보존해서 생존시키고 생식시키는 경향을 가지고 있"고, 특히 최근에는 "대부분의 환자는 병원에서 나와서 생식의 기회를 가지게" 되어 "문명국에서의 정신병의 현저한 증가"를 일으키고 있다고 보았다. 이와 함께 "걸인, 유랑자, 매춘부의 습관성 범죄자를 포괄하는 사회에서는 정신적 뿐만 아니라 육체적으로도 허약한 자가 많다. 이 층을 보통의 빈곤한 수공업자와 같이 취급할 수는 없다. 그들의 대부분에 있어서 정신이상, 저능 및 기타 정신병소질을 볼 수 있는 것이 사실"이라며 이 장을 맺는데, 이는 이 같은 사회적 집단들에게 앞에서 소개된 우생대책을 적용시켜야 한다는 점을 시사했다.[43] 1967년에 저술한 『인구와 보건』이라는 저서에서는 이 내용을 간략하게 설명했지만, 역도태에 관한 절에서 권이혁은 "인류의 문화가 열악자의 수를 증가시키고 있고 그 속도가 상당히 빠르다는 것은 분명한 일이며 이러한 의미에서도 우생대책은 강력하게 추진되어야 한다"며 논조는 오히려 더 강경해졌다.[44]

　　이 같은 권이혁의 진술은 제2차 세계대전 종전 이전 시기의 민족위생론자들이나 전후 일본에서 역도태에 대한 우려 가운데 우생학적 조치 적용을 유전병을 넘어 범죄자로 확대하려는 '우생보호법'을 제정하며 인구의 "질"을 강조하던 일본의 전후 우생론자들과 대동소이하다.[45] 그 이유는 그가 이 장들을 전적으로 1950년대 일본 공중위생학 교과서에 실린 「우생문제」優生問題나 「민족위생학」民族衛生学, 「우생학」優生学, 「우생학급정신위생」優生学及精神衛生 같은 장들을 그대로 번역, 발췌, 요약하여 작성했기 때문이다.[46] 특히 그는 전전 시기 동안 경성제대 위생학·예방의학교실의 조수 및 강사로 활동하던 다나카 마사시田中正四가 공저한 『공중위생학입문』公衆衛生学入門(1956; 1958)의 「우생학급정신위생」優生学及精神衛生 장에 꽤나 의존했던 것 같다. 사실 권이혁의 저작이 나오기 한 해 전인 1962년에 출판된 국내 첫 『공중보건학』 교과서 역시 일본서를 그대로 번역한 것이었다.[47] 이렇게 우생학적 지식을 일본에 의존했던 만큼 해당 지식들이 뒷받침하고 강조하던 일본의 「우생보호법」은 권이혁과 그의 교과서를 통해 보건학을 학습하는 당시의 의학도들, 특히 즉시 보건행정 현장에 투입되던 보건 관료들에게 시급히 도입해야 할 선진국의 법제로 이해되고 한국의 우생법을 고안하는 데 중요한 참고자료로 고려되었을 것이다.

과학자들이 심은 우생사회의 씨앗

1964년 박규상 의원이 추진하던 '국민우생법' 입안은 당장은 법제화가 요원해 보였다. 하지만 그가 우생법안과 함께 제안한 "인구문제에 대처할 제반방책의 종합적이며 체계적인 연구검토"를 수행할 수 있는 연구기관 설치안은 통과되어 1965년 7월에 사단법인 인구문제연구소가 설립되었다. 이후 인구문제연구소는 우생법 제정에 관심을 갖는 강영선, 권이혁, 김인달과 같은 생물학자들과 의학 전문가들이 인구 문제라는 우산 아래 함께 활동하고 교류할 공간을 제공했다. 또 다음 장에서 자세히 검토될 것처럼 1972년 유신체제하에서 비상국무회의가 보건부에 제출한 '모자보건법'을 통과시키고 이듬해 2월에 공포하면서 인구문제연구소 안팎에서 활동하던 보건 관료들과 의학 전문가들, 그리고 생물학자들이 줄기차게 주장해오던 우생법의 주요 내용들이 마침내 법제화되었다. 1975년 6월 보건사회부가 모자보건법에 기초해 강제시술 대상자를 처음으로 선정할 때 관련 염색체 검사를 수행한 원자력연구소 방사선생물학연구실의 연구원이 강영선의 제자인 유전학자 김영진이었다는 사실은 과학자들이 해방 이후 한국에서 우생학을 과학으로 교육시키고, 강제불임시술의 입법화를 주장하는 것을 넘어 우생수술의 실천에도 깊숙이 개입해 있었음을 시사한다.[48]

이 장은 과학자들이 해방 이후 한국에서 우생학이 과학적 언설로 인식되고, 우생법이 과학적·의학적인 견지에서 당연히 도입해야 하는 지향점으로 여겨지며, 특히 일본의 '우생보호법'을 한국의 우생법을 구상하는 데 중요한 모델로 생각하게 만드는 역할을 맡았음을 보였다. 한국의 과학자들은 적어도 1970년대 초까지 우생학을 건전한 과학으로 가르쳤는데, 이들 우생학 교육의 영향력은 심지어 1990년대 후반에도 발견된다. 1998년 중앙대학교의 집단유전학자 추종길과 생태학자 심재국은 환경 문제를 생물학적으로 이해하기 위한 교과목으로 '환경과 인류'를 개설하고, 이를 가르치기 위한 대학 교재로 같은 제목의 교과서를 출판했다. 이 책에서 저자들은 "인류에 있어서 역도태 현상"을 소개하며 "인류의 생활 방식이 문명화"된 결과, "자연 도태에 의하여 살아남을 수 없는 악성 유전성 질환을 가진 사람이 의료 시술에 의하여 정상인 같은 생활을 하게 되었다"고 서술한다. 물론 "의료기술의 발달과 사회복지 제도는 지극히 바람직한 일로서 누구나 모두 찬성할 일이지만, 문제는 이로 인하여 악성 유전성 질환의 유전자가 인류집단에서 도태되지 않고 오히려 증가하는 역도태의 현상을 초래하고 있음은 매우 우려하지 않을 수 없다"며 우생 문제를 중요한 현대 사회의 문제로 설명하고 있었다.[49] 이러한 서술은 두 소장 과학자들이

2부 과학과 국가의 이름으로

1970년과 1976년에 재판한 대학 교과서 『유전학』을 집필하고, 여기서 과학으로서의 우생학과 우생법 도입의 필요성, 역도태에 대해 설명했던 중앙대학교 생물학과의 이택준 밑에서 공부하고 이 교과서로 유전학을 교육받은 인물들이었음을 생각하면 놀랍지 않다.

2010년에 국회에서 열린 이민 정책 토론회에 전문가로 참여한 유전학자가 "우생학적으로 잡종이 우수"하다고 말하는 것을 넘어서 "한국어와 한국문화를 더 배울 의지를 가졌을 뿐만 아니라 유전적으로 건강한 다문화 사람들(동남아시아 이주자들)을 선별하여 적극적으로 받아들여야 한다"고 발언한 사례나, 수없이 반복되어온 낙태법 개정 가운데 2024년 현재까지도 여전히 '모자보건법' 제14조에 "우생학적 또는 유전학적"이라는 용어가 삭제되지 않고 남아 있는 점은 한국이 여전히 우생사회임을, 그리고 과학이 이를 여전히 뒷받침하고 있음을 잘 보여주는 단면들일 것이다.[50]

4장

한국 가족계획사업과 장애인 강제불임수술

소현숙

끝나지 않은 과거로서의 우생학

2018년 일본에서는 구舊 우생보호법하에서 국가에 의해 강제적으로 불임수술을 당한 피해자들의 목소리가 터져 나오기 시작했다. 일본의 우생보호법은 전후 인구증가와 식량 부족 상황에서 '불량한' 자손의 출생을 억제함으로써 인구의 급속한 증가와 민족의 '역도태'를 방지한다는 논리하에 1948년 제정되었다. 법이 폐지된 1996년까지 이 법에 근거하여 일본 전역에서 2만 5,000건에 달하는 불임수술이 유전성 질환자, 한센인, 장애인들을 대상으로 실시되었다. 그중 본인의 동의 없는 강제수술도 1만 6,500건에 달한다.[1] 일본 국회는 이 문제에 대응하여 2019년 4월 피해자에 대한 조사와 구제를 내용으로 한 법을 제정했고, 피해 당사자들은 정부를 상대로 각지에서 소송을 제

기했다. 피해자들의 청구는 소멸시효 경과를 이유로 기각되어
왔으나, 최근에는 일본 정부의 책임을 인정하고 피해자에 대해
배상금을 지급하라는 승소 판결들이 나오고 있다.[2]

우생법에 따라 장애인 등에 대한 재생산권을 박탈한 것은
비단 일본만의 과거가 아니다. 19세기 프랜시스 골턴에 의해 주
창되기 시작한 우생학은 20세기에 이르러 다양한 사회정책과
운동으로 이어졌고, 널리 알려진 나치 독일에서의 비극은 물론,
미국, 스웨덴 등 많은 서구 국가에서도 우생법이 입법화하여 다
양한 환자들과 장애인, 범죄자들을 대상으로 불임수술이 행해
졌다.[3]

그렇다면 한국에서는 어땠을까? 이웃 나라 일본에서는 분
분한 논의가 이루어진 데 반해 한국에서는 우생법의 존재와 그
에 따른 피해가 널리 알려지지 않고 있다. 그러나 역사를 살펴보
면 한국에서도 우생학적 실천이 그리 낯선 일이 아니었다. 일찍
이 식민지 치하였던 1930년대 초에는 민족의 '우생적 발전'을
목표로 한 조선우생협회가 결성되어 우생학적 사고방식을 일
반에 전파하기 시작했고,[4] 일제 말기부터 해방 직후까지 '우생'
의 이름을 앞세워 한센인에 대한 강제적 단종이 공공연하게 이
루어졌다.[5] 그리고 이 글에서 다루려고 하는 1970~1990년대
모자보건법과 가족계획의 역사 속에서도 우생법의 그늘을 확
인할 수 있다.

우생학과 그에 기반한 실천은 단지 과거의 사건으로 기억
될 수만은 없다. 최근 유전자 검사와 치료 등에 관한 관심이 증

가하면서, 바야흐로 '신우생학의 시대'가 도래했다는 진단도 나오고 있다. 생명공학기술의 발달에 따라 확산되고 있는 유전자 결정론이나, 건강하고 우수한 자녀를 낳고 싶다는 개인적 욕망 속에서 증가하고 있는 산전진단 등 각종 출산 관련 의료 행위들이 이를 보여준다. 한편에서는 개인들의 자발적 선택에 의한 우생학적 실천이 결국은 생명의 질을 선택하는 생명의 계급사회로 귀결될 것을 우려하는 목소리도 들린다.[6] 이처럼 우생학이 단지 과거의 일이 아닌 여전한 우리의 현실이라면, 이럴 때일수록 차분히 역사에서 이루어진 우생학적 실천의 사회적·역사적 맥락과 그 결과를 예민한 시선으로 성찰해볼 필요가 있다.

가족계획사업 시행과 모자보건법의 도입

한국에서 우생법으로서 모자보건법이 도입된 것은 가족계획사업이 한창 진행되던 시기의 일이다. 가족계획사업은 1961년 5·16쿠데타로 집권한 박정희 정권이 정당성을 확보하기 위해 추진한 경제개발 정책의 하나로 시작되었다. 인구과잉이 경제발전에 밑거름이 되기보다는 그것을 가로막는 걸림돌이 된다는 근대화론에 기반한 인구억제 정책이었다. 보건사회부(보사부)는 1962년 3월부터 피임술의 본격적인 보급을 위해 전국 시·군·구 지역의 보건소에 가족계획상담소를 병설하고, 1964년부터는 읍·면 단위로 2~3명씩 가족계획 계몽원을 배치하여 피임약제와 기구를 보급해나갔다. 이와 더불어 가족계획

어머니회의 조직을 통해 가임여성들이 산아제한에 참여하도록 독려했다.[7]

정부와 여당은 가족계획사업 초기부터 가족계획을 촉진하기 위해 인공임신중절을 폭넓게 합법화한 모자보건법의 도입을 모색했다. 1964년부터 여당 의원들 사이에서 모자보건법안을 발의하려는 시도가 나타나기 시작하여, 1965년 박규상 의원이 '모자보건 및 국민자질 향상에 관한 법률(안)'이라는 이름으로 인공임신중절과 관련된 내용을 담은 의원입법안을 국회에 제출했다.[8] 1966년에는 보건사회부도 경제장관회의에 "제2차 5개년계획 수행에서 가장 난제인 인구 문제에 대한 기본계획을 수립"한 보고서를 상정했는데, 여기에 가장 중요한 과제로 모자보건법 제정을 포함시켰다.

보사부가 밝힌 모자보건법의 제정 취지는 당시 형법 269조, 270조에 낙태금지 조항이 존재했지만 실제로는 인공임신중절이 음성적으로 널리 성행되고 있는 실정을 감안하여, 인공유산의 허용 한계를 넓혀 양성화시킨다는 것이었다. 실제로 1950년대 이후 인공유산 시술이 대도시를 중심으로 광범하게 이루어지고 있었다. 전후 베이비붐이 일어나 출산력은 크게 올라갔지만, 생활이 극도로 어려운 가운데 생계를 책임지도록 내몰렸던 여성들 사이에서 출산 억제의 욕구가 만연해 있었던 것이다.[9] 차옥희의 조사에 따르면, 1961년 당시 서울시 서대문구 신촌동 일대의 적령기 유부녀 472명 중 34.3퍼센트인 163명이 낙태를 1회 이상 경험했다.[10] 비슷한 시기 서울대 보건대학원이

행한 조사에서도 "부인" 1,058명의 중 33.2퍼센트가 낙태수술을 경험하고 있었다.[11] 이처럼 불법임에도 불구하고 낙태가 광범위하게 일어나고 있었고, 1960년대 이후 계속해서 증가했기 때문에 정부의 취지 설명은 나름대로 설득력이 있는 것으로 비치기도 했다.[12]

그러나 인공임신중절을 폭넓게 허용하는 내용을 담고 있는 모자보건법은 반대 여론에 부딪혀 제정되기 쉽지 않았다. 정부는 1966년부터 법제처에 모자보건법을 회부하는 등 법제화를 시도했으나 실패했고, 이후 1970년, 1971년에도 이 법안은 계속 법제처에 회부되었다가 철회되기를 반복했다. 당시 가장 크게 문제가 되었던 것은 인공임신중절의 허용 한계가 너무 넓다는 점이었다. 정부 여당이 마련한 모자보건법은 일본의 우생법을 참조하여 '경제적인 이유'까지 인공임신중절 허용 사유에 포함하고 있었다. 전후 일본에서는 1940년에 제정된 국민우생법에 의한 우생 정책이 기능부전 상태에 빠졌다는 비판이 일면서, '신인구 정책 기본 방침에 관한 건의'에서 우생 정책의 강화, 피임의 추진, 인공임신중절 규제 완화가 제창되었다. 이에 따라 1948년 우생보호법이 성립되고 이후 1949년, 1952년에 개정되어, 우생 조치의 적용 범위가 확대되었고, 피임, 인공임신중절에 대한 규제가 완화되었다.[13] 이와 같은 일본의 우생법을 참조하여 인공임신중절을 대폭 허용하는 내용을 담은 모자보건법에 대한 여론은 부정적이었다. 특히 '경제적인 이유'를 포함시킨 것이 핵심 논쟁거리가 되었다. 사회경제적인 이유로 인공임신중절을 합법화한 국가는 드물며, 애매한 규정으로 악용될 소지가 있다는 것이 반대의 이유였다. 결국 보사부는 부정적인 여론에 밀려 법안을 철회할 수밖에 없었다.

모자보건법안이 통과된 것은 유신 치하의 비상국무회의의 결정에 의해서였다. 1973년 1월 30일 비상국무회의는 모자보건법을 의결, 확정했다. 국회의 동의 없이 비상국무회의에서 밀어붙인 결과 모자보건법의 법제화가 가능했던 것이다. 통과된 법에서는 계속 문제가 되었던 '경제적 이유'가 삭제되었다. 그럼에도 '보건의학적' 사유 등이 규정되어 사실상 인공임신중절을 폭넓게 합법화했다.

정부는 모자보건법을 통한 모성보호와 국민보건 향상을 내세웠지만 사실상 인공임신중절을 허용하여 가족계획을 촉진하려는 의도를 담고 있었다. 낙태의 권리가 여성운동의 주요한 이슈였던 서구와 달리, 한국에서 낙태는 가족계획사업의 시행 과정에서 이를 촉진할 방법으로 정부에 의해 오히려 조장되었던 셈이다. 결국 이러한 사실상의 합법화를 통해서 15~44세 유배우 여성의 낙태 경험율은 1971년 26퍼센트에서 1976년 39퍼센트, 1979년 48퍼센트, 1985년 52퍼센트, 1991년 54퍼센트로 급격하게 증가해갔음이 이를 보여준다.[14]

모자보건법의 우생학적 성격과 '건전한' 자녀의 출산

그렇다면 모자보건법은 어떤 내용을 담고 있었을까. 법률 제

2514호로 제정된 모자보건법(1973년 2월 8일 제정, 5월 10일 시행)은 전문 14조로 구성되었다. 제4조에서는 건강관리에 노력해야 하는 모성과 영유아의 친권자 및 후견인 등의 의무를 명기했고, 제3조, 5조, 6조에서는 모성 및 영유아에 대한 질병의 예방, 조기 발견 및 치료, 그리고 임산부의 안전 분만, 영유아의 건강관리를 위해 국가 또는 지방자치단체가 수행해야 할 역할을 규정했다. 제7조에서는 수태조절의 실시 지도 담당자를 의사, 간호원 등으로 한정했고, 제8조에서는 인공임신중절수술의 허용한계, 제9조에는 불임수술절차 및 소의 제기에 대해 규정했다. 그리고 제12조에는 모자보건법에 의해 인공임신중절수술을 받은 자 및 행한 자는 형법 제269조·제270조의 낙태법 규정에 따라 처벌하지 않는다는 내용을 담았다.

제1조에 "이 법률은 우생상의 견지에서 불량한 자손의 출생을 방지"할 것을 목적으로 내세운 일본의 우생보호법과 달리 한국의 모자보건법은 "건전한 자녀의 출산"이라 하여 우생학적 목적을 노골적으로 드러내지 않았다. 그러나 이어지는 제8조 인공임신중절수술의 허용한계, 제9조 불임수술절차 및 소의 제기에 관한 조항을 통해 이 법이 우생법으로서의 성격을 분명히 갖고 있음을 확인할 수 있다. 우선 제8조를 살펴보자. 내용은 아래와 같다.

제8조 (인공임신중절수술의 허용한계)
① 의사는 다음 각호의 어느 1에 해당되는 경우에 한하여 본

인과 배우자(사실상의 혼인관계에 있는 자를 포함한다. 이하 같다)의 동의를 얻어 인공임신중절수술을 할 수 있다.

　1. 본인 또는 배우자가 대통령령으로 정하는 우생학적 또는 유전학적 정신장애나 신체질환이 있는 경우

　2. 본인 또는 배우자가 대통령령으로 정하는 전염성 질환이 있는 경우

　3. 강간 또는 준강간에 의하여 임신된 경우

　4. 법률상 혼인할 수 없는 혈족 또는 인척 간에 임신된 경우

　5. 임신의 지속이 보건의학적 이유로 모체의 건강을 심히 해하고 있거나 해할 우려가 있는 경우

② 제1항의 배우자의 동의에 있어서 배우자가 사망·실종·행방불명 기타 부득이한 사유로 인하여 동의를 받을 수 없는 경우에는 본인의 동의만으로 그 수술을 행할 수 있다.

③ 제1항의 경우에 본인 또는 배우자가 심신장애로 의사표시를 할 수 없을 때에는 그 친권자 또는 후견인의 동의로서, 친권자 또는 후견인이 없는 때에는 부양의무자의 동의로서 그 동의에 갈음할 수 있다.

이전까지 인공임신중절수술은 모체의 건강이 위험할 경우에만 묵인해왔던 것인데 모자보건법 제8조는 이를 확대하여 본인 또는 배우자가 우생학적·유전학적 '정신장애' 및 신체질환, 전염성 질환, 강간 또는 준강간에 의한 임신, 법률상 혼인할 수 없는 혈족 및 인척 간에 임신된 경우에도 수술할 수 있게 했다.

1973년 법제화 이후 모자보건법은 수차례 개정을 거쳤지만, 이 인공임신중절수술의 허용한계 조항은 폐지 요구에도 불구하고 아직도 존속하고 있다.[15] 일찍이 장애운동단체들은 이 법 조항의 전제가 장애 태아의 낙태를 정당화하는 논리이며 장애인 인권에 반하고, 우생학을 지지하는 내용이므로 폐지해야 한다고 주장했다.[16]

그렇다면 모자보건법에 우생학 조항은 어떻게 삽입된 것인가? 이미 언급했듯이, 정부 여당이 모자보건법안을 마련할 당시 일본 우생법이 폭넓게 참조되었다. 당시 우생법은 비판의 대상이라기보다는 오히려 따라야 할 세계적인 추세로 인식되었다. 나치의 홀로코스트가 낳은 비극으로 제2차 세계대전 이후 전 세계적으로 우생학의 영향력은 감소했으나, 여전히 많은 과학자는 '개량'이라는 수식어를 달고 우생학 프로젝트의 추진을 멈추지 않았다.[17] 특히 일본에서는 제2차 세계대전 직후인 1948년 인종개량을 위한 법률인 우생보호법이 제정되었으며, '유전성 정신질환, 유전성 정신박약, 한센병 등을 가지고 있어 자손에게 유전하거나 전염할 우려가 있는 자 등'에 대해 불임수술을 허용하도록 규정했다. 이러한 분위기의 영향을 받아 한국에서도 우생학이 당연한 상식처럼 여겨지고 있었다.

그러나 해방 이후 한국에서 나타난 우생학에 대한 관심은 단순히 일본 우생법에 의해 촉발된 것은 아니다. 앞 장에서 드러나듯이, 이미 한국에서는 일제시기부터 우생학이 수용되고 우생운동이 보급되고 있었다. 그리고 이러한 움직임은 해방 이후

에도 계속해서 이어졌다. 모자보건법 제정 시도가 있었던 1960
~1970년대까지도 우생학은 일반 상식처럼 사회 저변에 널리
퍼져 있었다.[18] 특히 유전학의 발전과 유전병에 대한 염려가 증
가하면서 우생결혼에 대한 관심도 커졌다. 예컨대 서울의대 산
부인과 과장 나건영은 한국에서는 결혼 조건으로 유전성 질환
의 유무를 무시하고 있다고 비판하면서, 하루바삐 한국에도 유
전성 질환의 여부를 따지는 우성優性 결혼의 풍토가 이루어져야
한다고 주장했다. 이를 위해 결혼 전에 의사와 상의하고 결혼상
대자의 가계를 조사해서 유전성 질환의 여부를 미리 알아봐야
한다고 권고했다.[19] 이러한 전반적인 사회 분위기 속에서 모자
보건법에 우생학적 조항이 삽입되었던 것이다.

　　그러나 노골적인 우생학적 입법에 대해서는 저항감도 있
었다. 일본에서의 우생보호법 제정 소식을 알리면서, 1961년
10월 13일 『경향신문』은 이 법이 "국민의 기본 권리까지 삭탈"
한 것으로, 병의 유전성만을 강조하여 국가의 책임을 회피하고
개인에게만 책임을 전가하는 모순적인 것임을 지적했다.[20]

　　이처럼 비판적 시선이 없지 않은 가운데 결국 1973년 모
자보건법에 우생보호 조항이 들어가게 된 것은 인구 정책의 문
제가 그만큼 중요시되었기 때문이다. 그런데 그것은 단순히 숫
자의 문제만이 아니었다. 국가적 차원에서는 인구의 수를 줄이
기 위해 시작된 가족계획사업이었지만, 인구의 양과 더불어 질
도 중대한 관심사로 인식되고 있었다. 적정한 수의 자녀를 출산
하는 것과 더불어 "건전한" 자녀의 출산이라 표현되었던 자녀

의 '질'은 바로 인구의 자질과 관련된 사안이었다. 이미 인구를 인적 자원으로 간주하는 시선은 일제 말 전시체제하에서 나타났지만, 1960년대 본격적인 산업화와 발맞추어 인력개발의 중요성을 강조하는 흐름이 본격화되었다. 실업자를 없애고 완전 고용을 이룩하자는 목표가 제시되는 가운데, 인구의 양적인 억제와 더불어 인구의 '질적인 향상'이 과제로 인식되어갔던 것이다.[21] 1973년 『경향신문』은 경제기획원 통계를 인용하여 가족계획의 보급, 생활의 근대화, 의료 수준의 향상 등의 결과로, 1966년에서 1970년까지 4년간 평균 인구증가율이 1.9퍼센트에서 1.67퍼센트로 감소했다고 보도했다. 이어서 앞으로의 인구 정책에서 유의할 것은 인구증가를 적절한 선에서 억제, 유지하는 것과 더불어 "인구의 자질 향상"이라 지적하고, 이것이야말로 "금후의 인구 정책의 기본"이 되어야 한다고 역설했다. 또다른 기사에서는 "우수한 인력이야말로 우리 국가의 가장 큰 자산"이므로 "민족의 소질을 어떻게 하면 더 훌륭한 자질로 향상시키느냐"에 인구 정책의 중요성이 있다고 설명했다.[22] 1966년 모자보건법 도입을 위해 제출되었던 '모자보건및국민자질향상에관한법률안'에서 불임수술의 허용한계와 시술자의 자격을 규정한 것이 "국민 자질 향상"을 위한 것이라 설명되었던 것도 이러한 맥락 속에서 이해될 수 있다.[23]

모자보건법이 통과된 직후, 보건사회부 모자보건관리관 민창동은 모자보건법이 "가정이나 사회에 불우한 현상을 미리 막기 위한 것이요, 동시에 불우한 인구를 억제하는 데 있다"라고 그 목적을 정당화했다.[24] 가족계획이 "한국 현대화 프로젝트 중 가장 오랫동안 지속된 권력 장치의 하나로서 순결하지 않고 매각 가능한 유기된 계층을 사회공학과 우생학의 이름으로 숙청하면서 나라를 정결하게 하는 데 이용"되었다는 토비앙스 휘비네트의 지적은 그런 면에서 숙고해볼 지점이 있다.[25]

한편 가족계획을 실천하는 개인들에게도 자녀의 '수'뿐만 아니라 '질'이 중요한 요소로 인식되어갔다. 개인의 입장에서 가족계획사업은 조은주가 지적하듯이, 자연적인 생애 과정으로 간주되던 임신과 출산을 계획의 차원으로 변모시키는 중요한 계기가 되었다. 출산의 여부, 시기, 터울을 계획하는 삶의 양식이 보편화되었고, 임신과 출산은 생애주기 전체를 구상하고 계획하고 예측하며 실천하는 근대적 태도 안에 자리 잡게 되었다.[26] 이 과정에서 가족계획은 정상가족의 구축에 일조했다. 그에 따라 적정한 수의 자녀를 출산하는 것과 더불어, "건전한" 자녀의 출산이 점차로 중요한 문제로 인식되었다. 개인에게 자녀의 수를 줄이는 것은 자녀의 질을 확보하기 위한 방법이자 이를 통해 중산층으로 도약할 길을 모색하는 과정이었다. 제대로 교육시키기 위해서는 자녀를 많이 낳지 말고 적게 낳아야 한다는 논리가 설득력을 가질 수 있었던 것은 이 때문이다. 그 과정에서 여성은 '어머니다운 어머니'가 되어 "건전한 자녀의 출산과 양육을 도모"하여 궁극적으로 "국민의 보건 향상"에 기여할 의무를 부여받게 되었다.[27]

자녀의 '건전성'은 교육뿐만 아니라 다양한 요소에 의해 판별되었다. 우생학과 유전학, 도덕에 부합하는지 여부 등이 자녀의 건전성을 담보하는 기준이 되었고, 이는 모자보건법으로 가시화되었다. 건전한 자녀의 출산을 증진시키기 위해 모자보건법은 '건전치 않은' 자녀의 출산을 억제할 방법을 법제화했고, 이 법에 의해 낳지 말아야 할 자녀의 특성이 가시적으로 규정되었던 것이다. 이처럼 국가 사회적 차원에서 모자보건법을 통해, '건전치 못한 자녀의 출산'을 억제하는 것을 통해 "인구의 질적 향상"을 도모해나가고자 했다.

그러나 정부가 모자보건법을 입안하면서 처음부터 우생학적 인구통제를 1차적 목표로 설정했다고 단정 짓기는 어렵다. 모자보건법의 제정을 통해 인공임신중절을 폭넓게 합법화하고자 했던 정부 입장에서, 우생학적 조항은 법안 제정의 반대 여론을 잠재우기 위한 최소한의 법적 규정으로서 의미를 갖고 있었던 것으로 보인다. 즉, 우생학적 조항은 모자보건법 제정 과정에서 반대 여론을 잠재우고 인공임신중절수술을 폭넓게 합법화하기 위한 일종의 '우회로'로 선택된 것일 수도 있다. 물론 그런 우회로가 가능했던 것은 앞서 언급했듯이 해방 이후에도 여전했던 우생학에 대한 대중들의 신뢰와 무비판적인 인식 때문이었다. 그러나 모자보건법이 제정된 이상, 이 법은 다시 인구의 '질적 향상'을 추구하는 담론을 강화하는 한편, '건전치 못한' 자녀의 출산을 억제하기 위한 국가의 개입을 정당화하는 기제로 작동했다.

모자보건법의 강제불임수술 조항

모자보건법은 단순히 인공임신중절수술을 받을 수 있는 경우의 허용 한계만 규정한 것이 아니라, 불임수술을 국가가 강제할 수 있다는 조항을 포함하고 있었다. 즉, "공익상 필요하다고 인정"될 경우, 보건사회부장관이 불임수술을 강제적으로 명령할 수 있는 권한을 명기한 것이다. 이 법의 제9조 불임수술 절차 및 소의 제기에 관한 내용을 보자.

> 제9조 (불임수술 절차 및 소의 제기) ① 의사가 환자를 진단한 결과 대통령령으로 정하는 질환에 이환된 것을 확인하고 그 질환의 유전 또는 전염을 방지하기 위하여 그 자에 대하여 불임수술을 행하는 것이 공익상 필요하다고 인정할 때에는 대통령령이 정하는 바에 따라 보건사회부장관에게 불임수술 대상자의 발견을 보고하여야 한다.
> ② 보건사회부장관이 제1항의 규정에 의한 보고를 받은 경우에는 대통령령이 정하는 바에 따라 그 환자에게 불임수술을 받도록 명령을 발할 수 있다.
> ③ 제2항의 규정에 의한 보건사회부장관의 명령을 받은 자가 불복이 있을 때에는 명령을 받은 날로부터 2주일 이내에 그 명령의 취소를 구하는 행정소송을 제기할 수 있다. 행정소송이 제기된 경우에는 제2항의 명령은 판결이 확정될 때까지 그 효력이 정지된다.

④ 보건사회부장관은 대통령령이 정하는 바에 따라 의사를 지정하여 제2항의 규정에 의한 불임수술 명령을 받은 자에게 불임수술을 행하게 하여야 한다.

이 조항에 따르면 특정 유전병이 있는 경우 의사는 보건사회부장관에게 불임수술 대상자의 발견을 보고해야 하고, 보건사회부장관은 그 환자에게 불임수술을 받도록 명령할 수 있으며, 그 명령을 통해 불임수술을 강제해야 한다고 규정하고 있다. 1973년 모자보건법과 함께 발효된 시행령에서는 불임수술을 명령할 수 있는 대상 질환을 규정하였는데, ① 유전성 정신분열증, ② 유전성 조울증, ③ 유전성 간질증, ④ 유전성 정신박약, ⑤ 유전성 운동신경원 질환, ⑥ 혈우병, ⑦ 현저한 유전성 범죄 경향이 있는 정신장애, ⑧ 기타 유전성 질환으로 그 질환이 태아에 미치는 발생 빈도가 10퍼센트 이상의 위험성이 있는 질환 등이 명기되어 있었다.

모자보건법이 통과되자, 언론에서는 부모의 유전질환이 자녀에게 영향을 끼칠 우려가 있는 경우 보사부장관이 강제불임수술을 명령할 수 있게 한 모자보건법 제9조의 내용을 언급하면서 "집단우생학의 측면"이 엿보인다고 다소 우려했다. 더욱이 불임수술 대상 질환이 모호하고 잘못 지정된 부분도 있어 실효성이 떨어진다는 비판도 제기되었다. 유전이 확인되지 않은 정신병을 유전성으로 잘못 표기했다는 것이다. 당시 유전성 질환은 2,400여 가지로 알려져 있었으나, 이와 관련된 정확한 통계가 마련되어 있지 않았다. 더욱이 당시 유전성 여부는 의사가 환자를 진찰하는 과정에서 선조들의 병력을 확인하는 방법을 통해 판단할 수밖에 없어 유전성을 판명하는 것 자체가 어려운 일이었다. 신경정신의학 분야 전문의들은 "지금까지 정신질환으로 유전성이 확인된 것은 하나도 없다"라고 지적하고 "유전성"이라는 불필요한 수식어를 붙여 마치 정신질환이 유전성과 비유전성이 있는 것처럼 오해를 자아내 환자 치료에까지 악영향을 끼치고 있다며 비판했다.[28]

그러나 전반적으로 볼 때, 모자보건법 도입 당시 사회적 관심은 강제불임수술의 대상인 유전성 질환의 모호함과 진단의 정확성에 대한 우려에 집중되었고, 강제불임명령 자체가 장애인이나 유전질환 환자의 인권을 침해할 소지가 있다는 점은 크게 주목받지 않았다.

정심원 강제불임수술 논란

'공익상 필요하다고 인정된' 강제불임수술 명령이 본격적으로 논란이 된 것은 그로부터 2년이 지난 후였다. 당시 실제로 "유전성 정신장애자"에 관한 강제불임수술 명령이 보사부장관에 의해 고려되고 있었기 때문에, 이 조항에 대한 사회적 논란은 크게 증폭되었다.

1975년 6월 24일 충청남도는 보령에 소재한 정심원에 수용 중인 12명의 여자 "정신박약" 및 간질환자들이 모자보건법

시행령 제4조 3항의 규정에 따른 불임(난관)수술 대상자라고 보사부에 보고했다. 이에 보사부 당국은 충청남도의 진단이 일반 의사에 의해 내려진 것이라 신뢰할 수 없다며 정신과 전문의에게 재진단을 의뢰, 유전성 "정신박약"과 유전성 간질병 환자라는 것을 확인한 후 불임시술 여부를 결정하기로 했다. 이에 보사부는 원자력연구소·대한의학협회·정신과학회·심리학회 등에 전문적인 조사를 의뢰했고 그 결과 한국원자력연구소에 수용된 12명 중 9명의 소녀들이 유전성 정신질환 환자로 판명되었다는 보고를 받아 이를 가족계획심의회에 회부했다.[29]

보사부가 이 소녀들에게 강제불임수술을 명령할 것으로 예상된다는 언론의 보도가 잇따르자 서울시내 병원에 입원 중이던 한 강박신경증 환자가 쇼크를 받아 자해하는 소동이 빚어지기도 했다. 자식에게 정신질환이 유전될까 두려운 나머지 자신의 생식기를 면도칼로 자르려다 상처를 입혔던 것이다.[30] 금방이라도 강제불임수술 명령이 내려질 듯한 분위기에서 보사부의 조치를 둘러싸고 토론회가 개최되는 등 찬반 논란은 뜨거워졌다.[31]

보사부는 모자보건법에 의한 불임수술은 본인과 그 배우자는 물론 사회공익상 극히 바람직한 것이며 유전질환자, 특히 정신병자를 미연에 방지함으로써 인간의 불행을 막는 것은 우생학적으로 당연하다고 주장했다. 그러나 이러한 보사부의 입장에 대해서 종교계와 의사 집단, 그리고 인권단체는 크게 반발했다.

우선 대한신경정신의학회는 긴급평의회를 소집하고 '강

제불임시술명령' 발동을 당국에 재고해줄 것을 요구하는 건의문을 보사부에 보냈다. 이들은 유전성 정신질환 환자는 환자 10만 명 중 1명 꼴로, 대부분의 정신질환이 후천성이고 병에 따라서는 유전성 여부가 의학적으로 확인되지 못하고 있다면서 불임시술명령 발동을 신중히 재고하고, 이들 소녀들에 대한 유전성 여부를 재조사할 것을 건의했다. 이와 더불어 모자보건법에 불임시술명령을 내릴 수 있는 사유가 유전성 분열증, 유전성 조울증, 유전성 간질증 등으로 명기되어 있으나 이는 50년 전의 병명으로 현대의학에서는 유전성이 없는 것으로 밝혀졌다면서 법조문에서 이들 3개 병명을 삭제해줄 것을 요구했다. 나아가 유전성 질환 여부가 가려지려면 염색체 검사 외에 가족력과 더불어 철저한 생화학적 조사도 실시해야 했지만, 대상자들이 고아였던 까닭에 원자력연구소에 의해 시행된 조사는 염색체 검사에 불과했다며, 충분한 조사 없이 염색체 조사만을 근거로 불임명령을 내리는 것은 위험하다고 경고했다.[32]

가톨릭 의사단체인 한국가톨릭의사협회와 가톨릭병원협회, 한국행복한가정 운동협의회 등은 불임시술을 정면으로 반대하면서, "세상에는 마땅히 우수한 자와 열등한 자가 함께 존재할 권리가 있다"며, "건전한 종족만을 번식시키고 불건강한 종족은 도태시켜야 한다는 사고는 인간의 천부적 권리인 생명현상을 침해하는 비인간적 처사"라고 비판했다.[33] 국제인권옹호한국연맹 역시 보사부의 강제불임시술 시도를 비판하고 철회하라고 촉구했다.[34]

대한신경정신의학회 의사들은 유전성 조사의 정확성을 의심하여 불임시술명령의 발동을 반대했지만 이들이 인권에 대한 진지한 고려 속에서 우생학적 입장과 그 강제성을 부정했던 것은 아니었다. 1967년 대한신경정신의학회는 정신위생법 초안을 작성하여 보사부에 제출했다. 이 법률의 초안에는 '정신장애자' 또는 그렇다고 의심되는 자를 아는 사람은 누구나 정신위생 감정을 받도록 신청할 수 있으며, 환자의 강제수용은 본인의 동의 없이도 가능하도록 명시하고 있었다. 이것은 일본 법안을 참고한 초안이었는데, 환자의 자율권과 인권에 대한 고려가 턱없이 부족함을 알 수 있다. 당시 이 안과 관련해 주목할 만한 의사들의 비판은 없었다.[35]

이에 비해 가톨릭 단체는 유전성 여부와 상관없이 열등한 자를 도태시키고자 하는 우생학적 시도 자체가 인권을 침해하는 처사라는 입장에 서 있었다. 이들은 강제불임시술을 비판하기 위해 '인권' 담론을 활용했다. 한국에서 인권 담론은 애초에 정부에 의해 제도로서 도입된 것으로 주민들의 실질적인 인권 보장과는 거리가 멀었다. 더욱이 이 시기는 박정희 정권하에서 유신체제와 긴급조치로 모든 국민의 기본권이 정지되고 정치적 성향이나 조직은 배제된 '선행과 자선'만이 인권으로 규정되던 때였다.[36] 그러나 이러한 상황에도 인권 의식이 일반인들 사이에서 내면화되고, 부당한 폭력과 억울함에 '인권'의 이름으로 대항하려는 움직임이 있었음을 알 수 있다.

한편 강제불임수술의 시행에 적극 찬성하는 이들도 있었

　　　　　　　2부 과학과 국가의 이름으로

다. 서울대 보건대학원 정경균 교수는 "정신박약"의 부모와 그 부모에게서 태어나는 자식은 모두가 그렇게 불행할 수 없으며 또 "정신박약환자"의 부모가 낳은 자식을 책임질 사람이 없어 결국 사회악을 낳기 때문에 특히 유전성 "정신박약" 환자에 대한 불임시술은 오히려 인도적이라 주장했다. 그는 또 강제불임시술이라는 용어가 나쁜 인상을 주지만 그 뒤에 숨어 있는 참뜻은 도리어 도의적이라고 말하고 엄밀한 조사 끝에 유전성으로 판명된다면 이들에 대해서는 불임시술을 해야 한다고 강조했다.[37] 또 서울자교교회의 마경일 목사는 "간질, 정신박약 등 고질적 유전병을 갖고는 부모 노릇하는 것도 괴롭고 자녀를 둔다는 것도 불안한 것이기 때문에 건전한 인간적 삶을 누리기 위해 이 같은 법적 조치에는 개인적으로 찬성한다"고 발언했다.[38] 직접적인 우생학에 근거하기보다는 현실론에 근거하여 불임시술의 필요성을 찬성하고 있음을 알 수 있다.

이에 비해 보사부 측 담당자는 보다 분명하게 우생학적 입장을 견지했다. 당시 모자보건관리관이었던 최익한은 미국 같은 선진국에서도 자손들에게 불행을 물려줄까 봐 유전성 정신질환자들 자신이 병원을 찾아와 불임수술을 자청하는 경우가 흔한데, 가족계획사업이 최대 당면과제의 하나인 한국 사회에서 정신질환자를 정부가 무료로 수술해준다는데 왜 반대론자들이 많은지 모르겠다고 고개를 갸우뚱했다. 그는 "솔직히 말해 인구의 급격한 팽창으로 지금 육신이 건강한 사람들도 살기 어려운 판에 불치의 병을 자손에게 물려줄 유전성 질환의 환자들

을 대안 없이 방치해두는 것이 타당한가"라고 반문하며 "본인
들 자신을 위해서도 수술을 받는 게 좋을 것"이라고 거리낌 없
이 발언했다. 우생학적 신념이 상당했던 인물인 최익한은 우수
민족을 위해 불임수술은 불가피하다는 논조로 "반대론자들이
그토록 인도주의를 앞세운다면 그들에게 정신박약이나 간질환
자를 1년씩만 맡아 양육하도록 의뢰해보라"면서 "인구가 기하
급수적으로 늘고 있는데 우수한 우리 민족을 보존하기 위해서
는 악성 유전질환자에 대한 강제불임시술은 당연한 조치"라고
주장했다.[39]

이처럼 불임수술의 정당성을 두고 다양한 찬반 논의가 있
었지만 반대 여론이 더 컸던 것으로 보인다. 특히 신경정신과 의
사들은 절차적 정당성을 문제 삼으며 불임시술명령을 저지하고
자 했다. 이들은 가족계획심의회가 유전성 정신질환을 실제로
판별할 수 있는 신경정신의학 분야와는 상관없는 산부인과, 소
아과, 예방의학 의료행정관 및 비의료인으로 구성되어 정신과
분야 환자의 불임시술 여부를 결정한다는 것은 문제라고 지적
했다. 이와 더불어 유전성 여부를 명확히 판별하기 어려운 정신
장애를 유전성으로 진단하고, 정신분열증, 조울증, 성격장애 등
에 이르기까지 유전성 여부를 명확히 확인할 수 없는 경우까지
도 강제불임수술의 대상으로 삼은 것은 지나치다고 비판했다.[40]

논란이 가중되는 와중에 한국원자력연구소는 염색체 이
상이 발견되었다는 9명 가운데 3명은 전형적인 다운증후군, 1
명은 의증疑症으로 밝혀졌으나, 나머지 5명은 유전성 정신질환

의 유발 가능성이 불확실한 '모자이크 염색체 현상'일 뿐이라고 보고한 것을 보사부가 9명 모두 유전성 정신질환자인 것처럼 묶어서 발표했다며, 모자이크 염색체는 일정한 빈도로 유전되기는 하나 확실한 유전적인 증상을 일으킬지는 불확실하다고 정정 보고했다. 이에 의학계에서는 모자이크 염색체는 정상인에게도 영양 상태 등에 따라 나타날 수 있다며, 선천성 질환의 유전 여부가 확실치도 않은 모자이크 염색체 소유자에게 무더기로 강제불임수술을 검토하는 것은 부당하다고 비판했다.[41]

이처럼 학계와 종교계 등 사회단체의 반발에 부딪힌 정부는 결국 정심원 소녀들에 대한 불임시술명령 결정을 무기한 보류했다.[42] 이후 정심원 소녀들에 대한 불임시술명령이 실제로 내려져 시행되었는지와 관련된 추가 보도는 나오지 않았다. 다만 1999년 이 문제가 다시 언론에 폭로되었을 때 보사부와 정심원 관계자들은 서류가 없어져서 정확히 알 수 없지만, 9명에 대한 불임수술이 시행되었다고 밝혔다.[43]

정심원 "정신장애아"에 대한 불임시술 논란은 모자보건법에 우생학 조항이 도입되었지만, 이를 강제적으로 실시하기 쉽지 않았음을 보여준다. 이들이 대상자로서 적합한지부터 강제명령이 인권을 유린한다는 측면까지 다양한 비판이 제기되었기 때문이다. 그러나 유신의 어두운 정치적 상황을 고려했을 때 이례적이었다고 할 만큼 사회적 논란이 되었음에도, 이 논란을 통해 강제불임 조항의 폐지나 개정을 요구하는 목소리는 거의 나타나지 않았다.

장애인 강제불임시술 실태

정심원 사건 이후 장애인에 대한 강제불임수술 명령과 관련된 추가적인 사례나 사회적 논란은 언론에 나타나지 않아, 그 실태를 정확히 확인하기 어렵다. 다만 장애인에 대한 강제불임시술이 전 세계적으로 논란거리가 된 1990년대 후반에 이르러 이 문제가 다시 한번 사회적으로 부상했다. 1997년 스웨덴의 유력 일간지인『다겐스 뉘헤테르』Dagens Nyheter는 스웨덴에서 "바람직하지 않은 인종적 특성이나 약시, 정신지체, 불건전한 성욕 등 열등한 속성을 가졌다고 판단되는 사람들을 대상으로 한 (강제)불임수술이 실시되었다"고 폭로하여 전 세계에 파문을 일으켰다. 이 폭로에 뒤이어 유럽 각국과 미국, 일본 등에서의 강제불임시술 실태가 고발되었고 이는 한국에서도 대대적으로 보도되었다.[44]

해외에서의 강제불임수술이 논란이 되자, 1999년 2월 정부는 부랴부랴 모자보건법을 개정하여 강제불임수술 명령 관련 조항을 삭제했다.[45] 복지부는 1970~1980년대 가족계획을 위해 정관수술을 권장하던 시기여서 이들에게 불임을 권유했을 가능성은 있지만, "유전질환 예방 차원"에서 보건사회부장관이 강제불임수술을 명령할 수 있도록 규정했던 모자보건법의 관련 조항이 폐기될 때까지 보사부가 강제불임수술을 명령한 적이 있는지는 명확지 않다고 발표했다.[46]

이처럼 보사부장관에 의한 강제 명령이 발동된 추가적인 사례는 공식적인 자료나 언론 보도 등을 통해서 찾기 어렵다. 그러나 장애인 강제불임시술이 공공연하게 행해졌음은 1999년 김홍신 의원의 폭로와 그에 따른 보고서를 통해 알 수 있다. 특히 지적장애인이나 발달장애인 등이 그 주요한 대상이 되었다. 강제불임수술은 시설, 해당 행정기관, 보건소, 가족계획협회 등 정부의 공식 기관과의 광범위한 상호협조를 통해 이루어졌으며, 경우에 따라 장애인의 부모도 이에 가담했다.[47] 김홍신 의원에 의해 조사된 시설에서의 강제불임수술 현황은 다음과 같다.

지역	시설명	원장명	결혼한 부부수	결혼 전 불임수술		결혼 후 불임수술		수술 기관	수술 시기	강제성 여부
				남	녀	남	녀			
부산 연제구	성우원	김창숙	1쌍	1				가협 지정병원	1986 ~1985	강제
경기 남양주	신망애 재활원	박춘화	3쌍	3				가협 지정병원	1992	부모들에 의해 실행
강원 춘천	강원 재활원	홍기종	2쌍	1				가협 강원지부 부속 의원	1997	강제
충남 보령	충남 정심원	박현숙	33쌍	32	25			가협 지정병원	1983 ~1989	강제
전북 전주	전주자림 재활원	김재필	7쌍	2		3		일반병원	1998	강제
전남 곡성	곡성 삼강원	강영수	1쌍	1				일반병원	1987	강제
전남 목포	공생 재활원	최순임	1쌍				1	가협 지정병원	1987	강제
경북 안동	애명 복지촌	배영호	6쌍	4	1	1			1995	부모들에 의해 실행

<표 4-1> '정신지체' 장애인 시설의 불임수술 현황[48]

〈표 4-1〉은 김홍신 보고서에서 발췌한 것으로, 1983년부터 1998년까지 전국의 8개 시설에서 75명(남자 48명, 여자 27명)의 정신지체 장애인에게 불임수술이 시행되었음을 알 수 있다. 시설 일방의 판단에 따라 강제불임수술이 행해진 곳이 6개 시설로, 총 66명(남성 40명, 여성 26명)에게 강제불임수술이 행해졌다. 나머지 2개 시설에서는 부모가 불임수술을 강행했다. 가족계획사업이 종료된 1996년 이후에도 장애인 강제불임시술이 지속되고 있음도 알 수 있다.

이처럼 강제불임수술이 주로 시설에서 이루어진 것은 무엇보다 정신장애인들의 출산에 따른 육아 문제를 시설에서 해결하기 어려웠고, 부모도 감당하기 어려웠던 현실적인 문제 때문이었다. 장애 자녀의 돌봄을 시설에 의존하고 있는 상황에서 가족들 역시 장애 자녀의 출산을 원치 않는 경우가 많았던 것이다. 더욱이 정신장애인이나 발달장애인 여성들의 경우 시설에서 생활하던 중 성폭력 피해를 입는 경우도 많았기 때문에, 잠재적인 성폭력 피해로 인한 출산을 방지하기 위한 수단으로 불임시술이 이루어진 경우도 존재했을 것이다.

그러나 목표량을 정해놓고 그것을 달성하길 과도하게 독려했던 가족계획사업의 실행 방식 또한 시설에서의 장애인에 대한 강제불임수술이 시행되었던 주요 요인이었다. 가족계획이 한창이던 1970~1980년대에 가족계획 요원들은 군 보건소로부터 정해진 목표량을 달성해야 한다는 압박을 받고 있었기 때문에 때로는 '수단과 방법을 가리지 않고' 실적을 채우기 위해 혈안이 되었다. 따라서 실적 경쟁이 치열했던 가족계획 요원들은 개별 가정을 방문하여 일일이 설득하는 것보다 시설에 가서 원장을 설득하여 집단적으로 불임시술을 하도록 하는 편이 실적 쌓기에 수월하다는 사실을 간파했다. 실제로 광주 동구 보건소 가족계획담당 공무원의 증언에 따르면, 각 보건소에서는 불임수술 목표량이 할당되었으며, 실적 우수자에게는 표창, 해외여행 등의 포상이 이뤄졌다. 그로 인해 보건소는 집단시술이 가능한 사회복지시설을 주로 찾아가 강제로 불임수술을 했던 것으로 보인다.[49] 최원규가 추정하듯이 1980년대를 지나 최근 시점으로 올수록 시설 수용인에 대한 불임수술이 더욱 적극적으로 추진되었을 가능성도 있다. 이 시기 이후 한국에서 출산력이 2.0대에서 점점 떨어져 일반인들 사이에서 추가적인 불임시술 기회를 포착하는 것이 점차 어려워졌기 때문이다.[50]

　이러한 사정 속에서 불임수술은 강제적으로 행해졌다. 피해자들은 "아이를 낳고 싶지만, 수술을 해서 낳을 수 없다"라고 공통적으로 증언했다. 또한 "아버지(원장)가 시켜서 수술을 했다"(김○○, 남, 33), "원장이 애기 낳으면 고생한다고 말했다", "애기를 낳으면 시설에서 쫓겨난다", "애기 낳으면 다른 데로 보내버린다"(이○○, 여, 36) 등 강제성을 확인할 수 있는 일관된 증언이 보고되었다.

　그런데 1983년 제정된 보건사회부 훈령 제464호 가족보건 업무규정 제12조 1항에 따르면, 가족계획사업을 통한 불임수술은 기혼자에게만 할 수 있도록 되어 있었고, 미혼자는 그 대상이 아니었다. 그러나 김홍신 보고서에 따르면, 보건소 등 행정기관의 협조와 묵인 속에서 불임시술을 받은 장애인 63명 중 1명을 제외한 62명이 모두 미혼인 상태에서 불임수술을 받았다.

현재로서는 모자보건법을 통한 법률에 근거한 강제조치가 실제로 얼마나 이루어졌는지 정확히 알 수 없다. 그러나 1970년대 이후 장애인에 대한 강제불임수술은 일종의 관행이 되어, 꼭 정부에 의한 강제조치가 아니더라도 시설장이나 부모의 결정에 의해 불법적이거나 음성적인 형태로 이루어졌다. 대개 시설에서는 장애인들이 결혼할 경우 불임시술을 전제 조건으로 했다. 예컨대 1987년 5월 29일 『경향신문』은 "정박아" 부부의 "사랑극복 웨딩마치"를 보도했다. 전남 곡성의 재활원인 삼강원에서 성장한 이창○, 이복○가 평소의 애정과 주변의 주선으로 결혼식을 올리게 되었는데, "건강한 아기를 낳을 수 있을까 하는 걱정이 있었으나 규정에 따라 불임수술을" 했다고 보도하고 있다.

설사 장애인 스스로가 자발적으로 불임시술을 선택했다 하더라도, 이러한 선택은 현실적으로 시설을 나가서 자립하여 출산과 자녀 양육을 하기 어려운 조건 때문에 이루어진 것으로, 자율적인 선택이라기보다는 포괄적인 의미에서 강제적인 것이었다.

장애인의 권리가 존중받는 사회는 어떻게 가능할까?

1990년대 중반을 지나면서 국가의 인구 정책은 인구억제에서 저출산 대책으로 변경되었다. 이와 더불어 모자보건법의 장애인 강제불임수술 규정은 1999년 법 개정을 통해 폐지되었다. 그렇지만 가족계획사업을 추진하는 가운데 국가가 법을 통해 장애인에 대한 강제불임시술을 정당화해온 역사는 법이 폐지되었음에도 오늘날 장애인 불임시술이 사회의 관행으로 자리 잡게 하는 데 큰 영향을 미쳤다. 오늘날에는 정부나 시설이 주도하지 않더라도 가족에 의해 장애인의 불임시술이 강요 혹은 권유되는 실정이다. 2011년 장애인 실태 조사에 따르면, 임신한 여성 장애인의 58.4퍼센트가 인공임신중절을 선택했는데, 51.5퍼센트가 본인 의사에 따라, 48.5퍼센트는 주변의 권유로 이러한 결정을 내렸다고 한다. 이처럼 국가가 법령을 통해 장애인불임수술을 정당화해온 역사는 한국 사회에서 장애인 불임수술이 사회적 관행으로 자리 잡게 되는 계기가 되었을 뿐만 아니라, 오늘날 장애인의 임신과 출산에서 자기결정권을 상상하는 것을 제약하는 부정적 유산으로 남아 있다.

2019년 헌법재판소가 낙태죄에 관해 헌법불합치 결정을 한 것을 계기로 최근 모자보건법이 개정되었으나, 우생학적 내용을 담은 제14조는 여전히 존치되고 있다. 향후 이 조항이 삭제된다 하더라도 장애인의 삶을 무가치하게 여기거나 사회적인 짐으로만 보는 시선이 변화하지 않는다면, 암묵적인 강요나 권유에 의한 불임시술은 계속해서 관행으로 남을 수 있다. 2019년 서울신문, 장애인인권포럼, 공공의창이 공동으로 시행한 설문 조사에 따르면 만 19세 이상 성인 1,001명 중 응답자의

62.9퍼센트가 부모 등 주변인의 권유에 의한 장애인 불임수술에 찬성한다고 답했고, 의사결정을 내리기 어려운 장애인이더라도 최소한의 자기결정권을 존중해야 한다는 의견은 37.1퍼센트에 그쳤다.[51] 국민 3명 중 2명은 인권 침해 논란에도 부모가 발달장애인(지적·자폐) 자녀의 불임수술을 결정하는 것에 대해 '용인해야 한다'고 밝힌 셈이다. 양육 현실의 어려움을 고려한 것으로 보이지만 장애인의 재생산권 침해를 당연하게 여기는 풍토가 엿보인다. 국가 돌봄과 지원이 빈약해 양육 책임을 장애인 가족이 모두 떠안을 수밖에 없는 장애인 복지의 어두운 현실도 문제지만, 우리의 역사적 경험과 그로부터 형성된 심성 속에 녹아 있는 우생학적 사고의 위험성을 성찰하는 일도 게을리해서는 안 될 것이다.

2부 과학과 국가의 이름으로

최은경

산과조절술 역사에서 누락된 장애에 주목하며

2000년대부터 한국은 소위 '초저출산 사회'로 진입한다. 1960년대 강력한 인구억제 정책의 영향으로 피임, 불임술, 임신중절술 등 산과 조절 기술에 대한 접근성과 활용성이 높아졌다. '초저출산 사회'라는 현상을 논할 때 산과 조절 기술의 영향력을 제외하기는 어려울 것이다. 한국의 산과 조절 기술 도입은 현대 한국의 가족 구조, 가족 규범뿐 아니라 인구 구조, 인구 행태 등 다양한 영역에 깊은 영향을 끼친 중요한 사건이다.

지금까지 한국의 가족계획과 산과 조절 기술에 대한 연구는 여성의 피임 보급 참여, 여성을 대상화하는 피임 기술의 개발 등 젠더적 관점에서 많이 다루어졌다.[1] 그러나 산과 조절 기술과 장애의 관련성은 강제불임에 관한 연구 외에는 아직 깊이 있게 다루어졌다고 보기 어렵다.[2] 초저출산 현상과 장애와의 관련성이 누락된 것은 정책적 차원에서도 마찬가지이다. 2016년 모자보건법 개정으로 안전한 임신 유지와 장애아 출산 위험 차단을 목표로 제10조의 2로 고위험 임산부 지원 조항이 신설되었으며, 정책적 대응 역시 고위험 임신 대응을 목적으로만 이루어지고 있다. 장애영유아에 대한 종합적 지원 구축 방안은 2021년에 처음 정부 보고서가 발간되었다.[3] 이러한 상황은 '인구억제' 또는 '인구조절'의 역사에서 장애가 비가시적으로 누락되었음을 의미한다.

국내 산과 조절술 도입에 관한 역사에서 장애라는 주제가 누락되었다 하더라도 장애를 둘러싼 재생산 개입이 부재한 것은 아니다. 오히려 장애를 둘러싼 다양한 개입이 비가시화되었다고 보는 것이 더 타당한 해석일 것이다. 현재 한국은 고령 임신과 만혼이 늘어났음에도 다운증후군 출생률이 1만 출생당 3.7~4.7로 유지되고 있다.[4] 이러한 점은 한국에서 다운증후군 태아에 대한 인공적 임신종결이 강하게 이루어지고 있음을 시사한다. 혹자는 '모자보건법'의 제14조(인공임신중절의 허용한계) 제1항에서 인공임신중절이 허용되는 대상으로 '본인이나 배우자가 대통령령으로 정하는 우생학적優生學的 또는 유전학적 정신장애나 신체질환이 있는 경우'를 들며 해당 조항을 근거로 다운증후군 태아에 대하여 제도적으로 인공임신중절이 이루어질 수 있었을 것이라고 주장한다. 그러한 주장은 전혀 사실에 부합하지 않는다. 모자보건법상의 인공임신중절 허용 대상은 '부모가 될 이'가 우생학적·유전학적 정신장애를 앓고 있는 경우를 의미한다. 다운증후군의 경우에는 대다수가 소위 '정상인' 부모에게서 출생하므로 모자보건법의 해당 조항이 개입하고자 하는 유전학적 정신장애의 '유전 가능성'과 상관이 없다. 그러므로 '정신장애의 유전 가능성'의 우생학적 개입의 제도적 사례로 다운증후군과 모자보건법을 연결하여 언급하는 것은 해당 장애와 법에 대한 잘못된 이해에서 비롯된다고 여겨진다. 이 글은 모자보건법의 논리에는 포함되지 않으나 광범위하고 일상적으로 장애에 규범적으로 산과술이 개입하는 사례 중 하나로 다운증후군에 주목하며, 그러한 개입이 정착되어가는 과정을 추적한다.

또한 산과 조절술의 역사에서 기술의 확립과 장애 및 빈곤계층 재생산 통제의 관련성은 중요한 주제이며 우생학적 주제와 직결된다.[5] 국내 연구에서는 주로 장애 및 빈곤 계층에 대한 시설 격리 문제로 우생학적 주제를 다루고 있으며, 유전학상 강제불임 등 산과 통제 담론에 주목하며 앞서 언급한 김재형, 소현숙의 연구 등이 존재한다. 하지만 강제불임 외의 산과 조절술 도입에서 장애를 둘러싼 규범과 공포가 어떻게 다루어졌는지는 아직 검토되었다고 보기 어렵다.

이 글은 산과 조절 기술 중 하나라고 할 수 있는 유전자 산전진단기술이 1970~1990년대에 도입된 과정을 다룬다. 특히 유전자 산전진단기술 도입을 위한 소아과 및 산부인과 의사들과 유전학자들의 시도와 담론, 그리고 인구보건학자들의 담론과 그 사회적 반향을 중심으로 고찰한다. 이를 통해 당시 법제도에서는 명시적으로 다루어지지 않았던 유전자 산전진단기술이 근현대 한국 사회 가족 구조 전환기에 어떻게 조응하며 정착했는지 살펴보고자 한다.

1960년대 세포유전학의 도입과 무분별한 산전검사

1960년대 초 해외에서는 세포유전학이 발빠르게 발전하기 시작했다. 우선 저장식염액hypotonic solutions이 도입되면서 포유류 세포를 고정하여 염색할 수 있게 됨으로써 포유류의 세포 염색체 분열상을 관찰할 수 있게 되었다. 1956년에는 티조 Joe Hin Tijo와 레반Albert Levan에 의해 인간 염색체가 46개로 정정되었고, 1958년에는 백혈병의 염색체 이상이 발견되었으며, 1959년에는 르종Jérôme Lejeune 등에 의해 최초로 다운증후군이 21번째 염색체의 3배수임이 밝혀지면서 큰 각광을 받게 되었다. 염색체 이상의 발견을 계기로 곧 질병의 유전적 원인을 밝혀낼 수 있을 것으로 기대를 모았다.

세포유전학의 급성장에 힘입어 국내에서는 1962년 대구 동산기독병원 소아병원의 소아과 전문의 김집이 미국에서 환자 및 가족 정상인 약 500명에 대하여 1,000여 회의 인간 세포 배양을 통해 핵형 분석을 수행, 터너 증후군 7명, 클라인펠터 증후군 3명, 진성반음양 2명 등을 경험한 예를 보고했다.[6] 그는 1948년 대구의과대학을 졸업하고 동산기독병원 소아과에서 근무하던 중 1957년 도미, 미국 소아과전문의 자격을 취득하고 에모리대학 및 피츠버그대학을 오가며 염색체 혈액배양에 관하여 수학하고 미국 피츠버그대학의 버지스Wayne H. Borges 염색체 혈액배양 연구실 조교로 일했다.[7] 1960년대 초부터 국내 의료계는 해외 연수 등을 계기로 인간 체세포 염색체 분석에 대하여 관심을 기울이기 시작했다.

핵형 분석만 아니라 성염색체 판별 방법 역시 국내에 빠르게 도입되었다. 1956년 무어Keith L. Moore와 바Murray L. Barr에 의해 성염색질sex chromatin을 활용한 성별 검사 방법이 개발되었다. 국내에서는 일반인의 성염색질 검사를 1961년 최초로 연세대학교 의과대학 해부피부과학교실에서 100명의 남녀를 대상으로 시행했다.[8] 이 검사는 이후 반음양 환자의 확인 등에 다양하게 활용된다.[9]

세포유전학의 발전으로 성별 판별과 핵형 분석이 가능해졌으나 이를 태아에게 적용하는 것은 또 다른 일이었다. 양수천자는 본래 양수과다증을 보인 산모에게 치료 목적으로 1930년대부터 실시했는데, 세포유전학의 발전으로 추출된 태아의 세포를 검사하기 시작했다. 검사 목적 산전 양수천자는 양수의 혈청 빌리루빈치를 검사하여 용혈성 질환을 예방할 목적으로 1950년 처음 실시되었다.[10] 양수천자를 통한 성별 검사 및 낙태가 보고된 지 불과 3년 뒤에 국내에서도 유사한 시도를 하게 된다. 1963년 경북대학교 의과대학 산부인과 교실에서는 양수천자법을 이용하여 30명의 임신 여성에 대한 성별 판별 염색 검사를 실시했다.[11] 1964년 서울대학교 산부인과학 신한수 교수 연구실에서 전택준이 양수천자법을 이용하여 세포를 과배양, 성별 판별에 사용했다.[12] 1960년 첫 양수천자를 이용한 성별 판별 검사 연구에서 저자 리스Pov Riis는 임신 1분기 말, 즉 4개월째에 해야 하며 부작용 및 위험이 극히 높아 주의해야 한다고 기술했으나 전택준은 이러한 주의 사항에 대한 기술 없이 임신 6개월, 8개월, 10개월의 임신 여성을 대상으로 연구를 수행했다. 그 결과 발열 및 유산의 결과까지 빚었다. 이 연구에서 나타난 안전성에 대한 우려 때문인지 알 수 없으나, 이후 양수천자를 통한 산전진단 연구는 한동안 이루어지지 않았다.

산전진단기술의 본격적인 도입과 성 감별 행위의 확산

국내에서 양수천자를 산전검사로 본격적으로 활용한 것은 존스홉킨스 의과대학에서 산전검사를 수련하고 돌아온 주갑순이 1975년 11월 경희대학교 의과대학에 부교수로 부임한 이후이다. 주갑순은 수도의대를 졸업하고 국립의료원 산부인과에서 1960년대 중반까지 근무하고 개업했다가 도미, 존스홉킨스 의과대학에서 하워드 존스Howard W. Jones와 함께 연구했다. 하워드 존스는 미국에서 반음양 등 간성intersex 분야 대가이자 최초로 IVF(체외수정)를 성공시킨 인물로서, 미국 산부인과에서는 입지전적인 위치에 있었다. 미국 유학 시절 하워드와 함께 미국 산부인과학회지에 발표한 논문에서 그는 양수천자를 통한 성별 감별을 주제로 다뤘다. 양수 직접도말법이 아닌 화염 건조법 Frame drying을 활용하여 성별 감별의 정확성을 높였을 뿐만 아니라 Y-염색립의 진단적 가치를 입증했다고 주장했다.[13] 그녀는 빠르고 정확한 도말 표본 제작법을 확립함으로써 양수 세포 추출을 이용한 성별 판별을 임상적으로 좀 더 용이하게 만드는 데에 주력했다.

주갑순은 1975년 국내로 돌아온 후 경희대학교 의과대학에 세포유전학 연구실을 설치하고 이듬해 1월 태아진단소를 개설, '기형' 및 '성별 상담 및 판별' 등 임상적 활용을 염두에 둔 염색체 분석 활동을 하기 시작했다.[14] 주갑순이 부임한 지 얼마 지나지 않아 연세대학교 조교수 양영호가 1976년 독일 울름Ulm의과대학 산부인과학교실 및 임상유전학교실에서 산전 초음파 진단 및 양수검사 분야의 수련을 받고 돌아왔다. 그 후 1978년 연세대학교 의과대학 산부인과에서 임상유전학연구실을 개설했다. 한편 1975년 9월에는 하와이 의과대학 해부학교실에 근무하던 유전학자 백용균 박사가 한양대학교 의과대학에 부임하여 기초의학 분야로 유전학교실을 창설했는데, 임상적으로는 유전상담과 염색체 이상 검사에 주력했고 산부인과 의사들의 활동과는 다소 차이를 보였다.

왜 1970년대 중후반부터 국내 각 의과대학의 산부인과에서 양수천자 및 세포유전학의 임상적 활용과 도입에 주력하게 되었을까? 서구의 병원들이 1970년대 이후부터 초음파의 도입으로 양수천자법을 안전하게 실시하기 시작한 것이 하나의 이

유일 것이다. 1960년대 중반을 지나면서 양수천자를 통한 산전 검사가 가능함은 입증되었지만, 태아를 손상시킬 위험이 매우 컸다. 이러한 우려는 초음파 검사가 도입됨으로써 점차 해결되었다. 1974년에 실시한 한 설문에서 55개 북미 병원이 정규적으로 양수천자를 수행했고 이 가운데 35개 병원에서는 초음파를 통해 안전하게 실시하고 있었다.[15] 1976년에 미국 복지부에서는 2,000례의 양수천자를 대상으로 연구한 결과 이 검사법이 태아에게 완전히 안전한 것은 아니지만, 루틴 검사가 될 수 있다고 결론을 내렸다.[16] 이를 통해 양수세포배양 및 유전검사법이 빠르게 발전하기 시작했고, 일련의 산부인과 의사들이 더욱 관심을 기울이게 되었을 가능성이 있다.[17]

하지만 임상유전학이 도입된 후에도 상당수의 의과대학은 성인 대상 유전질환 검사를 위한 세포유전학적 검사, 유전 상담에 보다 치중했다. 산전 진단에 대한 연구 결과는 상대적으로 많지 않았다. 연세대학교 의과대학에서도 1978년 양영호가 임상유전학 교실을 설립했지만 1980년대 중반 이후가 되어서야 양수검사 및 융모막 검사가 시작되었다. 이러한 시기적 차이는 태아를 손상시키지 않는 전문적인 양수천자 방법 수련의 어려움, 그리고 양수배양액 및 배양기기를 확보하는 어려움 때문에 나타난 것으로 추측된다.[18] 1980년대 중반까지 양수천자와 핵형 분석을 이용한 산전진단은 거의 주갑순을 중심으로 한 경희대학교 의과대학에서 이루어졌다.

양수천자는 대형 병원을 중심으로 빠르게 각광받았으며

곧 사회적 이슈가 되었다. 소위 유전적 이상이 있는 장애아 진단을 위한 핵형 분석은 어려울지라도 성별 감별이 가능했기 때문이었다. 성별 감별은 핵형 분석을 위한 복잡한 양수 세포 배양법을 적용하지 않아도 될 만큼 빠르고 간편했다. 주갑순 역시 미국의 연구 주제에서 볼 수 있듯 빠르고 정확한 성별 감별, 특히 Y 염색체립을 통한 감별에 주력했다. 성별 감별에 대한 사회적 반응은 뜨거웠다. 1978년 한 기사에 따르면 'K의료원'(경희의료원일 것으로 생각된다)의 태아진단실에서 태아 성 감별을 공공연히 수행하여 태아진단을 받은 285명의 임신부 중 아들로 판명된 136명만이 정상 분만을 한 것으로 나타나기도 했다.[19] 1980년대 국민건강보험의 확대로 병원에 대한 접근성이 높아졌으며, 각 대형병원에 초음파 기구 보급이 획기적으로 증가했다. 그리고 '대를 잇고 싶다'는 남아 선호 사상까지 겹쳐져서 태아 성 감별은 전국적으로 크게 확대되었다. 1970년대 말 도입된 산전진단기술이 핵형 분석을 포함하지 않는 완전하지 않은 것임에도 불구하고 초음파 진단기기 확산이 전국적으로 이토록 빨랐던 데에는 태아 성 감별이라는 사회적 수요가 크게 작용했을 것으로 생각된다.

1990년대 조사에 따르면 융모막 검사는 70~100만 원, 양수천자는 40~50만 원으로 비쌌으나 초음파 검사는 5~6만 원에 불과하여 값싼 산전진단기술로 각광받았다.[20] 상대적으로 다른 진단기술에 비해 비침습적인 기술이기도 했다. 그러나 초음파만을 이용해 태아 성 감별을 하는 것은 위험한 일이었다.

1977년 초음파만을 이용한 태아 성 감별이 가능함을 처음 보고했을 때만 해도 임신 30주가 되어서야 실시간 초음파 영상을 통한 남성 생식기 확인이 가능했다.[21] 1980년대 한국에서는 임신 2분기에 초음파를 통해 태아 성별을 확인하는 것은 초음파 판독을 위한 풍부한 기술과 경험이 있더라도 정확도의 문제가 있었다. 보통 임신 16주 이후 초음파를 보조한 양수천자를 통해 확인하는 것이 최선이었으며, 초음파 검사를 통해서 상대적으로 정확하게 성별을 확인하는 것은 임신 20주 이후의 일이었다. 가령 여아로 확인되어 이 시기에 낙태하는 것은 다양한 합병증을 야기할 수 있었다. 그럼에도 태아 성 감별이 문제가 되자 보사부는 1984년 양수검사를 통한 태아 성 감별을 금지한다는 지침을 각 시도에 시달했다. 그 결과 비용이 비싸지 않은 초음파 진단이 더욱 활성화되었고 산모의 건강에도 치명적일 수 있는 5개월 이후 인공유산이 성행하게 되었다.[22] 이처럼 성 감별 수요는 임신 여성의 건강 위해에도 불구하고 초음파 및 산전진단기술 시장이 개인 병의원급으로 확대되는 결과를 낳았다.

정신박약의 유전학과 산전진단: 강제불임에서 감별 검사로

산전진단기술의 보급에 따라 성 감별이 성행하고 사회문제화되자 많은 의사들은 이들 행위에 반대 의사를 피력했다. 대한의학협회와 대한산부인과학회에서는 대한산부인과학회 산하 윤리위원회의 건의에 따라 전국 산부인과 병의원에 성 감별 진단을 자제하자는 내용의 권고문을 보내면서 자정 작용을 시도하기도 했다. 그러나 이러한 반대는 (산전진단기술의) '원래 목적인 기형이나 정신박약아의 출생을 막는 것'을 의사들이 오용하는 데에 대한 반대였다. 도리어 (불필요한) 양수검사를 받은 뒤 출산할 경우 '선천성 기형이나 정신박약아가 태어날 확률이 적지 않은 것'으로 우려되었다. 산전진단기술을 도입하려는 측에서도, 부작용을 우려하는 측에서도 선천성 기형아 및 정신박약아 출산은 막아야 한다는 공감대가 컸다. 적어도 의학자들 사이에서 산전진단기술 도입의 목표는 궁극적으로 선천성 기형아 및 정신박약아의 출산 예방에 있었다.

국내에서 염색체 이상의 발견은 암 유전학을 배울 목적으로 공부했던 강영선이 먼저 주도했다. 강영선은 1965년 다운증후군, 1966년 터너증후군을 국내에서 최초로 발견, 보고했다. 염색체 분석을 통해 밝힐 수 있는 질환 가운데 대표적으로 의학자들의 관심을 끈 것은 다운증후군이었다. 다운증후군은 전체 정신박약의 5~10퍼센트에 불과했지만 의학자들에게 '선천성 정신박약'의 대표적인 사례로 다루어졌다. 다운증후군의 임상에 관한 초기 연구는 주로 서울대학교에서 이루어졌는데, 염색체 이상이 정신박약의 여러 원인 중 가장 큰 원인이라고 주목했다.[23] 다운증후군 사례를 일목요연하게 모아 보고하면서 이종현이 언급하듯, 염색체 이상은 임상적 증후가 '불확실한' 사례들을 눈으로 보아 확증할 수 있는 좋은 근거가 되었다.[24]

과거에도 우생학적 견지에서 정신질환은 유전된다고 생각

했으며 종종 불임시술의 대상이 되었다. 그러나 다운증후군의 발견은 염색체 이상을 눈으로 확인함으로써 정신질환의 유전적 원인을 밝힌 것으로 그 의미가 컸다. 그러나 그 염색체 이상이 실제 유전되는 것인지는 또 다른 문제였고, 갈등의 여지가 있었다. 1975년 보건사회부가 '유전성 정신박약' 및 '유전성 간질증'의 12명에 대한 불임시술 명령을 시도한 것은 이러한 정신박약의 유전성에 관한 당시의 이해를 잘 보여준다.[25] 정부의 불임시술명령을 둘러싸고 신경정신의학계와 임상유전학계는 미묘한 입장 차이를 보였다. 대한신경정신의학회는 긴급평의회를 소집하고 '강제불임시술명령' 발동을 당국에 재고해줄 것을 요구하는 건의문을 보냈다.[26]

다만 학계의 초점은 강제불임 등의 수단을 동원하여 다운증후군 환자가 자손을 낳지 못하게 만드는 데에만 있지 않았다. 다운증후군 아이는 고령의 임부를 포함한 정상인들도 낳을 수 있었다. 해외에서는 다운증후군이 임상적 관심이 되었을 초기부터 임신한 여성의 연령과 다운증후군을 출산할 확률 사이에는 강한 상관관계가 밝혀져 있었다.[27] 또한 보통 연령에서는 다운증후군 발생률이 1,500명 중 1명 꼴인데 반해 다운증후군을 한 번 출산한 경험이 있거나 가계에 전위 염색체가 있는 경우, 부모가 모자이크 현상mosaicism이 있을 경우 다운증후군 아이를 낳을 확률은 1~2퍼센트로 증가했다. 다운증후군 환자나 보인자도 임신을 할 수 있지만, 그 확률은 낮다고 보았다. 산전검사는 일반 정상인 여성이 다운증후군 아이를 낳을 수 있는 위험을 사전에 합리적으로 감별해낼 수 있는 유용한 수단이었다.

주갑순이 미국에서 한 연구는 성별 검사의 정확성과 신속성에 초점이 있었다. 그러나 그녀는 다운증후군 등 염색체 이상에 따른 기형아 판별에 대해서 줄곧 관심을 갖고 있었다. 그녀는 귀국 후 가정잡지 등에 다운증후군 등을 감별할 필요성을 강하게 설파했다.[28] 성별 감별을 위한 양수천자 외에도 35세 이상 산모와 기존 정신박약아 분만 이력이 있는 산모를 대상으로 양수천자를 실시, 염색체 핵형 검사를 시행했다. 그 결과 1979년 양수천자를 이용한 21번 3배성 다운증후군의 진단, XYY 핵형의 태아 산전진단 등이 이루어졌다.[29] 염색 기법도 1978년부터 Q-banding과 G-banding을 보편적으로 활용하기 시작했다. 그러나 '염색체 이상 태아'를 밝혀낸 숫자가 많은 것은 아니었다. 1976년부터 1980년까지 고위험군 산모, 기형아 우려로 자발적으로 검사를 요청한 산모 총 401건의 양수검사 결과 다운증후군 2건, XYY 핵형 한 건을 감별해냈다. 실제로 다운증후군 증상이 발현되었는지 추적 관찰하는 데에도 실패했다. 그럼에도 주갑순 등은 '선별검사로서 일상적인 양수천자가 필요하다'고 주장했다.[30] 그녀가 보기에 "한 명의 다운스 증후군아를 1년간 양육하는 데 소요되는 비용은 정상아의 양육비보다 모든 면에 있어서 더 많이 소요된다. (⋯) 한 명의 다운스 증후군아를 진단했다 해도 그 결과에서 오는 국가적인 이익은 막대한 것"이기 때문이었다.[31]

우생학적 공포와 산전진단기술 공급의 완성

다운증후군 등 '유전학적 문제'를 고려하는 것은 가족계획정책에 관여했던 보건학자들 사이에서도 중요한 과제가 되었다. 1980년대 들어 가족계획정책이 안정화 국면에 들어서면서 국내 보건학자들은 '인구자질 향상'에 관하여 논하기 시작했는데, 인구의 양적 억제를 넘어서 질적인 부분에 관심을 가져야 한다는 취지였다. 양재모는 '인구자질 향상'에 '우생학적 제문제, 주산기사망률, 영유아사망률, 국민체위' 등이 들어갈 수 있다고 보았다. 특히 우생학적 제문제에서 다산과 노산은 다운증후군 발생과 떨어질 수 없는 문제였다.[32] 그러나 일본의 모델에 따라 우리나라가 다산이 줄어들면서 다운증후군 역시 감소할 것이라고 본 양재모의 주장에 대해 유전학자 백용균은 일본과 한국은 유전적 차이가 있고 유전적 이상이 있는 아이가 연간 5만~10만 명씩 축적되고 있다고 반박했다. 즉, 유전적 이상이 있는 아이를 미리 선별하고 예방하는 것이 시급하다는 취지였다.

유전학자들의 우려는 곧 보건학자들에게도 중요하게 받아들여졌다. 서울대학교 보건대학원의 또 다른 연구에서는 인구자질 향상책의 일환으로 심신장애자 억제가 중요함을 논하면서 그 예방대책 중 하나로 출생 전 진단, 유전상담 등을 포함한 조기발견 시책을 제안하는 연구를 수행했다.[33] 이 연구를 수행한 김정근은 9년 후인 1989년 유사한 내용의 인구자질 대책에 관한 연구를 발표하면서 유전 인자의 문제를 목차의 제일 앞으로 제시하며 중요하게 다루었다.[34] 그리고 '우생대책'의 항목에서 한국에서 산아제한이 어느 정도 보급되면 일본처럼 '역도태'가 크게 우려되는 시점에 와 있으며 이 경우 일본의 우생보호법을 참조하여 보인자의 결혼을 피하거나, 유해 유전자를 가진 이의 출생아 수를 제한하거나, 문제적 수정란을 인공임신중절해야 한다고 주장했다.

김정근의 연구는 인구자질 문제에 대해 1980년대 인구보건학자들이 가진 우려를 잘 보여준다. 그러나 인구자질 향상을 위한 보건학적 견지에서 산전검사는 문제가 있었다. 김정근은 "양수천자법은 그 비용이 고가로 들 뿐 아니라 태아의 성 감별에 임부의 관심이 집중되고 있음이 우리나라의 현실이므로 사회적·윤리적 관점에서의 배치를 필요로 한다"고 하며 일부 적응증 외에는 금지하는 것이 좋다고 보았다. 보건학자들은 성비 불균형은 중요한 인구보건학적 문제이고 이를 그대로 두었을 때에는 여성 수가 부족해져서 결혼 압박marriage squeeze이나 가족의 붕괴로 이어질 수 있다고 보았다.[35] 1996년 정부에서 인구정책기조를 인구증가 억제 정책에서 인구자질 및 복지 증진 정책으로 전환할 때 '출생 시 성비 불균형의 회복'을 기본 목표 중 하나로 채택한 것은 이러한 우려를 반영한 것이었다. 출생 시 성비 불균형 문제를 고려할 때, 산전검사를 정책적으로 독려하는 것은 무리가 있었다. 특히 의료법에 산전검사를 이용한 태아 성 감별 행위에 대한 처벌 조항이 1987년에 도입되기 시작하여 1994년까지 대폭 강화된 터였다.

그러나 이러한 인구정책적 우려에도 불구하고 산전 진찰은 1990년대 내내 각 병의원에서 확대 보급, 발전되었다. 의학자들의 보고에 따르면 1980년부터 1997년까지 10개 대학병원에서 1만 2,000건의 양수천자가 이루어졌으며, 1990년대 중반부터 급격한 증가를 보였다.[36] 2000년 7월 국민건강보험법이 실시되면서 일부 급여화에도 성공했다. 이런 일은 어떻게 가능했을까?

우선 산모들의 기형아 공포를 자극하는 담론들이 1990년대 내내 성행했음에 주목할 필요가 있다. 우선 기형아 공포 이면에는 급증하는 환경오염에 대한 우려가 있었다. 1980년대 말에서 1990년대 초에 발생한 주요한 환경오염 사건인 영광원자력발전소 사건, 수돗물 페놀오염 사건에서 핵심적인 공포 중 하나는 산모가 기형아를 낳을 수 있다는 점이었다. 해외의 환경오염 사건 경험도 공포에 일조했다. 일본에서는 1956년에서 1960년까지 수은 방출의 결과로 미나마따병이 발발했으며 그중 64건의 선천성 신경계질환 사례가 보고되었다.[37] 이러한 사건은 환경오염 물질이 해수를 통해 유통되며 축적된 결과물이었으나 환경오염의 부산물로 '선천성 기형'이 발생할 수 있다는 인식을 형성하는 데에 일조했다.

영광원자력발전소는 1호기가 건설된 1986년부터 지역주민의 민원 및 우려가 높았다. 1987년 민주화 이후 '핵발전소 반대 평화 시민대회'가 개최되고 '핵발전소 건설저지 및 피해주민생존권 대책위원회'가 결성되는 등 반원전운동이 본격적으

로 등장했고 핵 안전 문제가 표면화되었다. 이 과정에서 영광원
자력발전소에 근무 중인 경비원의 부인이 무뇌아를 사산하면
서 방사능 오염에 의한 것이라는 의혹이 커졌다.

영광발전소 사건이 기형아 출산을 통해 환경오염에 대한 우
려를 증폭시켰다면 1989년 식수 오염 공포는 환경오염이 기형
아를 매개로 얼마나 대중적인 공포로 다가왔는지를 잘 보여준
다. 대구시 상수도 페놀오염 사건은 1991년 3월 14일부터 17일
사이에 대구시 낙동강 식수원이 구미공단의 페놀에 오염되어
많은 시민이 오염된 식수를 마시고 다양한 증상을 호소한 것이
계기가 되었다. 수돗물 페놀오염이 알려진 후 일부 기형아 출산
보고와 태아 조산 등 자연 및 인공 유산 임산부가 450여 명에 달
한 것으로 주장되었다. 그리고 사건이 알려진 1991년 3월 16일
이후 YMCA 경실련이 4월 30일까지 신고한 피해 내용을 보았
을 때 총 750건의 피해 중 임신부 피해가 과반인 315건에 달했
고 그중 자연유산이 78건, 인공유산이 45건이었다.[38] 이후 공식
적으로 대구시에 접수된 피해보상 신청 1만 3,841건 중 임산부
피해는 844건이나 되었으며, 이중 자연유산이 176건, 인공유
산이 89건이었다.[39] 사건 수습을 거친 1년 후 환경처 산하 환경
분쟁조정위원회는 임신 관련성을 기각했지만 기형아를 우려한
자의적 판단으로 인공임신중절을 받은 28례에 대한 실비보상
을 배상했다. 미나마타병의 선천성 질환 문제는 오염원의 축적
이 영아에게 미친 영향을 주로 다룬다. 그러나 페놀 유출 사건은
단 사흘 간의 노출만으로도 태아에게 영향을 미칠 수 있다고 여

겼던 점에서 차이가 있다. 게다가 자연유산 여부에 따른 피해보다 인공유산을 실비보상할 수 있다고 여긴 점에서 당시 훼손된 태아라는 신체를 보상하는 기준을 짐작할 수 있다.

　페놀 유출 사건이 발생하자 임신에 대한 우려가 제일 크게 작동했고 최소한 89건에 가까운 인공임신중절이 한꺼번에 이루어졌다. 당시 임신의 피해를 뒷받침할 만한 과학적 조사 자료는 전무했으나 우려는 집중되었다. 대중들의 대응 이면에는 인공임신중절 시술에 대한 광범위한 접근성이 바탕이 되었을 것으로 여겨진다. 1992년 도별 출생 성비에서 대구가 남녀 비율이 124.6으로 전국에서 가장 높았고 당시 조사상으로 초음파 검사 후 인공유산 시행이 확고하게 이루어지고 있었다.[40] 기형아 공포는 또한 보편적이었다. 한 임신 여성 스트레스 요인 연구에서는 기형아 출산의 불안이 가장 높은 것으로 드러났고 임신 초기 약물, X-선 노출 경험과 상관없이 불안을 느끼고 있었다.[41] 당대 임신 여성들이 인공유산을 빠르게 시행한 것은 환경오염이 자극한 기형아 출산에 대한 공포가 산전관리 인프라와 결합한 결과물로 볼 수 있다.

　한편 언론 등 주요 매체와 산부인과 의사들 역시 우생학적 공포를 주요하게 활용하면서, 독자 시장 형성에 이바지했다. 1991년 연세대 의대 산부인과팀에서는 지난 20년간 기형아 출산이 100명 당 1.3명에서 4명으로 3배 이상 증가했다고 언론에 발표했다.[42] 이 발표는 과거에 비해 기형아 출산이 급증하여 선진국 수준에 이르고 있다는 위험 신호로 받아들여졌다. 특히 과거와 달리 환경오염 등이 증가함에 따른 결과로 이해되었고, 태아 조기 검사가 필요하다는 주장이 커졌다. 저널리스트들은 각 병원에서 내원한 임신 여성들을 대상으로 조사한 염색체 이상 수치를 바탕으로 '시기를 놓치기 전에 임신중절 등의 조치를 취할 것'을 권고했다. TV에서도 기형아 예방에 대한 프로그램을 편성했다. SBS 〈그것이 알고 싶다〉에서는 "숨겨진 불행 기형아"라는 제목으로 기형아 출산 원인과 그 대책에 대해서 다루었고 EBS의 육아 교양에서도 "기형아 미리 예방할 수 있어요"라는 제목으로 산전진단을 통해 기형아 출산을 예방할 수 있는 방법을 방송했다.

소위 의학자와 유전학자의 '기형아 예방'에 대한 대중서도 많이 발간되었다. 산부인과 의사 장윤석은 『순산의 비결과 기형아 예방』을 감수했고, 서병희, 이재현은 『여자와 아기: 유산과 기형』, 김창규, 박정순은 『기형아 예방할 수 있다: 아름다운 임신·건강한 태아 가이드』 등을 발간했다. 태교 관련 대중서에도 기형에 관련 내용이 빠지지 않고 등장했는데, 이들 기형 예방 관련 대중서는 약물, 감염, X-선 등 환경적 요인에 대한 주의뿐 아니라 산전진단 후 인공임신중절 내용 역시 빼놓지 않고 실었다. 대부분의 대중서는 '의학적 무지'나 본인의 경솔함으로 기형아를 낳을 가능성을 놓치지 말 것을 조언했다. 정책적 기반 또한 구축되기 시작했다. 1989년 제정된 장애인복지법 제15조에 따라 선천성 대사이상질환의 발생 전 발견을 위한 신생아 선별검사를 1991년에는 저소득 가족들 대상으로 실시했고 1997년에는 전국적으로 모든 신생아를 대상으로 무료로 실시했다.[43] 이는 산전진단기술은 아니지만 장애를 '예방할 수 있다'는 인식의 확산에 기여했을 것으로 보인다.

상대적으로 빠른 시기에 태아 이상을 감별해낼 수 있는 αFP 검사가 소개된 것 또한 산전진단기술에 대한 접근성을 높였다. 국내 최초로 '기형아 전문 산부인과'로 소개된 연이산부인과에서는 정상 한국인 임산부의 임신 초기 혈청 αFP를 지수화시켜 '염색체 이상아를 진단하기 위한 예비 검사'로 홍보했다.[44] 1984년 다운증후군 임신 산모에서 αFP 검사 수치가 낮아져 있음이 알려진 후 35세 미만 산모에게도 다운증후군 선별검사가 실시되기 시작할 수 있었기 때문에, 이 검사가 양수천자 검사 확산에 미치는 영향은 컸다.[45] 10개 대학병원에서 1988년에는 76건밖에 되지 않았던 양수천자 검사 건수가 이 검사가 도입된 후 1994년에는 779건, 1995년에는 1,198건으로 16배 가까이 증가했는데, 혈청검사 이상이 고연령 임신을 대신하여 주요한 양수천자 시행 적응증으로 부상했기 때문이었다.[46] 2004년 보건복지부 고시의 개정으로(제2004-71호) αFP을 비롯한 모체 혈청 검사가 건강보험 급여화가 되면서 산전진단기술은 더욱 확산되었을 것이다.

산전진단기술이 만들어낸 우생의 풍경

1960년대 국외에서 세포유전학과 산전진단기술이 수립되면서 국내에서도 빠르게 실험을 시작했다. 그러나 산부인과 임상에서 산전진단기술이 각광받고 도입되기 시작한 것은 1970년대 중반, 해외에서 상용화된 양수천자와 산전검사 수련을 받은 임상의들에 의해서이다. 국내에서 산전진단기술은 광범위한 성 감별 수요로 크게 각광받았으며, 초음파를 중심으로 빠르게 확산되었다. 유전성 질환을 감별하는 데에 주된 관심을 가졌던 주갑순을 비롯한 1970~1980년대 산부인과 의사들은 성 감별 욕구에 적극적으로 부응했고 대중적인 욕망을 일깨웠다. 성 감별의 필요가 감소한 이후에도 산전진단기술은 각종 유전성 질환과 태아 기형 확인을 목표로 더욱 기술 적용 대상을 확대시켰다. 산전진단기술을 통해 출생 전에 태아를 검사하는 것이 규범화되는 데에 성 감별 수요가 일조했다면, 태아의 기형 여부를 검사하는 데에는 각종 환경오염 사건으로 부각된 우생학적 공포 현상이 기여한 바가 컸다. 환경오염, 그리고 만혼의 조건에서 기형아는 누구에게나 생길 수 있는 것이었다. 하지만 또한 기형아는 예방될 수 있는 것이었다. '기형아를 예방할 수 있다'는 대중적 홍보 및 교육, 그리고 모체 혈청 검사와 같은 비침습적 검사의 확산을 통해 유전자 이상에 대한 산전진단은 산전 관리의 일환으로 자리 잡았다. 인구학적 견지에서는 성 감별로 인한 성비 불균형 때문에 정책적으로 산전진단기술을 적극 독려하기는 어려웠다. 하지만 기형아를 예방하겠다는 규범이 확산되면서 산전진단기술은 산부인과의 일상적인 기술이 될 수 있었다.

산전진단기술이 만들어낸 한국 사회 우생의 풍경의 변화

를 논하지 않을 수 없다. 모자보건법에서는 본인 또는 배우자가 유전성 질환을 앓고 있을 때 우생학적 사유로 인한 인공임신중절수술을 허용함으로써 고전적인 우생의 개념을 담고 있었다. 만약 질병과 장애가 해당 질병을 앓고 있는 이로부터 유전되는 것이라고만 계속 이해되었다면 산전진단기술이 이토록 광범위하게 확산되기는 어려웠을 것이다. 그러나 다운증후군 사례를 통해 기형은 일부 장애 가계의 여성이 아니라 모든 임신 여성에게서 보편적으로 발생할 수 있다는 관점이 도입되었다. 그리고 의과학기술의 발전으로 기형을 예방할 수 있다는 기술적 낙관성이 존재했고, 이를 통해 산전진단기술이라는 새롭고 무한히 확장 가능한 우생 기술이 정착될 수 있었다.

근 10년간 정부가 허용한 배아 및 태아 대상 유전체 검사 가능 질환 목록이 62개에서 200개로 3배 이상 늘어난 것에서 볼 수 있듯 오늘날 산전진단기술은 유전체 검사기법과 결합해 무한히 검사 목록을 늘리고 있다. 또한 비침습적 산전진단기술의 도입에서 볼 수 있듯 산전 모니터링을 통하여 태아의 이상을 감지하고 확인하려는 시도는 더욱 확대되고 있다. 이러한 산전진단기술의 경로에서 산전진단에 따른 모체의 부담, 태아의 부담, 그뿐 아니라 이후 태어난 장애인의 사회적 부담이 체계적으로 누락되거나 향후 등장할 비장애 정상가족을 위해 감내해야 할 손상으로 인식된다. 산전진단기술은 '미래'의 장애를 자양분 삼아 현재의 위해와 개입을 정당화한다. 태아의 소위 '이상'을 확인한 이후에는 오히려 불필요한 침습적 치료 가능성이 더욱 높아지는데도 말이다. 앞으로도 출산 전에 가능한 한 안전한 방식으로 '이상이 있는 몸'을 구분하려는 시도는 미묘한 '과학적 안전'의 외양을 띄고 확대될 가능성이 높다. 이는 "바람직한 미래", 구체적으로는 불구가 없는 미래를 구현하는 사회기술적 상상체sociotechnical imaginaries로서 산전진단기술이 갖는 역할 때문이다.

3부

격리되고 배제된 이들

1부는 일본에 의해 식민지 조선에 우생학 또는 우생 담론이라는 새로운 사상, 지식, 그리고 제도가 발전과 진보라는 이름으로 도입되고 확산되는 과정이 묘사되었다. 당대 일본에게 우생학은 더 나은 신민 만들기 프로젝트를 위한 중요한 사상적 근거가 되었는데, 비슷하게도 조선 사회에서 우생학은 더 나은 민족 만들기 프로젝트를 위한 중요한 수단으로 인식되었다. 이러한 면에서 조선총독부와 조선인 엘리트 의사들은 더 나은 국가와 사회를 위해서 우생학은 필요하다는 생각을 공유했고 이를 위한 연구와 제도화를 위해 노력했다. 이러한 분위기 속에서 우생학은 조선 사회에 무비판적으로 받아들여졌고, 페미니즘 등의 진보적 사상과 결합하여 민족을 개량해야 한다는 사상과 더 나은 자녀를 낳고자 하는 개인적 욕망이 결합된 형태로 하나의 문화가 되었다. 2부는 식민지 조선에 뿌리를 내린 우생학이 광복 이후에도 여러 분야에서 힘을 발휘하는 역사적 과정이 설명되었다. 과학자, 의료전문가, 정부의 관료들은 독립된 민족국가에게 있어 인구의 질 관리가 중요한 과제라 생각했으며, 이를 위해 우생학적 노력이 필요하다는 인식을 공유하고 있었다. 과학자들은 우생학적 사고에 기반한 과학지식을 생산했으며, 국가는 그것을 기반으로 '모자보건법'과 같은 법률과 '가족계획사업'과 같은 정책을 수립하고 실천했다. 이 과정에서 집단수용시설에 수용된 장애인들이 강제불임수술의 대상이 되었으며, 유전자 산전진단기술 도입과 함께 '기형아'를 피한다는 명목하에 임신중지수술이 사회적 문화가 되어갔다.

1부와 2부가 식민지 조선 또는 대한민국이라는 국가 내에서 우생학의 도입과 확산, 그리고 발전에 대해 살펴보았다면, 3부는 국제적인 시각에서 보다 역동적인 우생학적 담론과 실천을 살펴본다. 19세기 제국주의가 확산하던 시기 서유럽의 백인들은 식민화된 지역의 신체와 문명을 열등하게 인식하는 인종주의적 과학을 발전시켰다. 인종주의적 과학은 신체 측정 자료를 근거로 서유럽 백인보다 유색인종들이 열등하다는 과학을 발전시켰다. 하지만 인종주의적 과학은 19세기 말 산업화가 고도화되던 영국에서 열등한 백인들을 발견하기 시작했다. 1899년 보어 전쟁에서 우수한 영국 군대가 열등한 보어인에게 고전하고 있다는 보도는 영제국이 쇠퇴하고 있다는 우려를 불러일으켰고, 군대에 자원했다가 신체검사에서 부적격 판정을 받은 사람이 증가하고 있다는 위기의식이 확산되었다.* 한편 산업화와 함께 도시의 빈민이 증가하면서 영국 인종이 '퇴화'degeneration되고 있다는 우려까지 겹치며 자기 집단 내 열등한 부류를 제거하고 더 나은 인종을 만드려는 우생학이 탄생하고 발전하게 되었다. 이렇듯 인종주의와 우생학은 서로를 자양분 삼아 같이 발전해나갔다. 이러한 시기에 한센병은 인종주의적 과학에 의해 열등한 질병이 되었고, 한센인은 식민지인들에게 있어서도 민족 개량 프로젝트에 걸림돌이 되는 집단이 되었다. 광복 이후에는 냉전이라는 질서 속에서 수많은 혼혈아가 인종주의와 우생학의 복잡한 국제 정치의 한복판에서 해외로 입양되어 나갔다. 그뿐 아니라 정신장애인들과 여성들 역시 냉전 질서 속에서 국내에 흘러들어온 미국의 인종주의적이고 우생학적 정신의학의 영향으로 시설에 구금되기 시작했다.

한편 이전 장들의 주요 무대가 지식장이나 정책과 제도, 그리고 문화 영역이었다면, 3부의 주요 무대는 집단수용시설이다. 우생학은 단순히 생식을 통제하며 더 나은 인구를 만드는 프로젝트만을 의미하지 않는다. 집단수용시설은 우생학 지식의 실천 장이자 사회적 문제가 되는 집단을 배제하고 격리하는 사회 제도이다. 더 나은 인구를 만드는 것은 단순히 생식 기술에 개입하여 통제하는 것으로 끝나지 않는다. 민족 개량 프로젝트에 걸림돌이 되는 집단이 선별되어 사회적 문제로 낙인찍힌 후 집단수용시설에 격리되는 우생학적 사회 체계가 발전해왔다. 한번 집단수용시설에 격리된 집단은 죽을 때까지 갇히기도 하며, 여러 시설을 전전하며 그곳에서 빠져나오지 못하기도 한다. 그곳에서 빠져나온 이들은 집단수용시설에서 얻게 된 트라우마나 사회적 낙인으로 정상적인 사회적 관계 속으로 재진입하기가 극히 어렵다. 하지만 사회적으로 문제가 있다고 낙인 찍힌 모든 집단이 집단수용시설에 갇히는 것은 아니다. 여러 집단 중 자신의 목소리를 낼 수 없는 가장 약한 집단이 시설화되고, 반대로 한번 시설화된 집단은 사회적 발언권을 상실하고 권리를 박탈당한다. 집단수용시설이 사회적 약자를 위한 돌봄의 공간이 아니라 우생학적 공간이었던 이유는 실제로 제대로 된 돌봄이 존재하지 않았기 때문이다.

집단수용시설이 우생학적인 또 다른 이유는 그 안에서 성욕이 관리되고 재생산의 엄격한 금지가 이루어지기 때문이다. 집단수용시설에 갇힌 집단은 친밀한 관계를 맺거나 가족을 만들 권리와 재생산의 권리를 박탈당하게 된다. 집단수용시설에 갇힌 다양한 집단은 자신의 성욕을 통제할 능력, 건강한 자녀를 생산하고 양육할 능력이 없는 이들로 간주된다. 더군다나 일상생활이 엄격한 규율 속에서 통제되고, 집단생활로 인해 사생활이 전혀 보장되지 않는 공간에서 이성 또는 동성 간 친밀한 관계는 불가능하다. 이러한 공간에서 통제의 눈을 벗어나 사랑을 나누고 아이를 갖는 것은 자제력을 상실한 무책임한 행위라는 도덕적으로 비난받을 행위가 되었으며, 발각되면 강제 낙태 등의 처벌을 받을 수도 있었다. 즉 집단수용시설은 격리된 집단을 사회에서 배제하고 처벌하며 종국에는 재생산을 하지 못하도록 설계된 우생학적 장소이다.

3부에서는 이처럼 복잡한 인종주의적 국제 질서 속에서 집단수용시설이라는 우생학적 실천 수단이자 공간이 어떻게 작동했는지에 대해 살펴본다. 6장은 한센병이라는 질병이 인종주의적인 국제 질서 속에서 위험한 질병으로 간주되면서 식민지의 유색인종 환자 역시 격리되어야 할 위험한 집단으로 낙인 찍히는 역사적 과정을 보여준다. 인종주의적 의학이 일본을 거쳐 식민지 조선에 도입되면서 한센병 환자는 민족 개량에 걸림돌이 된다는 우생학적 담론과 실천의 대상이 되어갔다. 이들을 사회적으로 배제하고 통제하며 종국에는 절멸시키기 위한 중요한 우생학적 공간으로서 소록도자혜의원이 설립되었고, 광복 이후에는 비슷한 시설이 더 많이 만들어졌다. 이 장은 집단수용시설에의 수용 그 자체가 우생학적이라는 것을 보여준다. 7장은 한국전쟁 이후 증가한 혼혈아들이 사회적 낙인과 차별의 대상이 되었을 뿐 아니라, 해외입양의 대상이 되면서 인종주의적·우생학적 과학 지식의 대상이 되었음을 보여준다. 인종주의적 국제 질서 속에서 혼혈아의 몸에 대한 지식이 만들어졌고, 이들은 국내에서는 사회적 가치가 낮지만 해외입양에는 적합한 몸으로 정당화되었다. 8장은 한국전쟁 이후 미국식 정신의학을 도입한 의료전문가들이 전후 사회의 정신보건 영역에서 자신의 영향력을 확장해나가려 시도하는 가운데 여성의 몸을 대상화하는 과정을 보여준다. 이 과정에서 부랑부녀 수용시설인 서울시립부녀보호지도소는 정신보건 의료전문가들이 여성의 몸과 정신을 병리화하고 이들을 연구하며 통제하는 데 최적의 공간이었다.

김재형

김재형

국가에 소송을 제기한 한센인

조선총독부는 1916년에 전라남도 고흥군 끝자락에 있는 소록도에 한센병 환자 시설인 '소록도자혜의원'을 설치하고, 1917년부터 한센인을 격리했다. 그리고 조선에는 앞서 서양선교사들이 설립하고 운영했던 한센인 시설이 부산, 광주, 대구에 있었다. 광복과 1948년 대한민국 수립 이후에는 한센인 격리시설이 국립병원과 사립병원, 사립요양소 형태로 전국적으로 확산되었다. 시설 내에서 한센인들은 강제노역, 과도한 징벌과 폭력 등 다양한 인권침해를 받았는데, 그중 하나가 강제 단종수술과 낙태수술이다. 강제 단종수술이란 한센인이 자녀를 가질 수 없도록 남성의 경우 정관을 절제하는 것을 의미하고, 강제 낙태수술이란 여성에게 임신이 확인되면 강제로 낙태를 시키는 것을 의미한다. 오랫동안 전국의 한센병 시설에서 한센인에 대한 강제 단종과 낙태수술이 이어졌다. 단종과 낙태를 강제하는 것은 개인의 권리를 심각하게 침해하는 일임에도 불구하고, 2005년 국가인권위의 '전국 한센인 인권 실태조사'가 실시되기 전까지 대중에게 알려지지 않았다. 한센인들은 오랫동안 자식을 낳을 수 있는 권리를 박탈당하는 것을 운명이라 생각하며 살아냈고, 누구에게도 자신의 피해와 고통을 호소할 수 없었다.

오랫동안 피해를 가슴에 품고 살았던 한센인들은 2011년에서야 대한민국 정부를 상대로 피해보상 소송을 제기할 수 있었다. 일본 정부와의 소송을 대리했던 한국한센인권변호단이 2011년 원고인 피해 한센인을 대리하여 대한민국 정부를 피고로 민사소송을 제기했다. 이 소송은 대한민국 정부가 직접 관리했거나 지도했던 한센인 시설에서 의사, 간호사, 의료보조원 등에 의해 강제 정관절제수술이나 강제 인공중절수술을 당한 한센인들의 피해 보상을 대한민국 정부에게 요구하는 소송이었다. 같은 내용으로 2011년 10월부터 2015년 1월까지 총 여섯 건의 소송이 제기되었으며, 이 소송들에는 총 561명의 피해 한센인이 원고로 참여했다. 소송 과정 중에 수백 명의 한센인이 단종수술과 관련한 충격적인 사실들을 증언했다. 다음은 한국한센인권변호단 소속 변호사가 2012년 한센인 시설이었던 성좌원에서 강제 인공중절수술을 당한 권○○ 씨를 면담한 내용 중 일부이다.

성좌원에 가서 (1967년경) 남편을 만나 결혼을 하였습니다.
김○발 원장이 아이를 낙태시키지 않으면 퇴원을 시킨다고
했습니다. 그래서 강제로 퇴원이 되었습니다. 먹고살 수가
없어서 낙태수술을 ○○○ 장로에게서 받았습니다. 그런데도
김○발 원장이 다시 입원시키지 말라고 해서 입원도 되지 않
았습니다. 저를 수술을 시키기 전에 남편 단종수술을 시켰습
니다. 저희는 너무 억울한 것이 남편과 제가 둘 다 가족에서
혼자이기 때문에 너무 외롭습니다. 육체적으로도 아프지만
마음으로도 정신적인 피해를 많이 당하였습니다.[1]

여러 피해자 증언에 따르면 한센인에 대한 단종수술은 한
센인 시설 내 결혼을 전제로 한 것이었다. 소록도뿐만 아니라 대
부분의 한센인 시설에서는 남성과 여성을 분리해서 수용했는
데, 시설 당국의 허락을 받으면 결혼하여 같이 살 수 있었다. 하
지만 결혼을 위해서 남성은 반드시 정관절제수술을 받아야만
했다. 만약 정관절제수술을 피해 여성이 임신에 성공했다고 해
도, 임신 가능 연령대의 여성은 지속적인 감시를 받았기에 임신
이 발각되면 강제로 낙태수술을 받아야만 했다. 단종수술은 협
박과 폭력을 통해 이루어졌다. 시설 당국은 만약 단종수술을 받
지 않으면 소록도병원으로 이송한다거나, 퇴원을 시킨다는 등
의 협박을 통해 수술을 받도록 했고, 그래도 따르지 않으면 폭행
을 해서라도 강제로 수술을 시켰다. 한센인에 대한 사회적 낙인
과 차별이 강해 퇴원하면 갈 곳도 없고 생계를 이어나갈 방도가

없었기에 한센인들은 단종수술을 받아들일 수밖에 없었다. 다음은 성좌원에서 단종수술을 받은 안○○ 씨의 증언이다.

> 1975년 10월경, 30세에 피해를 당했습니다. 당시 김○발 원장님이 계셨는데 아이 하나라도 보이면 죽일 것처럼 했습니다. 약한 사람들이니까 가지면 안 되는 줄 알았지 왜 아이를 가지면 안 되는지 생각해보진 않고 원장이 시키는 대로 한 것뿐입니다. (중략) 애기 아빠도 몸이 안 좋고 저도 눈이 안 보이기 때문에 낙태수술 안 하고 나가서 살 생각은 못 해봤습니다. 지금도 있는지 모르겠는데 안동 이산부인과라는 곳에서 2,000원을 받고 낙태를 시켰습니다. 제가 다 부담을 했고, 올 때는 병원에서 차를 태워줬습니다. (중략) 제가 수술을 안 할 수도 있지만 그러면 성좌원에서 쫓겨나야 하니까 제가 하기 싫어도 어쩔 수 없이 한 것입니다. 누가 낙태를 하고 싶어서 하겠습니까. 남편도 단종수술을 당했습니다.[2]

원고인 피해 한센인의 증언은 대체로 비슷했다. 한센인 시설에서 부부생활을 하기 위해서는 남성이 반드시 단종수술을 받아야 했으며, 시설 당국 몰래 임신을 하더라도 발각되면 강제로 임신중절수술을 받아야만 했다. 강제 단종수술과 낙태수술은 시설 내 규정에 근거해 폭력적으로 이루어졌으나, 형식상으로는 당사자의 동의를 받았다. 소송이 시작된 지 2년 반경이 지난 2014년 4월 29일 광주지방법원 순천지원에서 최초로 원고 일부 승소 판결을 내렸고, 피고인 정부가 단종수술 피해자에게는 각 3,000만 원, 낙태 피해자에게는 각 4,000만 원의 보상액을 지불할 것을 판결했다. 이후 다른 단종 및 낙태 소송에서도 동일한 판결이 나왔으나 정부는 이를 인정하지 않고 계속 상고했고, 결국 2017년 2월 15일 대법원에서 원심을 확정하면서 모든 소송이 마무리되었다. 이 소송의 승리로 오랫동안 침묵했던 한센인의 피해가 공식적으로 인정되고 피해 한센인들은 보상을 받을 수 있었다. 소송 결과 한센인에 대한 단종과 낙태수술의 피해가 공식적으로 인정받고 정부의 책임이 분명해졌다는 성과가 났지만, 1933년부터 1990년경까지 약 60여 년 동안 인간의 기본권을 제약하는 우생학적 행위가 조직적으로 이루어질 수 있었던 이유는 제대로 설명되지 않았다. 일반적으로 우생학이란 열등한 유전적 소인을 갖는 집단의 재생산을 막아 전체 인구의 질을 향상시키는 것으로 정의할 수 있는데, 도대체 왜 유전병이 아닌 전염병에 걸렸거나 이미 완치가 된 이들에게까지 우생학적인 수술이 가해진 것일까?

인종주의에서 우생학으로

이러한 질문에 답하기 위해서는 우선 한센병의 간략한 역사와 함께 제국주의와 인종주의가 이 질병에 대한 인식을 어떻게 변화시켰는지를 먼저 살펴봐야 한다. 한센병은 중국에서는 기원전 4세기에 기록되는 등 고대로부터 존재했던 감염병이다.[3] 한센병은 전염성이 약하기에 전파가 다른 감염병에 비해 매우 느리지만, 꾸준히 수백 년에 걸쳐 세계 곳곳으로 확산되어 아프리카, 유럽, 인도 및 중국, 일본 등에서는 흔한 질병이 되었다. 하지만 한센병이 국제적으로 주목받기 시작한 것은 서구 제국주의가 본격적으로 확장하던 19세기부터였다. 이 시기는 제국주의 시기이자 인종주의가 득세하던 시기였다. 17세기부터 서구 유럽 백인들은 전 세계 인구 집단을 피부색 등 생물학적 특징을 기준으로 '인종'이라는 이름으로 분류했다.[4] 인구를 인종으로 분류하는 작업은 과학이라는 이름으로 진행되었다. 이러한 인종주의적 과학에 근거해 점차 인간을 백인종, 흑인종, 황인종 등으로 구분할 수 있으며, 각 인종은 신체적·정신적·문화적으로 다른 특징을 갖고 있다는 것이 보편적인 지식이 되어갔다.

이러한 인종화 과정은 다른 인종에 대한 서구 유럽 백인들의 편견이 깊숙이 개입되는 비과학적인 것이었지만 과학의 언어로 발전했다. 예를 들어 스웨덴의 박물학자 카를 폰 린네Carl von Linné는 1735년에 출판된 『자연의 체계』Systema Naturae에서 인간을 유럽인, 아메리카인, 아시아인, 아프리카인으로 분류했는데, 후자로 갈수록 지적이고 도덕적인 능력은 유인원에 가까워진다고 주장했다.[5] 이러한 사고는 점차 우월한 인간 집단과 열등한 인간 집단이 있다는 식으로 확장했으며, 이러한 인종주의적 사고와 과학은 19세기 제국주의의 성장과 함께 더욱 발전했다. 각 인종이 서로 다른 특징이 있으며 우월함과 열등함으로 구분할 수 있다는 인식과 지식은 감염병에 대한 지식 및 실천

3부 격리되고 배제된 이들

과 결합했다. 제국주의는 다양한 인구 집단의 국제 이주를 촉진했고 이 과정에서 다양한 감염병이 인구를 따라 다른 지역으로 확산했다. 예를 들어 하와이 등의 태평양 군도에 확산하던 여러 감염병으로 인해 이 지역 원주민들의 사망률이 급증했다.[6] 서구 유럽 백인들과 이들이 노동력으로 데려온 아시아인들은 결핵, 두창, 매독, 한센병 등의 감염병도 가져왔는데, 이 지역 원주민들은 이 감염병들에 면역력이 없었다. 또한 유럽인들의 착취로 인해 경제적·사회적 지위가 하락한 원주민들은 이러한 질병에 더욱 취약했고 그 결과 원주민 인구는 급감했다. 하지만 백인들은 제국주의적 착취의 맥락을 소거하고 원주민 인구 급감의 원인을 그들의 신체적 열등함과 도덕적 결핍 등 야만성으로 돌렸고, 이를 과학의 언어로 정당화했다.

이렇듯 유색인종의 신체적·문화적 열등함과 감염병을 연결시키는 인종주의적 사고방식은 한센병의 사례에서도 발견할 수 있다. 19세기 말 미국 의회에서는 하와이를 미국으로 병합할지 논의하는 과정에서 미국의 확장을 지지하는 제국주의자들과 미국의 인종적 우수성을 지키려는 인종주의자들 간의 논쟁이 있었다.[7] 열등한 식민지 유색인종에게 우수한 백인에게만 부여하는 미국 시민권을 부여하는 것이 미국 문명의 쇠퇴를 가져온다고 주장하는 인종주의자들의 주장에 맞서 제국주의자들은 하와이 인구의 다수는 이미 유럽 이주민들로서 그들은 백인으로서 우수한 특징을 갖고 있다고 주장했다. 또한 제국주의자들은 이주민 중 포르투갈인들은 피부색은 상대적으로 어둡지만 유색인종이 잘 걸리는 한센병에 잘 걸리지 않는다는 의학적 지식을 동원해 이들을 백인이라 간주할 수 있다고 주장했다. 한센병에 대한 인종주의적 지식과 태도, 실천은 다른 지역에서도 비슷하게 등장했다. 남아프리카공화국이나 호주, 뉴질랜드처럼 유럽인들이 건너가 정착한 지역에서도 자신들의 인종적 순수성을 지키고 비문명성을 제거하는 데 한센병 통제는 중요한 요소로 인식되었다.[8]

이 시기 노르웨이에서는 한센병과 관련한 과학 지식이 발전하고 있었다. 노르웨이의 의사인 게르하르 한센Gerhard Henrik Armauer Hansen은 1873년 한센병을 발생시키는 박테리아를 현미경으로 발견했고, 다음 해에 이 박테리아가 한센병의 원인균이라는 논문을 출판했다. 한센은 이러한 과학 지식에 근거해 한센인에 대한 격리법안을 제안했고, 1877년과 1885년 한센인을 가족과 마을 공동체로부터 분리시키고 격리시설로 들어갈 수밖에 없도록 만드는 법안이 만들어졌다. 하지만 한센병이 병균에 의해 감염되는 병이라는 새로운 과학 지식은 이 질병에 대한 인종주의적 과학을 약화하기보다는 다른 방식으로 강화했다. 이제 한센병은 유색인종들만 걸리는 질병이 아니라 백인도 걸리는 질병이 되면서 한센병으로부터 백인과 그들의 지역인 유럽과 미국을 보호하는 것이 중요해졌다. 특히 영국인들은 세계 여러 지역에 위치한 자신들의 식민지로부터 한센병이 유입될지 모른다는 두려움에 휩싸였다. 영국 성공회 목사인 헨리 라이트Henry Wright는 1889년 출판한 자신의 책에서 대영제국이 한센병이라는 커다란 위험에 직면해 있으며, 이를 막기 위해서는 식민지의 한센인을 격리해야 하며 유병률이 높은 식민지의 유색인종이 영국에 이민하는 것도 금지해야 한다고 주장했다.

순수한 유럽과 미국을 보호해야 한다는 생각은 식민지의 질병과 유색인종 환자를 강하게 통제해야 한다는 지식과 제도로 이어졌다. 프랑스의 의사인 줄리어스 골드슈미트Julius Goldschmidt는 영원히 문명화되지 않을 중국인들은 한센병 등을 옮기는 존재이므로 이들의 국제 이주를 막아야 한다고 주장했다.[9] 미국의 의사인 알버트 애쉬미드Albert Ashmead도 아시아뿐만 아니라 노르웨이의 한센병이 미국 본토에 퍼지지 않도록 이 지역에서 이주민을 받지 말아야 한다고 주장했다.[10]

한센병을 억누르고 예방하는 것은 격리라는 수단으로 질식시켜 죽이는 것으로만 실현될 수 있다. 우리는 정부의 동의에 따라 완벽한 강제격리가 성취되기를 바란다. 우리는 이러한 필수적인 정책이 어느 곳에서든 엄격하게 수용되길 바라며, 격리와 수반되는 모든 결과, 의무, 노력과 함께 격리의 원칙이 실현되기를 바란다.

이들은 한센병을 통제하여 유럽과 미국을 보호하는 방법을 모색하기 위한 국제회의가 필요하다는 데 동의했고, 노르웨이 한센과 함께 1897년 독일의 베를린에서 제1차 국제나회의를 개최했다. 하지만 국제나회의에서는 복잡한 인종주의 정치가 발생했고, 그 결과 유색인종의 이주를 제한하기보다는 한센인에 대한 강제격리를 강조하는 결의안이 만들어졌다. 한센병 유병률이 높았던 노르웨이 이주민의 이주를 금지할 경우 노르웨이의 국제적 이미지가 크게 훼손될 것이 분명했기 때문이었다. 즉 한센인에 대한 강제격리란 유병률이 높은 식민지에서 한센인에 대한 통제를 강화함으로써 유럽과 미국을 보호하는 인종주의적 공중보건 제도의 성격을 가졌다.

그렇다면 한센인 강제격리라는 인종주의적 공중보건 제도가 일본이나 조선과 같은 유색인종 지역에 도입되면 그 지역은 어떠한 변화를 경험하게 될까? 당시 탈아입구脫亞入歐, 즉 아시아를 넘어서 서구와 대등해지고 싶은 욕망을 품던 일본에게 자국의 높은 한센병 유병률은 매우 부끄러운 것이었다.[11] 즉 인종주의가 강고했던 당시 국제질서 속에서 문명국의 위상을 갖고 서구 국가들과 어깨를 나란히 하고 싶었던 일본에게 서양인들이 자국의 상황을 비위생적이고 비문명적인 것처럼 묘사하는 것은 참기 힘들었다. 제1차 국제나회의가 개최된 지 2년 후인 1899년 일본 국회에서 「나병환자 및 거지 단속에 관한 질문」을 통해 한센인이 일본제국의 위세를 약하게 하는 중대한 문제라는 주장이 제기되었다. 문명국이 되기 위해 강제격리라는 인종주의적 규범과 제도를 받아들이는 과정이 시작된 것이다. 1902년에는 「나병환자 단속에 관한 건의안」이 제출되었으나 통과되지 못했다가 1906년 법의학자이자 중의원 의원이었던 야마네 마사쓰구山根正次가 「나예방법안」을 제출했다. 이 법안

3부 격리되고 배제된 이들

은 수정되어 1907년「나예방에 관한 건」이라는 이름으로 통과 되었다. 이 법을 근거로 부랑 한센인을 격리하는 5개의 격리시 설이 전국에 만들어졌고, 일본 정부는 1909년부터 강제격리를 시작했는데, 퇴소 규정이 없었기에 격리된 부랑 한센인은 죽을 때까지 격리당하게 되었다. 한센병과 관련해 뚜렷하게 차별할 인종이 없었던 일본은 한센병에 걸린 자국민을 백인이 유색인 종 환자를 다루는 것보다 더욱 엄격하게 통제했다. 이것은 민족 내 열등한 집단에 대한 통제를 통해 더 나은 민족과 국가를 건설 할 수 있을 것이라는 우생학적 사상 및 실천과 연결된 행동이었 다. 이렇듯 인종주의적 지식과 제도는 일본에 들어오면서 우생 학적인 것으로 변화했고, 일본은 식민지 조선과 대만에 인종주 의적이며 동시에 우생학적인 지식과 제도를 이식했다.

유연한 우생학

하지만 한센인에 대한 당대의 사회적 인식과 지식, 제도가 인종 주의적이거나 우생학적이었다 하더라도 한센병이 병균에 의 해 전파되는 감염병이라는 과학 지식이 인정된 상황에서 어떻 게 단종수술이 가능했던 것일까? 전근대기 중국과 조선에서는 한센병을 같은 혈통 내에서 후손들에게 이어지는 일종의 유전 병이라 생각했다. 하지만 이러한 유전설은 풍수나 여러 미신과 결합한 저주와 같은 것이었기에 이를 막기 위해서는 자녀를 생 산하지 못하도록 하는 것보다는 주술적인 의식을 동원해야 한다고 생각했다.[12] 노르웨이에서도 한센이 한센병균을 발견하기 전 당대 한센병 연구의 최고 권위자인 다니엘 다니엘센Daniel Cornelius Danielssen의 동료인 칼 부크Carl Boeck는 한센병이 유전병일 가능성이 크다고 주장했다. 이러한 과학적 지식에 근거해 노르웨이 의회에서는 한센인과 그들 자녀까지도 성행위와 결혼을 금지하자는 법안이 제출되어 논쟁이 이루어졌으나, 결국 결혼 금지는 시민권을 침해하는 중대한 사안이라는 주장이 받아들여져 폐기되었다. 그리고 한센의 한센병균 발견으로 유전설은 19세기 말이 되면 그 힘을 완전히 상실한다. 이러한 이유에서 일본과 한국, 대만에서 발생한 한센인에 대한 단종수술은 일반적인 유전설과는 관계가 없는 것이다.

애초에 인구 집단을 우월하거나 열등한 것으로 엄격하게 분류하는 작업이나, 열등하다고 낙인찍힌 집단을 완전히 제거하는 것은 불가능하기에 우생학에는 명확한 기준이 존재하지 않으며, 다양한 상황과 사례에 적응하기 위해 여러 사회적 자원들을 동원한다. 1909년 일본 공립나요양소인 젠쇼엔全生院 원장으로 부임한 미츠다 겐스케光田健輔는 1915년부터 한센인의 자식 생산을 막아야 한다고 주장하며 남성 한센인에 대한 단종수술을 시작했다.[13] 미츠다 겐스케는 한센인에 대한 단종수술의 필요성에 대해 다음과 같이 주장했다.[14] 첫째, 그는 한센병에 걸린 여성이 임신하고 출산하게 되면 이미 질병으로 약해진 신체를 더욱 손상하기에 결국 병세가 악화된다고 생각했다. 즉 환자인 모체의 병세 악화 때문에 임신과 출산을 금지해야 한다는 것

이었다. 둘째, 한센인 부모로부터 잉태된 태아나 출생한 아이가
한센병에 전염될 위험성이 지적되었다. 한센인을 부모로 둔 아
이들은 그렇지 않은 아이들보다 질병에 감염될 가능성이 크게
높으며, 이미 이들은 "병적 정자", 즉 질병에 걸린 부모로부터
출산되었기에 "건강한" 아이들보다 허약해질 가능성이 크다는
주장이었다. 먼저 한센인 자녀가 한센병에 걸릴 가능성이 크다
는 주장은 근거가 있는 것이었다.[15] 한센병은 전염성이 약해서
장기간 밀접 접촉을 통해 감염되는 특징을 갖기에 주로 가족 내
에서 연장자로부터 연소자로 감염이 일어난다. 이러한 이유에
서 과거에는 이 질병을 유전병으로 오해했다. 하지만 한센인 자
녀를 감염으로부터 보호하기 위한 다양한 방법이 있었음에도
단종수술이라는 극단적인 방법을 사용했다는 것은 문제가 된
다. 예를 들어 필리핀 쿨리온Culion 요양소 같은 곳은 자녀를 부
모로부터 분리한 다음 별도의 시설에서 양육시켜 질병으로부
터 감염을 예방했다. 감염의 가능성만으로 부모의 양육권을 박
탈하는 방식도 여러 문제가 있었지만, 애초에 질병에 걸렸다고
자녀를 생산하지 못하도록 하는 것은 더 심각한 문제였다. 다음
으로 환자가 "병적 정자"를 갖고 있기에 그들 자녀는 약하다는
것은 과학적 근거가 없는 우생학적 편견이었다.

또한 미츠다 겐스케는 격리된 한센인은 자녀를 양육할 능
력이 없으며, 한센인 격리시설에서도 이 아이들을 보호하고 양
육할 만한 능력이 없다는 것을 근거로 들었다. 그가 단종수술이
필요한 마지막 근거로 든 것은 한센인 혈통 근절의 필요성이었

다. 이는 미츠다 겐스케가 국회나 정부를 설득할 때 주로 사용했던 논리였다. 그는 한센병과 한센인을 일본 민족 정화에 있어 "커다란 장애물"이라 간주했고, 그래서 이들은 지구상에서 말살되어야 한다고 주장했다. 즉 일본 민족이 문명국가로 거듭나기 위해서는 한센인과 같은 민족 내 열등한 집단을 제거하는 것이 필수적이며 단종수술은 이를 위한 중요한 수단이라는 것이다. 미츠다 겐스케는 이러한 여러 이유를 들며 한센인에 대한 강제격리와 단종수술을 역설했으며, 이를 실제로 실행하고 한센병 정책에도 반영되도록 노력했다. 일본의 한센인 요양소에서는 이러한 단종수술이 1990년대까지 철저히 이루어졌고 그 결과 일본 한센인의 대다수는 자녀가 없다.

일본의 한센인에 대한 단종수술이 식민지 조선에 실행된 것은 1933년에서였다. 흥미로운 것은 단종수술이 조선총독부가 설립한 소록도자혜의원이 아닌 서양 선교사들이 설립하고 운영했던 여수 애양원에서 먼저 시작되었던 것이다. 일본과 일본의 식민지를 제외하고 한센인에 대한 단종수술은 어느 곳에서도 이뤄지지 않았다는 점에서, 여수 애양원의 단종수술은 특이하다. 여수 애양원의 원장이었던 로버트 윌슨Robert Wilson은 오랜 낙인과 차별에 시달리는 데다가 격리되어 완치되는 데까지 오랜 치료를 받아야만 하는 한센인들이 낙담하고 절망하여 치료를 포기하는 일들이 발생하는데, 가족을 꾸릴 수 있다면 이들에게 삶과 치료의 희망을 줄 수 있다고 생각했다. 하지만 윌슨 역시 격리되어 치료와 보살핌을 받는 한센인이 자녀를 갖는 것은 적절하지 못하다고 생각했기에 절충안으로 단종수술을 전제로 한 결혼 제도를 만든 것이다.[16] 윌슨은 한센인 부부가 한센인 고아를 입양하는 것은 적극 권장했는데, 이것은 가족이 이성애 부부와 자녀로 구성된다는 전통적인 사고에서 비롯된 것이었다. 윌슨의 가족 구성과 단종수술에 대한 생각은 모순적이었는데, 고아의 입양을 권장하는 것은 한센인이 아이를 양육할 능력이 있음을 스스로 인정하는 것이기 때문이다.

과연 한센인은 시설 내에서 치료와 보살핌을 받는 아이를 양육할 만한 어떠한 능력도 없는 존재였을까? 한센인 시설은 언제나 좁은 공간에 많은 인원이 격리되어 있었으며, 만성적인 예산과 인력 부족에 시달렸다. 그렇기에 시설 내 건물을 짓고 관리하는 작업부터 한센인 치료와 돌봄 역시 대부분 한센인이 담당했다. 격리당한 한센인의 노동이 없다면 한센인 시설은 운영될 수 없는 것이었다. 시설 당국은 이러한 노동에 대해 임금을 지불하지 않거나 터무니없이 낮은 임금을 지불했다. 그러면서도 한센인은 노동할 능력이 없다는 담론과 논리는 이들의 격리뿐만 아니라 단종수술을 정당화했다. 주의할 것은 한센인이 노동과 양육을 수행할 능력이 있기에 단종수술을 받은 것이 부당하다고 주장하는 것이 아니라는 점이다. 개인의 재생산권을 노동과 양육의 능력을 기준으로 제한하려는 것 자체가 문제인데다가, 그렇게 만들어진 기준은 능력의 유무와 무관하게 사회적 약자들에게 무분별하게 적용된다. 즉 특정 집단을 사회적으로 배제하거나 제거하기 위해 다양한 우생학적 논리들이 만들어진다.

소록도는 여수 애양원보다 상대적으로 늦게 단종수술이 시작되었으나 그 강도는 더욱 높았다. 더 많은 한센인을 수용하기 위해 소록도자혜의원은 1933년부터 1938년까지 확장 공사를 시작했고 그 결과 수용된 환자 수는 1,000여 명에서 6,000여 명으로 증가했다. 한편 1934년 소록도는 도립병원에서 국립병원으로 승격했으며, 같은 해 소록도갱생원으로 명칭이 바뀌었다. 나아가 1935년 4월 20일 모든 한센인의 절대종신격리 등 통제를 강화하는 '조선나예방령'이 공포되었다. 소록도가 확장되는 상황 속에서 1936년 소록도갱생원 당국은 단종수술을 전제로 한 부부생활을 허락하는 정책을 시작했다.[17] 제한된 공간에 많은 이가 격리된 시설에서 수용자의 질서를 유지하기 위해서는 전문적인 지식과 기술, 물리력이 필수적이다. 자신의 의사와 무관하게 강제로 끌려와 격리된 한센인들이 열악한 환경과 강도 높은 노동이 강제되는 데 큰 불만을 가지는 것은 쉽게 상상할 수 있는 일이다. 시설 당국이 남성과 여성을 분리 수용하고 이성 교제 등을 허락하지 않은 것도 한센인에게는 불만과 스트레스의 원인이었다. 그렇기에 무작정 이들의 성욕을 억누르는 것은 한센인의 통제와 시설 질서 유지에 도움이 되지 않는 일이었다. 한편으로는 강력한 처벌을 통해 억압적으로 한센인을 통제하고, 다른 한편으로는 단종수술을 조건으로 부부생활을 허락하여 성욕을 해소시키고 정서적 안정감을 제공함으로써 소록도 질서를 유지하려는 성욕 관리의 정치가 실천되었다. 하지만 단종수술이 단순히 성욕 해소를 통한 소록도 질서 유지를 위

　　　　　　　　　　　3부　격리되고 배제된 이들

해서만 실시된 것은 아니었다. 원장의 징계검속권하에서 소록도의 규정을 따르지 않는 남성 한센인에 대한 추가적인 처벌 도구로서 단종수술이 이용되었다. 의사나 직원의 지시에 따르지 않는 한센인은 감금실에 구금되는 등 처벌을 받았고, 처벌이 끝나면 추가적인 징벌로서 단종수술을 받았다.

이렇게만 본다면 당대 일본과 달리 식민지 조선에서는 단종수술이 노동이나 양육 능력이 없는 이들의 성욕을 관리하여 질서를 유지하기 위한 것이지, 일본처럼 이들의 혈통을 제거해 국민의 질을 향상시키려는 목적으로 이루어진 것은 아니었던 것처럼 보인다. 하지만 시설 바깥의 담론과 사회 분위기를 보면 조선에서도 일본과 비슷하게 이들의 혈통을 제한하기 위해 단종수술을 실시되었음을 알 수 있다. 1927년 당시 총독부의원 원장이었으며 이후 경성제국대학 초대의학부장과 총장을 지낸 시가 기요시志賀潔는 한센인에 대한 단종수술을 주장했다.[18] 그는 "나병환자 절멸책에 대해서는 예전부터 연구도 하고 상당한 의견도 있으나 가장 좋은 방법은 거세를 하여 유전을 못 하게 하는 것이다. 그러나 이것은 인도상 문제이니 쉽게 채용할 수는 없으나 그렇다고 현재 조선인에 3만 명가량의 환자가 있을 뿐만 아니라 더욱 증가되는 상황이니 거세의 법률이라도 제정하여 근멸을 하지 않으면 장래에 무서운 결과가 올 것이다"라고 주장했다. 시가 기요시의 이러한 발언은 『동아일보』에 "나병 근절은 거세 외 무도리: 거세로써 유전방지"라는 제목으로 소개되었다.

총독부의 일본인뿐만 아니라 조선인들도 단종수술로서 한

센인 혈통을 절멸시켜야 한다고 주장했다. 1930년 당시 저명한 의학박사였던 정태석은 '의학상으로 본 산아제한방법론'이라는 글을 『별건곤』이라는 잡지에 기고했다.[19] 그는 "이 영구적 피임법으로서는 일생 동안 또 다시 임신을 할 수 없게 하는 방법이 (있)다. 한편 이 방법을 실시한 후에는 또 다시 후일에 암만 자녀를 기다려도 쓸데없는 것이니 이 방법을 취하게 되는 자들은 대개 악질인 유전성 질환, 즉 나병, 정신병, 매독, 결핵병 등 질병이 있는 자에게 적용이 되나니 남자는 거세, 수정관절제법에 있고, 여자는 나팔관 결자법, 난소 적출 또는 X광선으로서 난소 고환의 기능을 파괴시키는 방법이다"라고 주장했다.

　　1920년대 식민지 조선의 일본인 전문가, 관료, 그리고 조선인 전문가들도 한센병이 유전병이 아니라 전염병임을 알고 있었음에도 왜 한센병의 유전설과 이에 근거한 단종수술 논의가 지속된 것일까? 이를 이해하기 위해서는 1920년대부터 식민지 조선에 소개된 우생학과 우생사상에 대해 살펴봐야 한다. 1920년대 초반부터 언론 등에 의해 조선에 소개되었던 우생학은 조선의 개화 지식인 사이에 광범위하게 퍼졌고, 1930년을 기점으로 사회적으로 확장되었다.[20] 이전에 질병과 무관한 것으로 여겨졌던 소년범죄 역시 이 시기 점차 정신적이며 우생학적 문제로 인식되었고, 이들을 통제하는 우생학적 조치들이 논의되기 시작했다.[21] 한편 1930년대 중반, 당시 일본에서 논의되었던 국민우생법이 소개되고 영향을 미치면서 조선에서도 우생법이 필요하다는 주장을 조선 지식인들이 하기 시작했다. 이에

1933년 9월 14일 윤치호 등의 조선 지식인이 '조선우생협회'를 설립하고 우생학적 사상을 확산하고 우생법의 도입을 적극적으로 추진했다. 이들은 미국과 독일에서의 우생법과 단종수술의 사례를 예로 들면서 "살인강도의 범인으로 그 악성질을 유전할 듯한 사람, 정신광증, 유전적 척수병, 조발성 백치증 등 악질을 유전할 듯한 사람, 또는 유전성불구, 결핵, 나병 등 중증자로 불정성아밖에 못 날 사람들에게는 명령으로써 수술을 하고 만일 잘못하여 애를 밴 경우에는 법의 심판을 거쳐 낙태를 시키자"고 주장했다.[22]

한센병이 균에 의해 전파되는 전염병이라는 확실한 과학적 지식에도 불구하고 의사나 전문가들이 유전병 또는 유전적 요인이 개입한다고 주장했던 것은 이 질병이 민족의 열등함을 표상한다는 인종주의적 인식에서 비롯된 것이었다. 그렇기에 이 질병과 환자를 절멸시키고자 하는 민족적 욕망이 선행하고 이를 정당화하기 위해 우생학적 논리가 개발된 것이다. 이러한 논리 중 하나가 당대 유행했던 체질유전설이다. 체질유전설은 조선에서는 체질인류학이라는 이름으로 제도화되고 연구되었는데, 기본 가정은 병에 대한 특정한 체질, 즉 질병감수성은 유전된다는 것이다.[23] 질병이 발병하는 과정에 체질이라는 요소가 중요한 역할을 한다는 지식은 한센인에 대한 우생학적 태도를 정당화했다. 즉 한센병 자체가 유전된다는 생각은 사라졌지만, 한센인은 한센병에 걸리기 쉬운 체질을 가지고 있으며 그 체질은 유전되기에 한센병을 절멸시키기 위해서는 한센인을 절멸시켜야 한다는 것이다. 한센인에 대한 단종수술을 정당화하는 여러 논리를 자세히 살펴보면 한센병은 열등한 인종 내에 만연하다는 인종주의적 생각이 선행하고, 더 우월한 인종이나 민족이 되기 위해선 내부의 열등함을 제거해야 한다는 우생학적 실천과 논리가 뒤따른다는 것을 알 수 있다. 그리고 인종주의적·우생학적 목표를 정당화하는 논리는 다양한 상황에 맞춰 유연하게 발전하고 적용된다.

새로운 민족국가 만들기와 우생학

민족 내 열등한 집단의 제거라는 사회적 열망에도 불구하고 식민지 조선에서 우생법의 제정과 이에 근거한 단종수술은 실현되지 못했다. 하지만 우생학적 담론은 사회적으로 만연했고, 우생학적 실천은 한센인 시설에서 횡행했다. 이러한 상황은 1945년 광복 이후에도 지속되었다. 1945년 8월 이후 소록도갱생원 등 한센인 격리시설은 큰 변화를 맞게 되었다. 일제시기 소록도갱생원의 열악한 환경과 강력한 통제, 처벌을 유지했던 일본인 원장과 의사, 직원들이 사라지자 그동안 억눌렸던 한센인들의 불만이 터지기 시작했다. 또한 광복 후 혼란한 정국 속에서 약품이나 식량 등의 물자 공급 역시 원활하지 않으면서 많은 한센인이 소록도를 떠나 사회에서 부랑하기 시작했다. 1946년 한 해 동안만 거의 1,000명의 한센인이 시설을 떠났다. 1930년대 중반부터 절대격리 정책으로 인해 사회에서 보기 힘들어진 한센인이 광복 이후 갑자기 집단을 이루어 돌아다니기 시작하자 부랑 한센인은 중요한 사회문제이자 보건문제로 부상하게 되었다. 미군정청의 보건후생부를 중심으로 부랑 한센인에 대한 대대적인 단속과 격리가 실시되었고 그 결과 1947년 소록도갱생원의 수용 한센인 수는 역대 최대인 6,254명에 이르게 되었다.

이러한 혼란 속에서 1945년 9월 21일 소록도갱생원에 최초의 한국인 원장인 김형태가 부임했다. 김형태 원장은 일제의 강압적 통제를 지양하고 한센인을 위한 관리로 전환을 시도했다. 김형태 원장이 부임한 이후부터 퇴임한 1948년까지 소록도갱생원에서는 단종수술이 폐지되었고, 이로 인해 해방 후 3년 동안은 매월 평균 8명의 신생아가 출생했다.[24] 하지만 1947년부터 한센인에 대한 강제격리 정책이 다시 시작되고, 1948년 김형태 원장이 경질되고 대신 일제시기 소록도갱생원에 근무했던 김상태 원장이 부임하면서 다시 엄격한 통제와 함께 단종수술이 시작되었다. 1948년부터 환자지대와 직원지대의 경계선과 감시소가 일제시기와 마찬가지로 다시 설치되었고, 한센인을 감시, 통제하는 교도과가 만들어졌다. 단종수술도 재개되어 1949년부터 1957년까지 총 1,151명의 남성 한센인이 정관절제 수술을 받았다. 그 결과 소록도 내 출생아 수는 1950년부터 1953년까지 4년간 총 12명에 불과할 정도로 급감했다. 이 시기 김상태 원장의 엄격한 통제와 단종수술 정책으로 인해 한센인의 불만이 점차 증가하게 되었고, 이에 한센인들은 조직적 저항을 전개했다. 김상태 원장은 1953년 비리 사건으로 물러나게 되었고 1954년 손수경 원장이 부임하면서 한센인들을 달래기 위해 통제정책과 함께 단종수술도 완화되었다. 하지만 소록도 갱생원의 질서가 비교적 안정되자 1957년부터 단종수술이 다시 강화되었다.

광복 직후부터 1950년대까지 소록도갱생원 단종수술 정책의 변화 과정을 살펴보면 이를 둘러싼 복잡한 우생학 정치가 보인다. 우생학적 실천을 위해서는 그 대상이 완전히 힘을 상실하여 저항할 수 없는 상태가 되어야 한다. 여기에는 물리적 수단들이 필요한데, 예를 들어 격리된 공간, 외부와의 단절, 저항을 억누를 수 있는 폭력적 통제가 필요하다. 폭력에 기반한 시설 내 질서와 규칙 속에서 단종수술을 거부할 방법은 존재하지 않았다. 단종수술을 거부하거나 몰래 연애하다 발각되면 구타와 강제 단종수술이 뒤따를 뿐이었다. 폭력에 기반한 단종수술은 소록도가 아닌 다른 한센인 시설에서도 상황이 비슷했다. 하지만 한센인들은 이러한 상황을 수동적으로 받아들이지 않았으며 여러 방식으로 저항했다. 소극적으로는 직원이나 수술을 담당하는 한센인에게 돈을 쥐어주고 단종수술을 피하거나 정관을 절제하는 것이 아닌 묶는 수술을 받는 방법을 취했다. 정관을 묶으면 자연적으로 풀리기도 하고, 나중에 정관을 푸는 수술을 받으면 다시 기능을 복원할 수 있다고 믿었으며, 실제로 단종수술을 받았으나 이후에 자녀를 생산한 한센인들도 있었다. 적극적으로는 단종수술을 강제하는 소록도 당국에 조직적인 저항을 하기도 했다. 김상태 원장의 강압적 통제와 비리를 성명서와

신문 기고 등을 통해 외부에 알리는 방식으로 저항했다. 그 결과 김상태 원장은 경질되었고, 한동안 단종수술의 강도는 약해졌다. 즉 폭력에 기반한 질서 유지와 이에 대한 저항의 상호작용 속에 단종수술의 수준이 결정되었다. 하지만 소록도 내에서 한센인의 저항은 한계가 있었고 결국 1957년부터 소록도의 단종수술은 다시 강화되어 유지되었다.

한센인 시설 내에서 우생학적 실천은 시설 내부의 폭력에 기반한 것이었지만 그것만으로 설명되지 않으며, 시설 바깥인 사회에서의 우생학적 담론과 실천을 고려해야만 더 잘 이해할 수 있다. 우생학적 실천을 위해 대상을 무력화하려면 그에 대한 사회적 동의가 선행되어야만 하기 때문이다. 예를 들어 광복 직후 일본인 직원이 사라진 상황에서 소록도의 통제권을 놓고 한센인들과 조선인 직원 및 의사 사이의 갈등이 발생하자, 육지인 고흥의 조선인 치안대가 소록도로 들어와 한센인 지도자 84인을 학살한 사건이 발생했다.[25] 1945년 8월에 발생한 이 사건에 대한 조사나 가해자 처벌은 이루어지지 않았다. 84인 학살 사건이라 불리는 이 사건은 소록도 내에서 물리적 저항이 불가능하다는 것을 한센인에게 각인시키는 효과를 가져왔다. 또한 이 사건은 소록도 내에서 한센인의 물리적 저항이 발생할 때 시설 바깥의 사회가 개입할 수 있다는 것을 의미했다. 광복 이후부터 1950년대 내내 시설 바깥의 한센인 정착 마을은 주변 지역의 비한센인으로부터 물리적인 공격을 받았고 이 과정에서 많은 한센인이 다치거나 목숨을 잃었다.

하지만 한센인에 대한 시설 내외부의 폭력은 우생학적 실천을 위한 수단이었으며, 더욱 중요한 것은 논리와 담론, 그리고 그것에 기반한 제도화에 있었다. 광복 이후에도 우생학은 힘을 발휘했다. 일제시기 만들어진 조선우생협회는 1946년 '한국민족우생협회'로 명칭을 바꾸고 활동을 지속하며 우생법의 입법화를 위해 노력했다.[26] 정부에서도 한센인에 대한 단종법안 제정이 논의되었다. 1952년 정준모 보건부 차관이 국무총리 비서실에 보내는 보고서에는 보건부가 늘어나는 부랑 한센인 및 재가 한센인의 문제를 해결하기 위해서는 관리 시설을 확충하고 "국민우생법을 제정함으로써 성년 남환자의 거세를 단행하여 생산을 방지하는 대책도 연구"중에 있다고 밝히고 있다.[27] 1959년 12월 9일 국회예산결산위원회에서도 당시 자유당 소속 조광희 위원이 손창환 보건사회부장관에게 "나병환자에 대한 단종법안에 대해서 구상하고 있는가?"라고 질문했고, 이에 손창환 보건사회부장관은 "나병환자에 대한 단종법이 필요하다는 점에 동감이며 앞으로 외국의 예를 참고로 연구하겠다"고 답했다.[28] 초대 보건부 차관이었던 이갑수는 1957년 『동아일보』 인터뷰 기사에서 "나병환자"로 인해 국가와 사회가 부담을 지기 때문에 이들을 우생정책으로 관리해야만 한다고 주장했다.[29]

이(갑수) 씨는 한때(1949년부터 1년 6개월간) 보건부 차관을 역임한 바도 있는데 그는 지금도 차관 당시 '우생법령'을 제정하지 못한 것을 후회하고 있다. 우리 민족이 '후진'이라는 오명을 벗고 우수한 민족이 되려면 우리가 결혼 때부터 우생학적인 견지에서 해야 한다는 것이다. (중략) 자기가 차관 당시 '보건부' 예산의 6할가량이 '나병환자수용소'를 위해서 소비되었다는 점을 지적하고 이러한 현상은 오로지 '우생정책'으로서만이 해결해야 할 것이라고 하면서 오늘날 나병환자가 날로 늘어가고 있음을 개탄해 마지않는다.

이갑수의 인터뷰 기사는 많은 정보를 제공하는데, 첫 번째는 건국 직후 정부 내에서 더 우월한 민족국가를 만들기 위해 우생법안을 제정하려는 움직임이 있었다는 것이고, 두 번째는 우생법안의 제정 논의의 중심에 한센병과 한센인 문제가 있었다는 것이다. 1948년부터 1958년까지 한센병 관리에 들어가는 국가 예산을 살펴보면 보건사회부 총예산 중 보건비가 차지하는 비중은 12퍼센트 정도였는데, 보건비 중 한센병 관리에 들어가는 예산이 차지하는 비중은 55퍼센트 정도로 매우 높은 편이었다.[30] 보건사회부 예산을 보면 대한민국이 건국된 이후 한동안 보건 정책에 있어 한센병 및 한센인 관리가 매우 중요했다는 것을 알 수 있는데, 한센병 관리 비용의 대부분은 한센인 격리에 사용되었다. 이갑수의 주장은 당시 국제나회의와 WHO가 한센병 관리에 오히려 방해가 되는 강제격리 정책의 철폐 권고를 했음에도 불구하고 한국 정부가 인종주의와 우생학에 근거한 격리 정책을 무리하게 유지하면서 발생한 비용의 원인을 오히려 한센인에게 돌리는 논리 구조를 보여준다. 그리고 한센인 격리에 정부 예산의 6할을 쓰는 비정상적인 정책의 이면에는 우생학적인 "우수한 민족" 만들기 프로젝트가 놓여 있었다. 비록 우생법안의 제정은 실패했지만, 우생법안의 내용은 한센인 시설 내에서 비합법적이고 폭력적인 형태로 실천되었다.

1973년 2월 8일 '모자보건법'이 제정되었고, 이에 따라 1973년 9월 6일 '국립소록도병원 운영규정'이 개정되었다. '모자보건법'은 전염병 환자나 배우자의 낙태수술을 가능하게 하는 조항이 포함되었고, 이에 따라 개정 운영규정에는 원내에서의 출산을 금지하는 조항이 들어갔다. 이전까지는 단종수술과 다르게 여성의 낙태수술과 관련한 어떠한 법률이나 규정이 존재하지 않았다. 하지만 '모자보건법'의 전염성 질환 환자에 대한 낙태를 합법화하는 조항은 이미 한센인 시설에서 횡행했던 한센인 여성에 대한 우생학적 낙태수술을 제도화하는 것에 지나지 않았다.[31] 보건사회부는 1959년 '한국나병관리사업에 관한 계획'을 수립하고 한센인에 대한 산아제한 장려를 사업목표 중 하나로 삼았다. 1964년 보건사회부 나병관리협의회에서도 환자가족계획의 일환으로 "임신 가능한 자에 대해서는 단종수술을 적극 장려해 가족계획에 완벽을 기할 것"과 "임신 가능자를 항상 조사 파악해 출산을 최대로 억제토록 할 것"을 사업 목표로 삼았다. 이에 따라 소록도 당국은 16세부터 45세까지의 여성들을 임신 가능자로 분류했고, 매월 1회씩 이들을 검진하고 피임약을 제공했다. 상대적으로 간단한 수술인 정관절제 수술과 다르게 인공중절수술은 여성의 건강을 심각하게 해칠 수도 있는 일이었지만, 증언에 따르면 의사나 간호사가 아닌 일반 직원이나 의료조무원 등 비의료인에 의해 시행되었고, 그 결과 낙태수술로 심각한 피해를 받거나 사망에 이른 이들도 많았다. 이러한 사례들은 '모자보건법'과 한센인에 대한 가족계획사업이 산모의 건강을 위한 것이 아닌 열등하다고 낙인찍힌 인구 집단의 재생산을 제한하는 우생학적 성격을 갖고 있다는 것을 보여준다.

1916년 소록도자혜의원의 설립, 1935년 '조선나예방령', 1954년 '전염병예방법'의 제정 등으로 한센인은 거의 모든 정치적·경제적·사회적 권리를 박탈당한 '벌거벗은 생명'bare life이 되었다. 권리의 박탈은 이들이 치료와 돌봄을 목적으로 하는 시설이라는 제도 안에 있지만, 동시에 모든 사회적 관계 바깥에 있는 존재가 되었다는 것을 의미한다. 소록도 내부에서 한센인들은 단종수술에 저항하기도 했으나, 우생학적인 사회적 분위기와 국가 정책의 흐름을 거스르기에는 역부족이었다. 1950년대 말이 되면 단종수술에 대한 저항은 거의 눈에 띄지 않게 되었고, 심지어 한센인 공동체 내부에 내면화되어 서로에게 단종수술을 강요하는 일도 발생했다. 앞선 증언의 내용처럼 약한 사람은 아이를 가지면 안 된다는 생각을 받아들이고 단종과 낙태수술을 피할 수 없는 운명처럼 여겼다.

집단수용시설을 우생학과 연결시키기

한센인 단종·낙태 소송은 피고 대한민국이 원고인 피해 한센인에 대해 보상 책임을 질 것을 판결한 원고 승소 판결이지만, 전부 승소가 아닌 일부 승소 판결이었다. 즉 위자료 산정에 있어 원고의 요구를 완전히 수용하지 않고, 피고의 사정을 참작 사유로 인정했던 것이다. 2014년 광주지방법원 순천지원은 피고의 사정을 다음과 같이 설명했다. "피고는 한센인들에 대한 편견과 차별이 극심하던 시절부터 적지 않은 예산과 인력을 투입하여 원고들을 비롯한 한센인들을 치료하고 보호하는 역할을 꾸준히 해왔"기에, "피고의 선의善意를 정당하게 평가할 필요가 있다." 이것은 재판부가 한센인에 대한 강제 단종수술과 낙태 수술을 비인권적이며 비인륜적인 불법 행위로 인정하면서도, 한센인에 대한 강제격리 정책은 정부가 이들을 위해 치료하고 보호하는 것으로 무비판적으로 인식하고 있음을 의미한다고 할 수 있다. 앞에서 설명한 것처럼 강제격리는 인종주의와 우생학적 필요성에 의해 일본을 거쳐 식민지에 이식되었다. 즉 강제격리는 그 자체로 우생학적인 것임에도 불구하고 재판부는 이를 여전히 '선의'라 평가했다는 점에서 판결은 한계를 갖고 있다. 더 나아가 한센인에 대한 단종과 낙태수술의 전제 조건은 이들을 시설에 격리시킴으로써 이들의 모든 사회적 관계를 단절시키고 권리를 박탈해 저항하지 못하는 존재로 만들었다는 것이다. 즉 단종과 낙태수술에 대한 반성은 이들에 대한 강제격리에

3부 격리되고 배제된 이들

대한 반성으로부터 출발해야 하며, 시설에 수용한 사실 자체가 우생학적이라는 것을 이해하는 것으로부터 시작해야만 한다.

　사회 전체와 민족, 국가의 발전에 저해가 되는 집단을 '사회적 약자'로 이름 붙이고 치료와 돌봄을 표방하며 시설에 수용하는 행위는 우생학적이다. 시설은 아이, 청소년, 성인, 환자, 장애인, 노인, 외국인 등 수용된 이의 모든 권리를 박탈하는데 여기에는 항상 재생산권이 포함되어 있다. 성생활을 할 권리, 가족을 꾸리거나 친밀한 관계를 만들 권리, 그리고 자녀를 생산할 권리를 인정하고 보장하는 시설은 존재하지 않는다. 한센인의 사례처럼 특별히 단종수술이나 낙태수술을 하지 않는다 하더라도 시설 그 자체가 재생산을 제한하는 우생학적 실천이자 실천의 공간인 것이다. 하지만 한센인 단종 및 낙태 소송의 판결문에서 나타나듯 우리 사회에서 시설 그 자체가 우생학적 실천이라는 인식은 존재하지 않는다. 한국 사회에 존재하는 다양한 집단 수용시설을 우생학과 연결시키는 작업이 필요한 시점이다.

민병웅

그들은 어떻게 혼혈아가 되었나?

웹툰 원작 드라마 〈이태원 클라쓰〉를 보면 한국계 혼혈아 토니 (크리스 라이언 분)가 주인공 박새로이(박서준 분) 가게에 아르바이트를 지원하는 장면이 나온다. 면접을 보러온 토니에게 가게 매니저 조이서(김다미 분)는 손님인 줄 알고 영어로 아직 영업시간이 아니라고 말한다. 그러자 토니는 한국어로 아르바이트를 구한다는 공고를 보고 왔다고 말하며, 자신을 한국 사람이라고 소개한다. 박새로이와 조이서는 토니가 영어를 잘할 것으로 생각해 그를 홀서빙 직원으로 채용한다. 그러나 토니는 영어를 전혀 할 줄 몰랐고, 그 이유는 자신이 한국에서 자란 한국 사람이기 때문이라고 말한다.

이 에피소드는 혼혈아에 대해 우리가 가진 선입견을 잘 보여준다. 우리는 이질적인 외형을 가진 사람들을 외국인이라고 생각하는 데 익숙하며, 이들에게 한국어로 말을 건네는 것을 어색해한다. 우리는 왜 서구적인 생김새를 가진 사람들을 외국인이라고 전제하는 것을 자연스럽다고 느끼게 되었을까? 나와 '인종적으로' 다르게 생긴 사람이 다른 언어를 사용할 것이라 간주해 다른 언어로 말을 건네는 것은 그다지 이상하지 않게 느껴질 수 있다.

하지만 역사적으로 거슬러 올라가 보면, 오늘날 이러한 사고방식을 자연스럽게 느끼도록 우리 사회가 '혼혈인'들을 '우리'와 다른 사람들로 만들었던 역사가 있었음을 확인할 수 있다. 특히 혼혈아들을 타자로 만드는 과정을 넘어, 그들을 한국 사회에서 없애려는 체계적인 과정, 즉 해외 입양이 이루어졌음을 확인할 수 있다.

사실 혼혈아들은 한국 사회에서 이미 오래전부터 있었다. 일제시기 한국인과 일본인 사이의 혼혈아들은 적지 않았다. 이질적인 외모를 가진 것으로 인식되는 한국인과 유럽인 혹은 미국인 사이에서 태어난 혼혈아도 해방과 한국전쟁을 거치면서 상당수 늘어났다. 당시 통계에 따르면, 1955년 439명이었던 혼혈아는 1965년 1,378명으로 거의 3배 증가했다.[1] 그러나 이들은 공적 영역에 모습을 드러내지 않았다. 더 정확히 말하면 사회적인 차별 속에서 자신을 드러낼 수 없었다. 그들은 한국 국적법의 '맹점'으로 인해 한국인으로 인정받는 데 어려움이 있었다. 국적법에서 한국인으로 인정받기 위해서는 아버지의 국적이 한국이어야 했다. 혼혈아들은 아버지가 외국인인 경우가 많았고 그 아버지의 신원이 불분명한 경우도 있었다. 따라서 다수의 혼혈아들은 외가 남성의 자녀로 대신 호적에 오르는 우회적인 방식으로 국적을 얻었다. 이렇게 국적을 얻는다고 해도 혼혈아들은 공적 영역에서 특정한 역할을 수행하는 데 어려움이 있었다. 이들에게 국방의 의무가 부여되지 않았다는 사실은 이를 잘 보여준다. 혼혈 남성은 해외 이주 장려를 위해서 병역의무에서 면제되었다. 이주를 장려하기 위한 명분이었지만, 자원입대도 불가했다. 병역법에 의해 "외관상 식별이 명백한 혼혈아 및 부의 가에서 성장하지 아니한 혼혈아"는 병역의 의무가 면제되었으며, 이는 2010년 7월 병역법 시행령이 개정될 때까지도 지속되었다.[2]

이 장에서는 1950~1960년대 전반기 한국에서 태어난 혼혈아를 중심으로 이루어진 해외 입양을 살펴본다. 이 시기 해외 입양은 주로 혼혈아들을 대상으로 이루어졌다. 해방과 한국 전쟁을 거치면서 정부는 국가를 재건하고 안정화하기 위한 목적으로 국가와 국민의 정체성을 재확립하려고 했다. 정부는 한국인의 단일민족성을 강조해 국민을 통합하려고 했다. 정부가 민족적 동질성을 강조했으므로 신체적 외형이 달랐던 혼혈아들은 정부가 추구하는 가치에 부합하지 않는 사람들로 여겨졌다. 해방 이후부터 한국의 정치, 경제, 사회에 막대한 영향력을 행사하고 있었던 미국에서도 한국에서 미국인과 한국인 사이에 태어난 혼혈아들이 증가하는 상황에 주목했다. 혼혈아의 증가는 당시 미군이 주둔하는 상황에 의한 일종의 '부작용'으로 여겨졌다. 혼혈아들의 다수가 기지촌 여성들과 미군 사이에 태어난 아이로 여겨졌고, 이들의 존재 자체가 미군과 한국인이 공존하는 가운데 생기는 여러 마찰 중 하나로 간주된 것이다. 미국은 냉전기 동맹국에서 자신들의 영향력을 유지하기 위해 다양한 정책을 펼쳤는데, 그중 하나가 미군 주둔으로 태어난 아이들을 미국으로 입양해 데려오는 것이었다. 한국의 해외 입양도 이러한 맥락에서 이루어졌다. 혼혈아의 '아버지 나라'인 미국에서 혼혈아를 책임지고 데려간다는 서사를 만들어 미국에 대한 긍정적 인식을 늘리려는 전략이었다.

그러나 해외 입양이 문제없이 이루어지기 위해서는 고려해야 하는 것들이 많았다. 우선 입양아의 친부모를 설득해야 했다. 더불어 입양아의 건강 상태와 인종, 신체 정보, 입양을 희망하는 부모의 선호도 고려되었다. 입양이 성사되면 그 이후 아이가 새롭게 마주한 가정과 사회에서의 적응 여부 등도 중요했다. 이것들은 모두 혼혈아들이 입양에 적합한 몸을 가졌는지 확인하기 위한 절차들이었다. 여기서 주목해야 하는 것은 한미 양국에서 해외 입양 절차에 관여했던 해외 입양 관계자, 양육시설 종사자, 과학자와 의학자 집단 사이의 협력이다. 이들은 각자 다른 목적을 가지고 혼혈아의 해외 입양에 관여했다. 이런 협력은 인종주의와 반인종주의, 우생학적 사고의 절묘한 교차를 이해할 수 있게 해준다.

이 장에서는 1950~1960년대 한국인과 구미인 사이에서 태어난 사람들을 '혼혈아'라고 지칭한다. 사실 혼혈混血이라는 표현은 특정 인종이나 인구 내의 순혈純血을 전제한 명사라는 점에서 부적절한 표현임이 여러 차례 지적된 바 있다. 우리 안에 만연한 순혈주의적 사고 속에서 혼혈이라는 표현은 특정 집단을 비하하거나, 낙인찍는 표현이라는 것이다. 이들을 지칭하는 대체 표현으로 아메라시안amerasian, 코시안Kosian, 온누리안onnurian 등의 용어가 등장하기도 했으나 일부 학자들에 의해서 제한적으로 사용되었다.[3] 이들을 아동으로 지칭하는 것도 비판의 대상이 되어왔다. 이들이 성인이 되어서 공적 영역에서 자신들이 겪은 차별을 증언하고, 사회 각 영역에서 활동하고 있으므로 여전히 아동으로 상정할 수 없다는 것이다.[4] 이 글에서는 용어 사용에 대한 앞선 비판을 모두 수용함에도, '혼혈아'라는 표현을 사용하려고 한다. 그 이유는 혼혈이라는 표현이 당시 당사자가 아닌 다른 사람들에 의해 만들어진 표현이라는 점을 비판적으로 강조하기 위해서이다.

이들은 왜 입양되어야 했을까?

1950~1960년대 혼혈아들이 해외 입양의 대상이 된 이유는 무엇이었을까? 해방 이후 대중들이 인종주의적 시선에서 혼혈아들을 바라보았다. 혼혈아들의 어린 시절 회고를 살펴보면, 이들은 짐승의 잡종을 의미하는 아이노코間の子나 튀기, 깜둥이 등으로 불리며 멸시당했다. 일부 아이들은 코가 큰 외모를 비하하는

3부 격리되고 배제된 이들

'뻥코' 등으로 불리며 놀림 받았다.[5] 일부 지식인들도 혼혈아들이 처한 사회적 위치를 진단하면서 때로는 이들을 멸시했다. 세브란스 의학 전문학교 생리학 교실의 한 교수는 1946년 신문 칼럼을 통해 "대체로 혼혈아들의 유전 인자 결합이 부자연스러운 까닭에 지능이 현저히 저열하고, 치열 부정이 되는 일이 많다"라고 주장했다. 그 의사는 보육 시설을 운영하는 원장의 말을 빌려 혼혈 여아가 태어난다면 그녀의 존재 자체가 한국 여성들에게 수치스러운 일이며, "인류의 적"이라고 지칭할 만큼 나쁜 것이라고 보았다.[6] 당시 출간된 소설에서도 혼혈아에 대한 차별이 적지 않았다는 것을 확인할 수 있다. 소설가 주요섭은 혼혈아에 관한 단편 소설『혼혈』에서 다음과 같이 적었다.

> 만일의 흑인종 군인과, 황인종 김소사 사이에 된 그 아이가 꼭 어머니 쪽만 닮아가지고 계집애로 태어나서… 만일에 그래서 그 계집 아이가 장성하여서 시집을 갔다가 멘델의 법칙은 에누리 없는 철칙鐵測인 만큼 흑인과는 아무런 관계를 맺지 않았다고 할지라도 아버지의 씨가 숨어 있다가 불쑥 기어나와 깜둥이 아기를 낳을 가능성이 반드시 있는 것이니 그 딸은 애매한 누명을 쓰고 시집에서 쫓겨나고 말 비극의 주인공이 될 것이다.[7]

위의 구절에서 확인할 수 있는 것처럼, 당시 혼혈아들에 대한 사회 전반의 인식은 좋지 않았다. 이들에 대한 선입견은 당시

기지촌과 성매매 여성에 대한 부정적 인식과 관련이 있었다. 해방과 한국전쟁을 거치며 한국에 미군이 주둔하게 되면서 미군 기지를 중심으로 기지촌이 형성되기 시작했다. 기지촌에는 다양한 향락 시설이 들어섰는데, 그중에는 미군을 대상으로 하는 성매매 업소들도 있었다. 그 탓에 당시 혼혈아의 증가는 기지촌에서 양공주 등으로 불리며 성 노동에 종사하던 여성과 미군 남성 사이에 태어난 아이들로 인식되는 경우가 많았다. 혼혈아들은 이질적인 외모와 성 노동자의 자녀라는 이중적인 낙인을 모두 감당해야 했다.

한국 정부 역시 혼혈아에 대한 차별적 시선은 어느 정도 동조했던 것으로 보인다. 1962년 한 신문 기사는 혼혈아들을 한국전쟁 이후 한국 사회에 뿌리내린 "비극의 씨"라고 표현했고, 정부가 이들에게 무관심하다고 지적했다. 한국 정부는 혼혈아들을 위한 적극적인 사회복지 정책을 마련하기보다는 민간 기관을 통해 이들을 해외로 내보내는 방식으로 문제를 회피하고 있다는 것이다.[8] 이런 지적은 어느 정도 타당했다. 실제로 1950~1960년대 혼혈아들은 "사회문제"로 규정되었다. 이승만 정부는 한국전쟁기부터 이들을 격리 수용하기 위한 계획을 마련했다. 그러나 이러한 계획은 실제로 이루어지지 않았다. 혼혈아들이 처한 열악한 경제적 상황과 이들이 겪는 차별에 관한 대책이 정부 차원에서 중요하게 논의되지 않았던 것이다.

이러한 상황에서 혼혈아에 관한 문제는 주로 해외 입양이라는 방식으로 '해결'되었다. 이를 주도했던 것은 한국 정부가 아니라 한국에서 활동했던 미국을 비롯한 외국의 아동 구호 단체, 사회복지 단체들이었다. 오늘날 홀트아동복지회로 알려진 홀트양자회나 국제사회봉사회International Social Service, 제7일 안식일 예수재림교회Seven-Days Adventist Church, 세이브 더 칠드런Save the Children 등 종교 단체와 아동 구호 단체들은 한국에서 고아원, 보육원을 설치하고 고아나 혼혈아들을 수용해 관리하면서, 적절한 시점에 이들을 입양시키려 했다.

　이 기관들이 해외 입양에 적극적으로 나섰던 이유는 크게 세 가지로 나눌 수 있다. 첫째, 이들은 인도주의적 책임을 강조하며, 혼혈아들의 열악한 상황을 구제해야 한다고 주장했다. 가장 활발하게 한국 혼혈아들의 해외 입양을 추진했던 해리 홀트 Harry Holt(1905~1964)는 기독교적 신념을 바탕으로 동양에서 전쟁과 빈곤으로 고통받는 아이들을 구원하는 게 '하나님이 내린 소명'이라고 믿어 해외 입양 사업에 뛰어들었다. 홀트양자회는 1955~1960년 사이 1,500건 이상의 입양을 성사시켰다. 한국에서 가장 많은 수준이었다.[9] 둘째, 20세기 중반 냉전의 분위기 속에서 미국은 자유주의 세력을 유지하기 위해 동맹국에 우호적인 인상을 얻고자 했다. 당시 미국은 동맹국 여성과 미군 사이의 혼혈아가 미국의 정치적·군사적 개입에 의한 나쁜 결과로 보이는 것을 우려했다. 미국 정부는 한국을 비롯한 동맹국에서 미국인과 그 지역 여성 간에 태어난 혼혈아에 대한 부정적 시선을 인지했다.[10] 이런 문제를 해결하기 위한 방책으로 미국 정부는 한국의 혼혈아를 비롯한 입양아들을 수용했다. 미군에 대한 부정적인 이미지를 극복하기 위해 미국은 해외 입양을 통해 혼혈아 문제를 해결해줌으로써 동맹국 내에서 미군에 대한 긍정적인 인식을 높이려고 했다. 혼혈아의 아버지 국가인 미국에서 입양을 통해 아이들을 직접 키운다는 이미지를 조성해 미군들이 혼혈아를 한국에 남겨둔 것이 아니라, 아버지로서 책임을 지고 '버려진 아이'들을 구제한 것이라는 담론을 만들었던 것이다.[11] 셋째, 해외 입양의 또 다른 목적은 아동을 일종의 "상품"으로 취급해 미국 내 입양아 수요를 충족시키기 위한 것이었다. 20세기 중반 미국인 부부들의 입양 수요는 공급을 크게 상회했고, 해외 입양은 "1950년대 중반부터 미국, 캐나다 및 서유럽 국가 부모들의 실용적 선택"이었던 것이다.[12]

해외 입양 단체들의 주도하에 입양이 이루어지는 가운데 한국 정부는 한국 아동 양호회를 설립하고 보건사회부에서 민간 입양 단체들과 협조하며 입양 절차를 관리했다. 1950~1960년대 초 해외 입양 관련 업무를 도맡았던 정부 기구는 한국 아동 양호회였다. 초대 회장이었던 홍옥순은 해외 입양 기구였던 국제사회봉사회International Social Service(ISS)의 회장 마가렛 버크, 홀트양자회의 홀트 등 해외 입양 단체의 주요 인사들의 방한 일정을 동행하며, 입양 관련 문제들을 논의했다. 일례로 홍옥순은 결핵, 정신박약 등의 진단을 받아 미국의 의료 검진 절차를 통과하지 못한 혼혈아동의 입양을 용인할 방법을 해외 입양 단체 인사들과 강구하는 등 해외 입양 절차가 잘 이루어지도록 하는 일에 적극 가담했다. 하지만 해외 입양 업무 전반을 직접 수행한 주체는 해외 입양 기구들이었다. 한국 정부는 1961년 고아입양 특례법을 제정하고 고아와 부양의무자의 동의하에 외국으로의 입양을 제한적으로 제도화했지만, 구체적인 시행령 등은 고아 입양특례법이 개정된 1966년에서야 마련되었다.[13]

한국 정부의 혼혈아에 대한 사회복지에 관한 부담을 줄이려는 의도와 해외 입양 단체들의 종교적·인도주의적·정치적 동기 등이 맞물려 해외 입양은 1950~1960년대 중반 한국 혼혈아들의 상황을 해결할 수 있는 대책으로 정당화되었다. 기지촌 여성의 자녀, 미혼모의 자녀로서 겪는 경제적인 어려움뿐만 아니라, 혼혈아들의 신체적·인종적 특징 그 자체도 이들이 입양되어야 했던 이유였다. 한국 정부와 해외 입양 단체는 혼혈아들이 일종의 '장애 상태'에 있다고 판단했으며, 혼혈이라는 장애를 극복하기 위해서는 입양이 유일한 방법이라고 여겼다.

이런 견해를 확인할 수 있는 자료는 1962년 보건사회부 아동 복리 위원회에서 발간한 『한국 장해아동 조사 보고서』였다. 이 보고서는 보건사회부에서 아동 조사 분과위원회를 조직해 1960년 9월부터 1962년 2월까지 한국 장애아들의 건강 상태, 경제적 수준, 지역별 분포, 교육 수준 등을 조사한 결과물이었다. 통계 수집은 각 정부 부처의 자료를 종합적으로 모으고, 조사를 위해 아동 조사 분과위원회에서 각 지방 부처를 통해 교육한 조사 요원들이 장애아동의 가정을 방문하는 형태로 이루어졌다. 보고서에는 전국 장애아동에 관한 통계만이 아니라, 의료계, 법조계, 해외 입양 및 사회복지 관련 전문가들의 장애아 처우

개선과 정책 마련에 관한 의견을 담은 논설을 포함되어 있었다.

예를 들면 나병환자를 주로 치료했던 국립부평병원의 원장을 지낸 방성준은 나병환자의 자녀들을 사회적으로 보호할 필요성을 논설했다. 그는 나병이 유전은 아니나 전염의 우려가 있으므로 나환자의 자녀들은 출생 직후부터 철저하게 격리되어야 한다고 보았다. 대신 그들이 사회에서 적응할 수 있도록 교육적 여건을 조성하고, 나환자의 자녀라는 낙인의 제거할 것을 강조했다. 서울 지법 소년부지원장 부장판사였던 권순영은 장애가 있는 아이들이 사회에 대한 불만과 열등감이 커 범죄를 일으킬 가능성이 높으므로, 이들을 체계적으로 관리하고 신체적·정신적인 치료를 보장할 수 있는 제도적 기반이 필요하다고 밝혔다. 이처럼 분과위원회는 각 장애 유형에 걸맞은 적절한 사회적 대책을 모색하기 위해 여러 분야의 전문가 조언을 담았다.[14]

『한국 장해아동 조사 보고서』의 작성에는 해외 입양 단체 관계자들이 재정적·학술적 측면에서 모두 관여했다. 대표적으로 2차 세계대전 이후 늘어난 동아시아 국가에서의 혼혈아 문제에 관심을 갖고 이들을 입양하기 위한 기구인 '웰컴 하우스'Welcome House를 세운 펄 벅Pearl Buck 등을 비롯해 월드 비전, 세이브 더 칠드런 캐나다 지부와 같은 아동 후원 단체들도 금전적으로 이 보고서 작성을 후원했다. 특히 펄 벅의 지원금은 조사 사업을 담당한 아동조사 분과위원회를 조직하는 데 사용되었으며, 펄 벅 자신도 보고서 작성을 위한 위원회 회의에 방문하거나 보고서 작성 과정에 만족감을 보이는 등 관심을 드러냈다.

더불어 한국 아동 양호회의 인력들은 보고서 작성을 위한 실제 조사에 투입되었다. 특히 ISS의 관계자의 의견은 혼혈아 문제에 관한 전문가 의견으로 보고서에 포함되었다. 예를 들면 아동 조사 분과위원회에는 ISS 서울 지부 간부였던 앤 데이비슨Anne Davison과 한미 경제 협조처의 루실 체임벌린Lucil L. Chamberlin도 속해 있었다.

이처럼 『한국 장해아동 조사 보고서』는 한국의 장애아 실태 조사를 위한 보건사회부의 단독 조사 결과물이 아니라 해외 입양과 관련된 다양한 인물 및 기관들의 지원과 협력을 통해서 만들어진 것이었다. 이 보고서에서 혼혈아는 "사회적 장애"socially handicapped라는 이름으로 장애의 한 범주에 속했다.[15] 보고서에 따르면, 사회적 장애는 장애를 가진 부모 아래에서 자란 건강한 아동, 비행소년, 혼외자, 혼혈아 등 '건강한' 혹은 '정상적인' 부모의 보호를 받지 못하는 상황에 놓인 아동을 포괄적으로 일컫는 개념이었다. 다만 보고서에서는 사회적 장애의 여러 유형 중 혼혈아만이 구체적인 통계 집계의 대상이었다. 혼외자, 나병 환자의 자녀에 관한 문제를 전문가들이 논설에서 다루었지만, 이들에 대한 통계가 집계되지는 않았다.

해외 입양 관계자들이 보고서 작성에 재정적·인적 도움을 주는 등 밀접하게 관련되어 있었다는 사실은 이 보고서가 해외 입양에 필요한 정보를 수집하고, 해외 입양을 정당화하는 근거를 만들려는 의도가 있었음을 유추할 수 있게 한다. 실제로 보고서를 작성한 인물 중 하나인 한미 경제 협조처 사회사업 훈련관

임병현은 혼혈아의 해외 입양 현황에 관한 조사가 홀트양자회, SDA, 한국 아동 양호회 등 해외 입양 단체들의 수요에 의해 수행되었다고 밝히기도 했다.[16]

혼혈아들은 아버지를 정확하게 특정할 수 없는 상황에서 성 노동자 미혼모의 자녀로 자라야 하는 가정환경에 있었던 것으로 판단되어 사회적 장애로 분류되었다. 또 하나 중요한 것은 이들의 신체적 특징이었다. 이 보고서에서 혼혈아들은 '흑색 피부'의 혼혈아와 '백색 피부'의 혼혈아로 분류되어 집계되었다. 보고서에서 피부색을 위와 같이 분류한 근거와 방법을 구체적으로 언급하고 있지 않지만 두 가지 가능성을 생각해볼 수 있다. 하나는 외형을 보고 임의로 판단하는 방법이다. 그러나 전국 단위의 조사에서 임의적 판단이 일관성을 확보하기 어려웠다는 점, 보고서가 "과학적인 방법"을 표방했음을 염두에 둔다면 조사자의 임의로 피부색을 판단했을 가능성은 낮아 보인다.[17]

다른 하나는 당시 한국의 과학자들이 혼혈아의 피부색을 계측할 때 사용했던 루돌프 마르틴Rudolf Martin(1864~1925)의 『인류학 교과서』Lehrbuch der Anthropologie에 나와 있는 피부색 분류표를 활용했을 가능성이 있다. 마르틴의 책은 인체 계측법의 표준화를 목적으로 출판되었으며, 20세기 전반기 인체 계측 분야에서 전 세계적으로 활용되었다.[18] 이 교과서는 식민지 조선 일본인 과학자들에 의해 활용되었으며 해방 이후 1950~1960년대에도 신체 계측에 관심을 가졌던 한국의 과학자, 의학자들이 중요하게 참고했던 자료 중 하나였다.[19] 1960년대 초 혼혈아의 피부색을 계측한 과학 연구는 두 편이었는데, 저자들은 모두 마르틴의 교과서에 나와 있는 분류표를 혼혈아들과 직접 대조하는 방식으로 연구를 수행했다.[20]

혼혈아의 장애 상태가 신체적인 특징과 무관하지 않다는 점을 보여주는 또 다른 지점은 장애아들이 어떤 치료를 어디에서 어떤 방식으로 받았는지 집계한 부분이다. 이들이 진료받은 곳이 종합병원인지, 개인병원인지, 한의학의 도움을 받았는지, 서양의학의 도움을 받았는지, 치료 경과는 어느 정도인지 등 상세한 정보들이 집계되었다. 이 통계에서 다른 장애 유형과 달리 혼혈아는 전혀 의료기관의 진료를 받지 못한 것으로 분류되었다. 보고서에서 선천적 장애를 치료받지 못하는 것으로 규정했기 때문이다.[21]

이 보고서에서 제안한 혼혈아에 대한 대책은 해외 입양이었다. 보고서 작성자들은 해외 입양 이외에는 혼혈아들의 경제적 상황, 치료 불가능한 선천적 장애를 가진 신체로 인해 발생하는 차별의 문제를 해결할 수 있는 대안은 찾기 힘들다고 보았다. 보고서에서 혼혈아에 관한 대책에 대해 논설을 남겼던 앤 데이비슨은 해외 입양을 통한 혼혈아의 경제적·사회적 여건 개선이 "부분적인 해결책"에 불과하지만, 한국의 상황을 극복하기 위해서는 많은 시간이 필요하며 사회적 인식 개선이 선행될 필요가 있다고 지적했다. 사실상 혼혈아 문제는 오랜 기간 해외 입양에 의존하지 않는 이상 해결할 수 없다고 결론 내린 것이다. 같은 보고서에서 해외 입양은 혼외 출생아, 신체적 장애아들이나 한센인들에게 제시되었던 해결책이 아니었다. 해외 입양이 논의되었던 것은 오직 혼혈아 문제에 관해서였다. 1960년대 초 정부와 민간단체는 혼혈아의 상황을 진단하고 개선하기 위한 입양 이외의 경제적·사회적·의학적 개선 방안을 국내에서 찾지 않았다. 정부와 해외 입양 사업 관계자들에게 혼혈이라는 사회적·신체적 '비정상적인 상태'였던 '장애'는 해외 입양을 통해 그들을 해외로 보내서 그 사회에서 정상성을 부여받게 함으로써 해소할 수 있다고 본 것이다.

하나의 입양, 서로 다른 목적

국제사회봉사회 한국 지부 회장 마가렛 버크Margaret Valk는 한국 아동들이 결핵이나 성병, 영양실조 등에 시달리고 있음에도 이런 문제를 해결하기 위한 제도적·경제적 지원이 부재하다고 지적했다. 그는 해외 입양을 통해 이런 아이들을 구할 수 있다고 보았다.[22] 해외 입양 단체들은 혼혈아를 비롯한 고아를 수용하면서 그들의 건강 상태를 확인하고 개선하기 위한 의료 시설을 함께 운영했다. 홀트양자회는 보육 시설에 조산아 보육기, 결핵 등을 확인할 수 있는 X선 장비를 갖추고 있었다. 제7일 안식일 예수재림교회는 서울위생병원을 운영하면서, 혼혈아의 건강관리를 위한 시설을 구비했다. 서울위생병원은 미 대사관과 미국 공중보건 서비스US Public Health Service에서 해외 입양 업무를 위해 아이들을 검진할 때 공식적으로 인정한 의료기관이었다.[23]

1950~1960년대 초중반 보육 시설이나 입양 기관에 종사했던 사람들은 대체로 간호사들이 많았다는 점도 당시 보육 시설이 단순히 아이들을 수용하는 시설일 뿐 아니라 건강관리 시설이었음을 보여준다. 당시 사회복지학 전문가가 부재한 상황에서 간호사들은 기본적인 보육업무를 비롯해 아픈 아동을 돌보는 역할을 맡았다.

하지만 이러한 시설들이 갖춰져 있었던 것과 별개로 당시 아이들에 대한 건강관리가 빈틈없이 이루어졌다고 보긴 힘들다. 일부 보육 시설에서는 끼니가 매번 제공되지는 못했고, 해외 구호 단체에서 제공하는 구호 물품에 의존한 돌봄이 주로 이루어졌다. 게다가 보육 시설은 인력 부족에 시달렸다. 한 보육 시설에서는 아이들의 건강을 24시간 돌볼 수 있는 여건이 되지 못해 야간에 보육 시설에 수용된 아이가 사망하는 일도 있었다.[24]

이런 열악한 상황에서 해외 입양 단체들은 의료계의 도움을 받아야 했다. 해외 입양 단체들은 정부와 의료계에서 진행했던 공중보건 운동에 협조했다. 대표적으로 치의학계와 보건사회부의 협력을 바탕으로 진행된 구강위생운동은 국가의 공중보건운동이 해외 입양 기구들의 여러 보육 시설 운영과 관련되어 혼혈아의 몸에 대한 조사와 지식 생산에 연관되어 있었음을 보여준다. 구강위생운동은 1920년대 후반 식민지 조선에서 치과의사 단체들이 구강위생을 증진하기 위해 펼쳤던 공중보건 운동에서 출발했다. 1928년 6월 4일 일본인 치과의사를 중심으로 이루어진 치과의사회가 내무부와 협력해 '충치예방의 날'

행사를 만들었다. 구강위생에 관한 지식을 알리는 선전물을 제작하고 무료 치과진료소와 치과건강상담소 등을 설치해 무상으로 치과 검진을 실시했다.[25]

해방 이후 보건사회부도 치의학계와 협력해 매년 6월 9일에서 15일 사이를 구강위생 강조주간으로 정하고 국민학교와 고아원, 보육 시설에 무료로 구강검진을 실시했다. 더불어 구강위생에 도움이 될 만한 지식을 선전물로 만들어 배포하거나 신문을 통해 소개했다. 혼혈아를 비롯한 보육원 아이들의 건강관리가 중요했던 해외 입양 기구 입장에서도 이러한 공중보건 운동을 마다할 이유가 없었다.[26]

구강위생 강조주간은 혼혈아들의 건강관리를 중시한 해외 입양 단체들과 혼혈아의 몸 자체에 관심이 있었던 치과의사이자 구강해부학자들이 서로 이익을 추구할 수 있는 행사였다. 당시 인종을 과학적으로 연구하는 데 관심이 있었던 구강해부학자와 체질인류학자들은 해방과 한국전쟁 이후 한국에 '등장'한 혼혈아들의 신체에 관심을 보였다. 특히 서울대학교 해부학교실과 구강해부학 교실에서 공부했던 의사와 치과의사들은 혼혈아의 신체와 구강 구조를 계측하고 이를 한국인이나 구미인과 비교하는 연구를 집중적으로 실시했다.

이런 연구를 위해서는 비교 집단의 신체 데이터를 최대한 많이 확보하는 게 중요했다. 그래야 각 집단 평균치의 정확도를 높일 수 있기 때문이었다. 구강위생운동은 혼혈아를 생물학적으로 정의하고 과학적으로 연구하려고 했던 의사, 과학자들이 혼혈아의 신체를 대량으로 측정하고 검사할 수 있는 중요한 경로였다. 이들의 연구는 공통적으로 홀트양자회, 성육원 등 해외 입양 단체에서 운영하던 보육 시설을 비롯한 혼혈아 수용기관에서 혼혈아 데이터를 얻었다고 밝혔다.[27]

서울대학교 구강해부학 교실에서 박사학위를 받았던 최동률은 1,300여 명의 혼혈아를 8년간 추적해 치아별 맹출 시기를 통계화한 데이터를 토대로 혼혈아들의 영구치 맹출 시기를 비혼혈 한국 아동, 미국 아동과 비교했다.[28] 이렇게 장기간 수많은 혼혈아의 신체 정보에 접근할 수 있었던 것은 매년 시행되었던 구강위생운동을 통해 혼혈아가 수용된 보육 시설에 정기적으로 방문해 신체 데이터를 수집할 수 있었기 때문이었다. 당시 보육 시설에 수용되지 않았던 혼혈아들이 사회적 차별을 우려해 자신들의 존재를 외부로부터 숨기려는 경향이 컸다는 사실을 고려하면, 혼혈아 집단을 연구하는 방법은 공중보건 차원의 대중 운동을 통해 혼혈아 보호시설에 접근하는 방법이 매우 중요했다.

그렇다면 의학자들은 왜 혼혈아의 신체에 관심을 가졌을까? 1960년대 혼혈아의 신체를 연구한 과학자들은 '새로운 인종' 범주의 탄생으로 혼혈아들의 증가를 정의하려고 했다. 한국인과 구미인 사이에서 태어난 혼혈아들은 이전에 과학계에서 보고되지 않았던 새로운 인종이라는 주장이었다. 의학자들은 혼혈아들이 인종적으로 어떤 특징이 있는지 파악하기 위해 다양한 신체 부위를 측정했다. 대표적으로 서울대학교 해부학교실에서 1962년 박사학위를 받고 1970년대 이후 가톨릭의대와

중앙대학교 의과대학 피부과 의사로 활동했던 장진요는 피부색, 모발색, 머리의 곱슬거림 정도, 가슴둘레, 혈액형 등 당시 인종 연구에서 중요하다고 여겨졌던 신체 부위 대부분을 측정했다. 장진요는 혼혈아를 "흑인 혼혈아"와 "백인 혼혈아"로 나눈 뒤, 각 신체적 형질의 평균치가 다른 인종과 어떻게 다른지 비교했다.

　그중 주목할 만한 것은 혈액형 측정이었다. 1920년대 이후 전 세계의 인종에 관한 과학적 연구들은 인종의 생물학적 특징을 이해하는 데 혈액형을 활용할 수 있다고 믿기 시작했다. 혈액형을 연구한 과학자들은 어떤 인종 집단의 혈액형 분포를 조사하면, 각 집단의 차이를 이해할 수 있고, 그에 따라 고대 인류의 이주 역사를 추적할 수 있다고 생각하거나, 장애나 정신박약을 유발하는 유전적 요인을 혈액형에서 찾을 수 있다고 보았다. 이에 따라 1940년대까지 유전학자들과 혈청학자들은 ABO, MN, Rh 등 다양한 혈액형이 있다는 것을 발견했다.[29] 이러한 흐름에 따라 혈액형은 일제시기 일본과 조선의 인종 연구자들 사이에서도 활용되었다. 이들은 한반도와 일본 본토 인구 집단의 혈액형을 조사해 통계를 내면서 조선인과 일본인 사이의 인종적 차이가 지역에 따라 달라질 수 있다고 보았다. 조선인의 혈액형 분포는 한반도 남부에 거주하는 조선인일수록 일본인과 유사하고, 한반도 북부에 거주하는 조선인일수록 차이가 커진다는 것이었다. 식민지 조선의 인종 연구자들은 A형이 인간에게만 나타나는 혈액형이라는 점을 강조하면서 A형의 비율이 높은 일본

인이 조선인보다 더 우월한 인종이라고 주장했다.[30]

이때 혈액형 분포를 분석하기 위해 사용되었던 방법은 힐슈펠트Ludwik Hirschfeld가 고안한 '생화학적 인종지수'biochemical races-index였다. 생화학적 인종지수는 인종별 ABO 혈액형 분포를 나름의 수식으로 변환한 것으로, A형 인자를 가진 사람의 수를 B형 인자를 가진 사람의 수로 나눈 값(A형+AB형/B형+AB형)을 의미했다. 장진요 역시 혼혈아의 혈액형 분포를 측정할 때 생화학적 인종지수를 활용했다. 혼혈아의 혈액형 분포를 한국 아동, 미국 아동과 비교하는 것은 혼혈아들이 한국인, 미국인에 비해 어떤 인종적 특징이 있는지 확인할 수 있는 자료였다.

장진요는 흑인계/백인계 혼혈아의 혈액형 분포가 각각 한국인보다 흑인, 백인에 가까운 분포를 보인다고 결론지었다. 이에 따르면, 한국인의 인종지수는 1.02이고 미국인의 인종지수는 2.72, 흑인의 인종지수는 1.33이었다. 한편 백인계 혼혈아의 인종지수는 2.32, 흑인계 혼혈아의 인종지수는 1.53으로 집계되었다. 장진요는 백인계 혼혈아의 인종지수는 미국인에 미치지는 못하지만 한국인보다는 높으므로, 백인계 혼혈아는 한국인과 미국인의 중간에 위치한다고 보았다.

그런데 장진요는 혼혈아들의 인종지수를 다소 자의적으로 해석했다. 그가 집계한 통계에 따르면, 흑인계 혼혈아의 인종지수(1.53)는 흑인(1.33)보다 더 높았다. 흑인계 혼혈아의 인종지수(1.53)가 한국인의 인종지수(1.02)와 흑인의 인종지수(1.33)보다 더 높게 나타난 것이다. 이에 대해 장진요는 흑인과 흑인계 혼혈아가 모두 힐슈펠트 인종 분류에서 '중간형(1.20~2.00)'에 해당하므로 흑인계 혼혈아가 흑인에 조금 더 가깝다고 주장했다. 흑인계 혼혈아의 수치가 왜 더 높게 집계되었는지, 그것이 어떤 의미인지에 관해서는 언급하지 않았다.[31]

혼혈아에 대한 인종 연구에 관심을 보였던 전문가 집단은 서울대 치과대학의 구강해부학자들이었다. 구강해부학 교실에서 박사학위를 받았던 유양석은 혼혈아들의 구강구조 전반에 관해 계측하고 그 평균치를 측정했다.[32] 마찬가지로 구강해부학 교실의 오기환과 김명국은 혼혈아의 치아 색조를 한국인, 미국인과 비교 분석했다. 이들은 혼혈아의 치아색이 황인과 백인의 중간 혹은 황인과 흑인의 중간 색조라고 결론지었다. 두 연구자는 혼혈아가 "중간형"이라는 주장을 단순한 사례 보고를 넘어 일종의 '과학적 사실'로 격상시키고자 했다. 이들은 장진요, 유양석의 연구에서도 혼혈아가 한국인과 미국인의 중간형이라는 결론이 도출되었을 뿐만 아니라 자신들의 치아 색조 연구에서도 혼혈아가 중간에 위치하므로 한국 혼혈아들을 "중간유전설" 中間遺傳說에 해당하는 사례라고 보았다. 이들이 말하는 중간유전설은 부모 형질이 다음 세대에 섞여서 발현된다는 혼합 유전설blending inheritance를 의미했다.[33]

이처럼 1960년대 혼혈아의 신체에 관심을 보인 인종 연구자들은 혼혈아들을 새롭게 나타난 인종으로 규정하고 이들을 한국인과 구미인의 중간적인 신체 특징이 있다고 보았다. 혼혈아의 신체를 한국인과 구미인 사이에 두려는 인종 연구자들의 시도는 당시 혼혈아를 한국인과 다른 집단으로 여겼던 사회적인 분위기와 조응하는 것이었다.[34] 그러나 혼혈아의 신체에 관한 과학 연구들은 해외 입양을 위해 활용되었다거나, 혼혈아들에 대한 부정적인 인식을 강화하는 방향으로 나아가지는 않았던 것으로 보인다. 인종 연구자들이 수행한 혼혈아 연구는 대중매체에 등장하거나, 혼혈아 관련 정책을 마련하는 데 활용되지 않았다. 혼혈아의 신체에 관한 연구도 1960년대 중반 이후가 되면 자취를 감춘다.

그 이유로는 두 가지를 꼽을 수 있다. 첫째, 1960년대 인종 연구를 수행했던 해부학교실과 구강해부학 교실의 연구 경향이 신체 부위를 비교하는 방식에서 세포유전학을 연구하는 방향으로 변화했기 때문이었다. 신체 부위에 관한 계측 연구가 완전히 사라진 것은 아니었지만, 신체 계측 연구의 빈도나 양은 상대적으로 줄어들고 있었다.[35] 둘째, 혼혈아의 신체를 연구한 의학자들은 혼혈아의 몸을 다른 집단과 구분해 단일민족주의를 강화하기 위한 목적을 우선적으로 고려했다기보다는, 과학계에서의 경력을 쌓기 위해 혼혈아를 좋은 연구 소재로 삼았던 것으로 보인다. 혼혈아의 신체 연구는 혼혈아들의 신체를 계측하기만 한다면, 쉽게 결과를 낼 수 있는 것이었다. 인종 연구자들은 구강위생운동을 비롯한 공중보건운동을 통해 혼혈아의 신체를 계측한 다음, 이미 연구된 한국인과 미국인, 유럽인들의 신체 정보, 인종 특성에 관한 연구 데이터를 가져와 비교했다. 한국인이나 구미인에 관한 데이터를 수집할 필요가 없었던 것이다. 더불어 혼혈아의 몸에 관심을 보였던 연구자들은 학위를 취득한 이후에는 혼혈아에 관한 별다른 연구를 수행하지 않았다. 혼혈아의 신체 전반을 가장 면밀하게 다뤘던 장진요는 이후 피부과 의사로 활동하면서 탈모 연구 등을 실시했다. 최동률, 유양석은 학계에서 활동하기보다는 치과를 개업해서 임상 영역에서 의사 경력을 이어갔다.

입양 준비 완료!?

아이들의 건강이 중요했던 이유는 해외 입양 절차에서 어느 정도 건강한 아이들을 선별하는 절차가 있었기 때문이었다. 혼혈아의 건강은 입양 가족의 건강한 생활, 미국의 공중보건 보호를 위해서 중요했다. 따라서 입양 기구들은 한국에서 미국으로 갈 예정인 입양아들에 대한 신체 정보를 요구했다. 신체적 장애가 있거나, 정신박약이 있는 경우, 결핵이나 성병에 노출된 아이들은 입양 자체가 허용되지 않을 수도 있었다.

해외 입양 과정에서는 혼혈아의 신체, 건강, 인종 정보 등이 종합적으로 수집되어 미국으로 전달되었다. 수집된 신체 정보로는 키, 몸무게, 피부색, 눈동자 색, 머리색을 비롯해 이목구비나 가슴, 심장 등 각 신체 부위와 장기에 관한 기능이나 의학적 소견 등이었다. 건강 정보로는 흉부 X선 검사나 혈청검사를 비롯해, 친부모나 친척들의 병력이나 가족력 등이 모두 수집되었다. 입양 당국은 그 외에도 매독검사, 심리검사, 치과진료 기록

등을 요구하기도 했다. 그 밖에도 직립 시기, 보행 시기, 식습관, 수면습관, 배변습관 등 아동의 행동 특성이나 발달 수준에 대한 기록들도 정리되었다.

혼혈아의 인종에 관한 정보 역시 입양에서 매우 중요했다. 국제사회봉사회 소속 관계자를 비롯한 미국의 사회복지사들은 입양 부모와 입양아가 인종에 따른 신체적 특징이 크게 차이가 나면, 입양된 혼혈아가 새로운 가정과 사회에서 잘 적응하지 못할 것을 우려했다. 2차 세계대전 이후 미국에서 반인종주의 운동이 유행했으나 흑인에 대한 차별은 공공연히 지속되고 있었다. 이런 사회적 분위기에서 부모와 현저히 다른 아이의 피부색은 아이들이 지역사회에서 환영받지 못하거나, 아이에게 정체성 혼란을 일으킬 수 있는 요인이었다. 따라서 해외 입양 기구들은 입양 부모와 입양아의 피부색을 최대한 유사하게 맞추려고 노력했다. 그 결과 해외 입양에 주로 주선되는 혼혈아들은 한국인 여성과 백인 미군 사이에서 태어난 백인계 혼혈아였다. 입양 조건을 맞출 수 있는 가정이 대부분 백인 가정이었던 것도 백인계 혼혈아 위주의 입양이 이루어진 요인이었다. 입양을 희망하는 부부들은 특정 외모나 인종적 특징을 선호하기도 했다.[36]

이런 경향은 예비 양부모들의 다수가 백인이었던 것과 관련이 있었다. '백인계 혼혈아'에 대한 선호는 입양 부부의 인종주의적 선입견에 의한 것이거나 개인적인 선호에 의한 것이기도 했지만, 이질적인 외모로 인해 입양 이후 입양아들이 적응에서 어려움을 겪을 것을 우려한 해외 입양 관계자들의 노력에 의한 것이기도 했다. 이러한 이유로 아이의 외형적 특징, 피부색, 머리카락의 색이나 곱슬거림 정도, 눈동자의 색 등 당시 인종 유형을 가늠하는 기준이라고 알려진 신체에 관한 정보들이 해외 입양에서 중요해졌다. 혼혈아의 경우는 외모에 관한 정보와 더불어 어떤 인종 사이에서 태어난 아이였는지 최대한 밝혀야 했으며, 특히 '흑인계 혼혈아'의 경우는 피부색이 어느 정도의 톤인지 상세한 정보도 필요했다.[37]

적응에는 문제가 없습니다?

한국에서 미국으로 입양 간 혼혈아들은 미국에서도 관심의 대상이었다. 당시 미국의 입양 관계자들은 다른 신체적 외형을 가지고 다른 문화와 환경에서 자라온 혼혈아들이 새로운 입양 가정에서 잘 적응할 수 있는지 확인하고 싶어 했다. 입양 혼혈아의 적응은 당시 미국 내 인종 간 입양과 국제 입양 모두에서 중요했다. 국제사회봉사회 한국 지부 회장 마가렛 버크는 1957년 「미국 입양 가정에서의 한국계 미국인 아이의 적응」이라는 제목의 보고서를 전미 사회복지 회의National Conference on Social Welfare 에서 발표했다. 이 발표에서 그는 국제사회봉사회와 한국 아동 양호회의 협력을 통해 성사된 입양을 평가하면서 이들이 미국 사회에서 매우 잘 적응하고 있다고 언급했다.[38]

버크의 보고는 당시 입양 단체가 혼혈인의 적응 문제를 세밀하게 관찰했음을 보여준다. 앞서 언급한 것처럼, 입양 단체들은 입양 아동의 특징과 친부모의 배경, 입양 예정인 부모의 가족 관계, 사회적 지위, 직업 등 다양한 정보를 종합해 입양을 주선했다. 예를 들면 입양 단체는 입양 부모에게 입양 아동과 소통을 위해 필요한 기본적인 한국어 표현을 소개하거나, 한국과 미국의 문화적 차이를 이해하기 위한 안내서를 지급했다. 이런 시스템은 입양의 성공과 안정적인 지속을 위해 필요한 것이었다. ISS는 입양 후 초기 몇 달간 입양이 잘 이루어졌는지, 아이와 부모의 적응에는 문제가 없는지 관찰할 수 있었다. 이 기간 입양 생활에 대한 정보는 입양 단체를 통해 입양 아동의 고국에 전달되었고, 완전히 법적 절차가 마무리되기 전까지 입양 단체가 아이의 상황을 파악할 수 있는 권리가 있었다.[39]

해외 입양 단체들은 과학계와 협력하면서 혼혈아들이 입양 후에도 잘 적응하고 있다는 사실을 과학적으로 증명하려고 노력했다. 국제사회봉사회는 케이스 웨스턴 리저브 대학교와 협력해 입양 가정에서 입양아들의 적응에 관한 연구를 수행했다. 이 연구에 참여한 마리안느 벨터는 8세 이후 미국에 입양된 아이(연장 아동)를 대상으로 이들이 새로운 가정에서 얼마나 잘 적응하고 있는지 추적했다. 이 조사에는 국제사회봉사회의 데이터와 관계자들의 인력이 활용되었다. 벨터가 만든 설문지를 국제사회봉사회 관계자와 사회복지사들이 입양 가정을 조사해 작성한 것이었다.

설문지에는 입양 부모의 인종, 종교, 직업, 학력, 건강 상태, 소속 커뮤니티와 같은 개인의 사회관계에 관한 정보와 입양 부모가 입양 신청 당시 선호한 아이의 유형에 관한 정보 등을 묻는 문항이 있었다. 응답자는 입양 아동에 관한 정보도 상세히 기재해야 했다. 특히 인종, 건강 상태, 지능 수준 등을 포함한 신체 정보와 더불어 아이가 입양 기관에 위탁된 이유, 파양 이유와 같은 정보를 구체적으로 적어야 했다. 인종을 기재하는 부분은 입양 예정인 부모와 아동 모두 상세한 인종 특성을 서술해야 했다. 부모와 입양 아동은 사회복지사들에 의해 흑인, 백인, 혼혈로 나뉘었고, 혼혈인 경우 구체적으로 어떤 인종이 '섞인 것'인지 조사되었다. 설문에는 "새로운 가정과 환경에서 자신의 신체적 특징에 대해 느끼는 감정"이 어떤지, "이전 환경에서 갑자기 떠나 생기는 향수병, 갈등, 혼란" 등이 어느 정도인지, "아이가 새로운 학교생활에 얼마나 적극적이고 학업적 역량은 어느 정도"인지 등 입양아의 행동이나 사회적 관계 특성을 묻는 문항도 다수 포함되어 있었다.

설문 응답자는 입양아들이 적응에서 보이는 "문제", "강점" 등을 기재할 수 있었고, 문제가 심각한 경우 해결책에 대한 의견을 달 수 있었다. 이처럼 신체와 인종 정보, 행동 정보 등을 포괄한 설문을 통해 입양아들의 입양 적합도 점수가 매겨졌다.

사례 19a - 9세 한국 남성 연장 아동(동양계 흑인 혼혈, 입양기관에서만 자란 경우)

아이의 다른 관습과 습관의 영향은 문제를 일으킬 수 있다.

그러나 입양 아동과 입양 부모에게 입양 전반의 여러 문제는 없었다. … 언어 장벽과 아동의 학교 경험에 필요한 준비 부족은 잠재적인 문제이지만, 이런 문제들은 심각한 문제가 되지 않도록 잘 관리되고 있었다.

적응도(5) = 매우 훌륭함[40]

이런 평가를 토대로 벨터는 동양계 비혼혈 아동과 혼혈아들이 미국 내에서 입양된 입양아들에 비해 적응을 잘하고 있다고 판단했다. 해외에서 입양된 아이들이 자신이 원래 살던 문화와 미국 문화의 차이를 알고 있고, 이것이 아이가 적응하는 데 문제가 없었다는 것이다. 벨터는 동양계 아이들이 미국 내 입양아보다 자존감이 더 높았으며, 학업성취도도 더 뛰어났다고 보았다.

해외 입양 단체들은 인종 과학 전문가들을 동원해 인종 간 입양이 생물학적인 문제가 없다는 사실도 강조했다. 국제사회봉사회는 1959년 "미국 백인 가정에 의한 동양계 아이 입양"이라는 주제로 심포지엄을 개최했다. 이 심포지엄의 목적은 홍콩인과 홍콩계 혼혈아를 미국으로 입양시키는 사업을 추진하는 과정에서 발생할 수 있는 홍콩계 입양아들의 적응 문제를 예측하고 해결하기 위한 것이었다. 이를 위해 국제사회봉사회는 인류학자, 유전학자, 사회복지학자, 정신의학자 등 다양한 분과의 전문가들을 초빙했다. 이 심포지엄에서 중요하게 다뤄진 주제는 동양계 아동과 백인 부모의 '인종적 차이'로 인한 갈등이나 문제를 발견하고 대책을 마련하는 것이었다. 이 심포지엄에서 한국계 혼혈아 입양의 사례는 인종 간 입양 문제에서 동양계 아동 입양의 중요한 선례로 다뤄졌다.

심포지엄에 참여한 유전학자 리처드 오스본Richard Osborne 은 인종 간 입양이 일으킬 유전학적인 문제는 없다고 주장했다. 그는 인종이라는 개념이 통계적인 의미밖에 없다고 지적하면서 어떤 집단을 인종으로 분류할 수 있는 본질적인 생물학적 요소는 없다고 보았다. 심포지엄에 참가했던 다른 분야의 학자들도 오스본의 주장에 대체로 동조했다. 전문가들의 의견은 오스본이 자신의 인종 개념을 설명하면서 반인종주의를 강조하는 식으로 흘러갔으며, 혼혈아동에 대한 사회적인 편견을 극복하자는 주장이 부각되었다.[41]

미국 아동복지 관련 기구들이 협력해서 만든 단체인 미국 아동복지 연맹Child Welfare League of America(CWLA) 역시 입양 사업 전반의 개선과 증진을 위한 출판물 『입양 업무에 관한 연구』A Study of Adoption Practice 시리즈를 출간하면서 인종 간 입양 문제에 관한 인종 연구 전문가들의 입장을 실었다. 체질인류학자 해리 샤피로Harry Shapiro(1902~1990)는 인종 간 입양이 아이에게 미칠 수 있는 영향을 체질인류학적 견지에서 지적했다. 오스본과 마찬가지로 샤피로도 인종 간 입양에 긍정적이었다. 그는 특정 인구 집단 특유의 형질을 보여줄 수 있는 객관적인 방법이 없음에도 인종 형질을 통해 입양아동의 인종적 특징을 분류

하는 절차를 비윤리적인 것이라고 비판했다.[42]

샤피로의 비판은 1940년대 말부터 미국의 의학 유전학자들을 중심으로 유행했던 유전 상담genetic counseling의 발달과 이들이 인종 간 입양에 가담하는 방식을 겨냥한 것이었다. 의학 유전학자들은 의학과 유전학을 접목해 다음 세대로 질병이나 기형이 유전되는 양상을 파악하고 이를 진단하고 치료할 방법을 모색하는 의학 유전학medical genetics을 공부한 사람들이었다. 당시 이들은 유전 상담을 수행하면서 부모들이 기형아, 정신박약아, 혼혈아, 헌팅턴 무도증 등 유전질환 환아를 출산할 가능성을 최대한 줄일 수 있도록 상담하는 클리닉을 운영했다. 의학 유전학자들은 자신들을 반인종주의자로 표방했고, 자신들의 상담 활동이 피상담자에게 어떠한 의학적 조치를 '강요'하지 않고 피상담자의 선택을 존중한다는 점에서 낙태와 불임술을 강요하는 우생학과는 차이가 있다고 주장했다.

그러나 1940~1960년대 의학 유전학자들의 유전 상담을 당대 우생학과 구별하는 태도를 그대로 수용할 수 있을까? 이 시기 유전 상담가들의 활동이나 유전 상담에 대한 언급도 우생학적 함의를 내포하고 있는 경우가 많았다. 예를 들면 유전 상담이라는 개념을 처음으로 사용한 유전학자 셸던 리드Sheldon Reed(1910~2003)는 유전 상담 활동의 기원을 우생학의 발전에서 상징적인 인물이었던 프란시스 골턴과 찰스 대븐포트로 이어지는 우생학의 역사에 위치시켰다. 그는 인류 유전학과 우생학이 같은 철학을 공유한다는 점을 강조하기도 했다.[43]

유전 상담과 우생학을 연결하는 것을 넘어 리드는 우생학으로 분류할 수 있는 사례 연구를 1950~1960년대에 걸쳐 수행했다. 1951년 그는 헌팅턴 무도증 환자의 후손들을 추적해 사회적 지위가 높고 특정 문명에 기여 하는 바가 많은 사람일수록 출산율이 낮다고 주장했다. 이 연구에서 리드는 "사회적 적합도"social fitness와 "재생산 적합도"reproductive fitness라는 지표를 활용했다. 사회적 적합도는 특정 개인이 문명에 기여할 수 있는 문화적 유전형질을 얼마나 가지고 있는지를 측정한 결과를 의미했다. 재생산 적합도는 특정 개인이 얼마나 많은 후손을 남기고 그 후손이 얼마나 문제없이 생존해 있는지를 통계적으로 나타낸 것이었다. 두 지표의 관계를 분석하는 것은 미국 인구의 지능이나 '문명적 역량'이 장기적으로 어떻게 변화할지 가늠해준다는 점에서 미국 인구의 질을 높이려는 우생학적 함의를 지닌 것이었다. 리드는 1965년 "새로운 우생학을 향하여"라는 이름으로 부모의 지능과 출산율의 상관관계에 관한 분석 방법을 제안하는 논문을 출간하기도 했다.[44]

유전 상담가들은 인종 간 입양을 희망하는 사람들을 주요 고객으로 삼았다. 입양 단체들과 입양을 앞둔 부모들은 입양한 아이가 백인 사회에 잘 적응할 수 있는 외형을 지니고 있는지 확인하고 싶어 했다. 신생아들은 성장 과정에서 피부색 등 외형이 변화하는 경우가 있어 신체적 특징을 정확하게 판단하기 어려웠기 때문이다. 인종 간 입양이 혼혈아의 적응에 미치는 부정적인 영향이 별로 없다는 연구 결과들이 있었음에도, 일부 예비 입양 부모들은 입양할 아이가 자신들과 유사한 인종적 특징을 갖고 있길 바랐다. 1950년대 미국에는 겉보기에 '검은 피부'가 아닌 혼혈아를 입양할 경우, 그 아이가 나중에 자녀를 출산할 때 그 자녀가 '검은 피부'를 가지고 태어날 것을 우려했다.

유전 상담가들은 '백인처럼 보이는' 혼혈아의 자손에게서 '흑인의 유전 형질'이 나타나는 것은 유전학적으로 불가능하다고 설명하면서 입양 가족들의 우려를 덜어주었다. 그러나 한편으로는 혼혈아의 인종을 분석해달라는 고객들의 요구 역시 들어주었다. 유전 상담가들은 20세기 전반기 체질인류학과 생물 통계학계에서 인종의 특성을 구분하기 위해 사용했던 피부색을 포함한 엉치뼈 반점sacral spot, 손가락 등 쪽의 얼룩finger smudges, 코의 너비, 입술 두께, 눈 주름, 머리카락 등의 신체적 형질들을 근거로 혼혈아들이 백인 사회에 위화감 없이 적응할 수 있는지 판단했다. 예를 들면 리드는 신생아 출생 이후 몇 개월 안에 사라지는 엉치뼈 반점이 흑인계 혼혈 신생아에게서 95퍼센트의 확률로 나타나지만, 백인계 신생아에게서는 거의 나타나지 않는다고 판단했다.[45]

유전 상담가들은 인종마다 전형적인 신체 유형이 있다는 관념에서 벗어나지 못했다. 하지만 이들이 혼혈아가 백인보다 생물학적으로 열등하다고 전제하지는 않았다. 리드 역시 백인과 흑인, 혼혈의 생물학적 우열을 가리는 것은 잘못이라고 명백하게 지적했다.[46] 이처럼 반인종주의를 지지하면서도 신체적 형질을 근거로 인종을 구분 하려는 유전 상담가들의 태도는

1940~1960년대 인종 연구자들에게서 나타나는 특징이었다. 이런 특징은 이 시기 인종 연구자들이 처한 상황을 잘 보여준다.

인종주의에 의한 폭력이 휩쓸고 지나갔던 2차 세계대전 이후 국제사회에는 인종주의에 대한 비판 기류가 형성되었다. 1951년 유네스코 인종 선언문은 반인종주의를 공식적으로 표방하고 모든 인류가 평등하다고 지적하면서 인종이라는 용어가 지닌 문제점을 비판했다. 이런 상황은 인종을 연구하는 과학자의 입장에서는 마냥 달갑지는 않았다. 자신들의 연구 주제가 사라질 위험에 처해 있었기 때문이다. 이에 인종 선언문 작성에 참여했던 과학자들은 인종을 인간 집단의 본질적 특성을 나타내는 용어가 아니라고 말하면서도 인종이 인류의 분류와 진화를 연구하기 위한 '분류법'classificatory device이라고 명시했다.[47]

이처럼 미국의 인종 연구자들 사이에서 반인종주의와 우생학이 교차하는 가운데, 혼혈아 입양을 주장하는 논리는 다른 집단에 대한 차별을 정당화하는 방식과 다르지 않았다. 역설적으로 과학계의 반인종주의 이념이 일부 유전학자들이 입양 절차 내에서 혼혈아를 기형아나 장애아보다 더 입양할 가치가 있는 집단으로 만드는 논리로 변형된 것이다. 리드는 정신적·신체적 장애가 있는 아이들은 입양보다 격리시설에 수용하는 것이 바람직하다고 주장했다. 그는 정신지체아를 격리·수용할 수 있도록 의사가 부모를 설득할 의무가 있다고까지 했다. 정신지체아를 입양하면 아이가 적응을 어려워할 것이 분명하고, 예비 부모 역시 입양에 만족하기 어렵다는 이유였다.

반면 혼혈아 입양은 부모들이 혼혈아에 대한 선입견을 조금만 벗어나면, 성공적으로 입양이 이루어질 수 있다고 보았다.

파탄 난 가정의 아이들은 그 부모가 정신박약이라 아이를 양육할 수 없는 경우가 많다. … 사생아의 경우는 부모가 안 좋은 유전형질을 지녔을 가능성이 높다. … 이들은 수요는 많지만 공급이 적다. … [혼혈 아동의] 대부분 부모 모두 상당한 능력을 가지고 있지만, 아이가 사회적 편견이나 불법적 결혼으로 인해 위법하게 태어난 경우가 많다. … 이런 점들을 통해 내린 결론은 혼혈아가 입양하기에 가장 활기차고 건강한 혈통을 가졌다는 것이다. 이들의 수요는 적지만, 공급은 많다. 만약 잠재적인 양부모가 인종적 편견이 없고 외형적으로 양부모와 아이가 일치한다면, 입양은 매우 성공적일 것이라고 예측할 수 있다.[48]

리드의 언급은 장애아, 사생아, 혼혈아가 입양 절차에서 서로 다른 가치가 있다는 주장을 펼치는 극단적 사례이다. 리드는 장애아, 사생아에 비해 혼혈아가 상대적으로 유전적 문제를 겪지 않을 가능성이 높다고 판단했다. 그에 따라 입양 가정의 행복을 위해서는 이런 문제가 적은 혼혈아의 입양이 가장 적합하다고 판단한 것이다.

미국에서 혼혈아 입양은 혼혈아들이 잘 적응할 수 있다는 과학적인 근거를 제시하는 방식으로 정당화되었다. 그러나 해외 입양 절차에서 혼혈아들이 잘 적응했다는 결론으로 입양 혼혈아들의 삶을 이해할 수 있을까? 물론 좋은 부모를 만나서 안정적인 삶을 향유하며 행복하게 성장한 입양 사례들도 적지 않게 만날 수 있다. 그러나 해외 입양된 혼혈아들이 모두 안정적으로 적응했으며 별다른 문제를 보이지 않았다는 설명은 입양 절차에서 어려움을 겪은 이들의 경험을 가릴 위험이 있다. 한국계 혼혈아들이 자신들의 삶을 회고한 기록을 살펴보면, 입양 이후에 겪은 이들의 차별적 경험과 아픈 기억을 확인할 수 있다. 미국에 입양된 어느 한국계 혼혈아는 통학 버스에서 날마다 친구들의 따돌림과 인종차별을 경험했다고 밝혔다. 한 한국계 혼혈아는 어린 시절 또래들에게 받은 인종차별로 인해 양어머니가 자신을 과잉보호했고 그 결과 소통 장애를 겪기도 했다고 증언했다.[49]

혼혈아들이 새로운 사회, 환경에서 직면한 경험은 다양한 것이었다. 당시 사회복지 전문가들이 사회에 만연한 인종주의적 편견을 인지하고 있었음을 고려할 때, 혼혈아들에게 높은 적응력이 있다고 단정한 것은 당시 연구자들이 혼혈아들이 처한 현실을 지나치게 단순화한 것이라고 볼 수 있다. 공교롭게도 혼혈아가 미국 사회에서 잘 적응하고 있다는 결론은 입양 사업의 유지와 확대를 뒷받침하는 '과학적 근거'로만 적절했다. 혼혈아들이 잘 적응하고 있어야 해외 입양이 문제없이 지속될 수 있기 때문이었다.

3부 격리되고 배제된 이들

혼혈아의 해외 입양을 살펴보면, 해외 입양에 관련된 사람들이 모두 우생학적 논리에 따라 혼혈아들을 '절멸'하려는 명시적이고 유일한 동기를 공유하고 있지는 않았다는 사실을 알 수 있다. 혼혈아들을 입양 보내야 하는 이유는 국내의 사회복지 여건이 부실한 상황 속에서 국가, 국민 정체성을 구축하는 데 이들이 방해가 되기 때문이었다. 해외 입양 단체들은 인도주의, 냉전 구도 속에서 동맹국에 긍정적인 미국의 이미지를 심어주기 위한 전략, 기독교적 박애주의라는 다양한 동기로 해외 입양에 가담했다. 해외 입양 기구와 협력했던 의학자들은 자신의 연구 경력을 이어가기 위한 연구 자원으로 혼혈아의 신체를 활용했고, 미국의 유전 상담가들은 혼혈아 입양을 통해 유전 상담이라는 분야를 확장했다. 나아가 혼혈아 입양을 반인종주의를 옹호하기 위한 실천으로 여겼다. 이처럼 해외 입양에 가담한 사람들은 혼혈아들이 한국 사회에서 사라져야 한국인의 질이 향상된다는 식의 논리를 명시적으로 펼치지 않았다.

그러나 해외 입양은 분명 한국 사회에서 살아갈 수 있는 사람들과 그렇지 않은 사람들을 나누고, 해외로 입양 보낼 사람들을 다른 사회에 거주할 수 있는 사람으로 탈바꿈하는 작업이었음은 분명해 보인다. 특히 1950~1960년대 초중반 해외 입양의 대상은 혼혈아였으며, 이들은 해외 입양 관계자와 과학자의 협력으로 한국 사회에서는 살아가기 부적합한 존재지만 미국 사회에서는 잘 적응할 수 있는 존재로 정의되었다.

해외 입양 과정에 내재한 우생학적 실천을 통해 오늘날 우리는 어떤 시사점을 얻을 수 있을까? 유의할 점은 차별과 배제의 논리가 항상 명시적인 방식으로 작동하지는 않는다는 것이다. 오늘날 한국 사회에서 특정 집단을 주변화하거나 우리 사회에서 제거하려는 '의도치 않은', '선의의' 움직임은 없는지 되돌아봐야 한다. 우생학의 역사가 우리에게 알려주는 것은 우생학적 실천이 이루어지는 논리가 항상 '합리적인' 근거로 정당화되어왔다는 것이다.

최근 한국 사회에서는 혼혈에 대한 대중들의 거부감은 줄어들고 있는 것처럼 보인다. 과거에 비해 대중매체에서도 혼혈인들이 자주 등장하면서 거부감 없이 대중들에게 받아들여진다. 이런 흐름 덕분일까? 과거 친근한 표현처럼 여겨졌던 인종차별적 언어에 대한 교정이나 개선의 움직임 역시 일부 대중매체를 통해 이루어지기도 한다. 흑인의 신체적 능력을 '친근한 표현'으로 낙인화하던 '흑형'이라는 표현이 특정 인종에 대한 비하를 담고 있다는 지적이 대중매체에서 다뤄지면서 이 표현은 점차 덜 쓰이게 되었다. 이런 현상들을 보면 다양한 차이를 인정하고 '혼혈인'과 '비혼혈인'의 경계를 허무는 일을 상상해볼 수 있다. 혼혈아들의 삶을 복원하는 작업 역시 계속해서 이루어지고 있다. 이런 흐름은 주로 그들이 자전적인 에세이를 출간하거나, 한국계 이주자들이 역사 연구자가 되어 혼혈아와 이주자의 역사를 적극적으로 소개하면서부터 생겨났다. 그 결과 일제시기 이주자의 역사를 다룬 『파친코』, 한국계 혼혈아 이주자가 자신의 어머니에 관해서 쓴 에세이인 『전쟁 같은 맛』, 한국계 가족의 미국 이주 경험을 모티프로 만들어졌다고 알려진 〈엘리멘탈〉과 같은 작품들이 한국계 이주자들에 의해 국내에 역으로 소개되고 있는 실정이다. 이런 흐름을 이어서 국내에서도 혼혈인들의 역사를 되살리려는 작업 역시 추가적으로 이루어져야 한다.

한국에서는 2000년대 초 동남아 이주자가 늘어나며 다문화 가정이 증가했고, 2006년 한국계 미국인 하인스워드Hines Edward Ward Jr.가 미국 슈퍼볼 MVP를 수상하면서 혼혈인에 대한 관심이 늘어나는 듯했으나, 그 관심은 그리 오래가지 않았다. 해외 입양 과정에서 자행되었던 강압적인 절차나 서류 조작으로 '고아'로 둔갑되어 입양 보내진 사람들과 피해 가족에 관한 역사는 아직 충분히 규명되지 못하고 있다. 2023년에서야 진실과화해위원회에서 해외 입양의 불법성에 대한 본격적인 조사에 착수하는 움직임이 이루어졌으며, 서류 조작에 의한 입양 피해 역시 최근에서야 승소 판결을 받기 시작했다.

혼혈과 이주자의 이야기에서 시야를 조금 더 넓히면, 갈 길은 더 멀다. 혼혈을 아름다움의 상징으로 묘사했던 과거 인종주의적 담론이 여전히 반복되고 있으며, 조선족을 악마화하고 범죄 집단화하는 묘사들은 너무나 쉽게 찾아볼 수 있다. 실제로 조선족을 비롯한 중국인의 10만 명당 범죄율은 한국인의 절반에 가까운 수준이다. 더불어 범죄 피해자로서 조선족이 표상되는 일은 현저히 적다.[50] 이러한 현상들은 대중적 차원에서 별다른 문제 제기 없이 계속 반복되고 있다. 해외 입양과 혼혈아의 역사는 오늘날 한국 사회가 소수자들의 삶에 대한 선입견과 낙인에 대해 끊임없이 성찰해야 할 필요가 있음을 시사한다. '우리'라는 말로 담을 수 있는 이들은 지금보다 조금 더 다채로워야 한다.

8장

정신적 결함, 성적 일탈, 우생학

황지성

청도대남병원의 기억

코로나 바이러스는 인간과 비인간 사이 경계의 존재들을 통해 효과적으로 전파되면서 엄청난 위력을 과시한 바 있다. 일례로 2020년 청도대남병원(정신병원)에서 코로나19 집단감염과 사망 사건이 발생했을 때의 충격을 기억하는 사람도 많을 것이다. 사회와 격리되어 좁은 정신병원이나 요양시설 안에서 집단으로 먹고 자고 일하는, 삶과 죽음 사이 어딘가의 낯선 생명과 공간이 코로나 바이러스와 함께, 어쩌면 그보다 더 충격적으로 모습을 드러낸 것이다. 2019년 보건복지부 통계에 의하면, 약 7만 명의 정신장애인과 약 2만 5,000명의 지적장애·발달장애인으로, 모두 약 10만 명에 달하는 인구가 요양시설이나 정신병원에 수용되어 있다.[1]

대부분의 정신적 장애는 발생 원인이나 치료법이 알려지지 않은 데다 가시적으로 드러나지 않는다는 속성 때문에 오랜 시간 그 발생 원인 및 유병률에 관한 과장된 믿음에서부터 잔인무도한 치료법에 이르기까지 '수난'의 운명에 처해야 했다. 20세기 대부분의 시간 동안 범죄, 빈곤, 이주 등 글로벌 자본주의가 양산한 사회문제가 정신적 결함이나 장애를 가진, 이른바 '퇴화된' 존재들에서 비롯된다고 하는 얼토당토않은 주장이 힘을 발휘하기도 했다. 그렇기 때문에 정신적 결함은 시설 격리와 단종수술 등 부정적 우생학 실천에서 가장 우선적인 표적이 되었다. 이러한 수난의 역사는 과거의 사건만은 아니다. 4장과 5장에서 살펴본 것처럼 최근까지 한국을 비롯해 전 세계적으로 가족계획사업이 추진되는 과정에서 불임수술 실천이 광범위한 동의를 얻고 산과기술의 발전을 추동한 핵심적 동력은 정신적 장애에 대해 사회가 공유한 인식이었다는 것을 부인하진 못할 것이다. 최근에는 정신장애를 강력범죄의 원인으로 지목하고 장애를 가진 사람들을 사회와 철저히 격리하는 것만이 범죄 예방과 안전을 위한 유일한 방안인 것처럼 진단하는 전문가와 미디어를 쉽게 접할 수 있다. 정신적 결함·장애와 긴밀하게 연결된 우생학의 역사는 형태와 외양을 달리하며 지금 여기 우리의 인식, 정동, 물질적 구조를 특정하게 구성하고 있다 하겠다.

이 장은 한국전쟁 전후戰後 1950~1960년대를 배경으로 정신적 결함이 우생학의 우선적 대상으로 포섭되는 우연적 사건의 계보를 추적한다. 해방과 한국전쟁을 거친 당시 사회에서

3부   격리되고 배제된 이들

만연한 질병과 혼란을 수습하고 국체의 재건을 이루는 것은 전 사회적 화두로 떠올랐다. 여기서 보건의료 분야에 포진된 지식인·전문가들의 위치와 역할은 중요했다. 그들은 해방 전 일제 시기 일본식 보건의료체제의 유제 위에 냉전의 최전방 남한에 제공된 미국의 물적·인적 원조로 미국식 체제를 혼합한 새로운 국민보건의료체계를 수립했고, 이는 오늘날로 이어지는 보건의료체계의 중요한 토대가 되었다.[2] 이 글은 정신보건 영역 전문가들, 그 가운데서도 핵심적 위치에 있는 정신의료 분야 전문가들이 사회문제 통제와 국가 재건을 명목으로 생산해낸 담론적 실천에 주목하고 구체적 예시로서 여성 수용시설의 작동을 살펴본다.

이 작업을 통해 그간 분절적으로 접근된 인구통치와 시설화, 우생학의 역사를 서로 교차하면서 새롭게 바라볼 수 있는 계기가 마련되기를 바라며, 이 글에서 강조하고자 하는 것은 크게 두 가지 지점이다. 첫째, 전후 사회에서 초국적 인구통치 주체로 부상할 수 있었던 정신보건 영역 전문가들과 그들의 정치경제적 이해관계다. 20세기의 서양 정신의학은 좁은 범위의 의료행위와 연구에 한정되지 않고 법률, 교육, 사회학, 심리학 등 다학제적 분야들에 두루 걸쳐져 있으면서 그들을 서로 연결하는 역할을 했다는 특징이 있으며,[3] 이 글이 논하듯 전후 한국 정신의학 역시 그와 유사한 궤적을 그렸다. 정신의학 전문가들은 결코 병원 환자의 치료에만 자신들의 역할을 한정하지 않았으며, 민관을 아우르는 수용시설을 포함해 다채로운 기구·장치들을 통해 권한과 영향력을 확장해나갔다. 이와 같은 행보에 결정적 영향을 미친 것은 정신의학 자체의 지식체계보다는 정치경제적 이해관계였다. 다음으로 인구를 대상으로 한 생명 권력이 행사되는 과정에서 젠더, 장애, 섹슈얼리티, 계층 등이 동시적이며 상호 구성적으로 작동한다는 것이다. 교차성은 유색인 여성의 경험과 정체성이 젠더와 인종의 상호구성적 관계에서 형성되는 것임을 강조하는 데서 출발한 인식론으로서, 단일 정체성의 정치학이 범주들 사이in-between의 존재와 복잡한 억압의 경험을 비가시화하고 침묵하게 한다는 점에서 파괴적임을 보였다. 이 글에서 '여성', '불구' 등의 역사적 범주 혹은 정체성의 이름들은 역사 쓰기 작업에 의해 구성된 담론적 범주이자 매우 불완전한 기표로서 취급된다. 그리고 젠더, 섹슈얼리티, 장애, 계급 등이 이미 언제나 서로를 구성하며 때로 경합하기도 하는 역동적인 관계임을 전제하면서 기존의 범주들 '사이'에서 재현 또는 대표되지 못했던 이들의 정체성과 경험에 가닿고자 한다.

2차 세계대전 무렵 미국 정신보건 영역의 특징

미국 정신의학의 역사에서 양차 세계대전은 매우 중요한 의미를 지닌다. 정신의학은 19세기 태동 이후 줄곧 수용소asylum에 환자를 수용하고 관리하는 것 이상의 영향력을 행사하지 못하는 소외된 분야였다. 정신의학 전문가들은 수용소에 격리되는 심각한 만성 정신증 환자들을 관리하며 그것의 생물학적이고 유전적 원인[4]을 규명하는 데 몰두했지만, 진전은 더디기만 했다.[5] 그러나 20세기 전반기 총력전으로 전개된 두 번의 세계대전을 경험하며 정신의학 전문가들은 비로소 수용소에서 나와 자신들의 사회적 입지를 확장해나간다. 전쟁과 정신의학의 관계를 살펴보기에 앞서, 정신의학의 한 분파로서 정신분석학 또는 이른바 역동정신의학dynamic psychiatry이 주류로 부상하게 된 과정과 그것의 개념적 성격을 짚고 넘어갈 필요가 있다.

   20세기 초반 일군의 개혁적 성향의 정신의학자들은 '정상'과 '광기'를 이분화하고 후자에 골몰한 19세기의 정신의학과 거리를 두었는데, 수용소가 아닌 대학과 지역사회를 기반으로 '정상적' 사람들이 매일의 삶에서 일상적으로 겪는 불안, 우울, 충동과 성격personality을 정신의학적 분석의 대상으로 재구성했다. 따라서 그들은 환각, 조현증 등 기존의 정신의학을 지배했던 증상을 버리고 대신 정신병리적 성격psychopathic personality과 같이 광범위한 적용이 가능한 새로운 증상을 개발했으며, 한 인간의 과거, 현재, 미래부터 모든 개인적 속성을 드러내는 것으로서 성격의 개념을 정립했다. 인간 그 자체와 심리에 대한 이러한 새로운 이론은 정신적 문제 및 문제의 치료에 대한 접근을 완전히 달라지게 했다. 즉, 과거와 같이 뚜렷한 '비정상' 범주에 있는 환자들만이 아니라 정상과 비정상의 구분 너머 하나의 연속체를 구성하는 모든 평범한 사람들의 일상적인 "삶의 문제"[6]가 정신의학적 분석과 관리 영역에 들어올 수 있게 된 것이다.[7] 이는 정신의학 전문가들의 권한과 영향력을 급진적으로 확장시키는 일이었다. 유전적·생물학적 요인에 의해서뿐 아니라 사회적 환경에 의해서 일반 인구 중 누구라도 정신적 문제를 가질 수 있다는 인식으로 전환되면서, 인구 전체의 정신건강을 증진시킬 "정신위생"mental hygiene 체계 수립의 중요성이 증대되었기 때문이다.[8] 정신위생은 정치적 성향을 떠나 20세기 초반 당시 모든 중산층 지식인들의 광범위한 동의를 얻을 수 있었는데, 19세기 산업자본주의와 자유방임주의가 초래한 심각한 빈곤과 불평등의 문제를 해결할 합리적 방법은 공공 위생 혹은 보건체계를 수립하는 것이라는 데 의견이 일치했기 때문이었다. 이뿐만 아니라 인구의 정신건강을 보호하고 향상시키기 위한 국가적 체계의 확립은 같은 시기 등장하기 시작한 의료, 복지, 심리, 범죄, 사회 등에 걸친 백인 중산층 중심의 전문직종 및 학문 분야를 총동원해야 하는 일이기도 했다. 이에 정신분석 훈련을 받은 정신과 의사들은 정신적 문제의 진단, 분류, 치료라는 정신위생의 핵심적 영역에서 자신들의 배타적 지위를 유지하며 권한을 확장해 나갈 수 있었다.

　　서구 사회가 정신분석학 및 정신위생체계 수립의 중요성을 인식하기 시작한 무렵 1차 세계대전이 발발했다. 새로운 정신분석학 이론을 입증하듯 1차 세계대전에서 많은 '정상적' 남성들이 정신적 문제로 참전에서 제외되거나 참전 후 정신과적 상해를 이유로 제대하는 사례가 속출했다. 그리고 이어서 발발한 2차 세계대전은 1차 세계대전 때보다 더 많은 정신과적 사상자를 양산했다. 소위 전쟁 신경증war neurosis, 전투 피로combat exhuastion[9] 등의 증상을 가진 정신과적 사상자들은 약 100만 명에 이르는 것으로 추산되었다. 이같이 양차 세계대전은 '정상적' 사람들 누구나 정신병리적 문제에 취약할 수 있다는 사실을 발견하는 계기였고, 개혁적 정신의학 전문가들을 더욱 고무했다. 이에 전간기 동안 더 많은 정신의학 전문가들이 정신분석 훈련을 받아 정신분석 전문가 자격을 취득했다. 2차 대전 중에는 정신분석 훈련을 받은 정신과 의사 윌리엄 매닝거William Menninger가 미 육군 사단 정신과division psychiatry 총책임자가 되었다. 그는 전체 정신과 군의관들을 대상으로 정신분석 훈련을 제공했고, 머지 않아 전 세계적으로 가장 영향력 있는 정신의학의 진단·분류 기준이 될 정신장애 진단 및 통계편람(DSM-1)에 밑바탕을 제공하게 되는 군의관용 매뉴얼을 제작했다. 정신분석 전문가들이 주를 이룬 정신과 군의관들의 역할에서 핵심은 정신적 문제를 호소하는 병사들에게 조기 개입하여 증상을 분류하고, 장기간의 입원 치료를 요하는 경우(이 경우 대게 제대조치 되었다)를 제외하고는 잠깐의 휴식과 안정을 제공함으로써 전장에 복귀해 군의 사기와 전투력을 떨어뜨리지 않게 하는 데 있었다. 그러한 분류와 개입이 효과적이고 적절했는지 여부와는 무관하게 전쟁 경험은 일반 사회 내 '정상적' 사람들의 정신적 문제를 예방하고 치료할 정신보건체계가 시급하게 수립되어야 한다는 것을 인식하게 만들었다.[10]

전쟁이 종료된 직후 1946년 정신보건법의 제정과 함께 국립정신보건원National Institute of Mental Health이 설립된 데 이어 미국 정신분석협회가 발족되었고, 1948년에는 미국정신의학협회 회장으로 윌리엄 매닝거가 선출되는 등 일련의 움직임들은 전쟁 경험이 미국 사회 내 역동정신의학 및 정신보건에 대한 인식을 얼마만큼 달라지게 했는가를 단적으로 보여준다. 주목할 것은, 전후 정신보건 영역의 담론적 실천에서 아동청소년 문제는 중요한 일부분이 되었다는 점이다. 아동청소년 분야 정신의학 전문가들은 아동청소년기 경험이 성인기 정신건강을 결정한다고 보았는데, 이러한 관점은 어린 시절에 행동 문제가 있었던 병사들에게서 정신과적 사상률이 더 높았다는 전시 통계와 분석들로부터 나왔다. 이후 전문가들은 아동청소년의 정신장애에서부터 범죄까지 모든 것의 원인을 부모, 특히 어머니의 양육기술 문제로 소급하는 이론을 앞다투어 내놓았다. 이는 일반 가정 아동청소년의 과도한 정신과 병원 입원율에서부터 가정환경이나 부모를 조사하는 행위가 대중문화 전반으로 확산되는 등의 새로운 사회현상을 낳았다.[11]

비행청소년 문제 같은 전통적 주제 역시 꾸준히 정신보건영역의 개입 대상이 되었다. 이미 1차 세계대전 중인 1920년대 개혁적 정신의학자들 및 관련 전문가들은 범죄 방지와 비행청소년 보호에 주력, "아동이 적절한 보호를 받는다면 정상적이고 생산적인 성인으로 성장할 것"[12]이라는 기치하에 전국적인 아동보호클리닉child guidance clinic을 설립, 운영하는 데 주력했다. 그들은 같은 시기 맹위를 떨쳤던 우생학 운동과 달리 범죄성은 유전적 결함에 의해 타고나는 것이 아니라고 보았다. 대신 개인에게 주어진 환경이 성격과 마음의 질환을 초래하기에 전문가들이 과학적으로 조기 관리, 개입하는 것이 중요하다고 역설함으로써 결과적으로 우생학과 마찬가지로 아동청소년의 범죄와 비행문제를 (재)개인화·의료화했다. 2차 세계대전 후 그들은 나치즘의 동의어가 된 우생학과 완전히 거리 두기를 하며 "부적응", "성격", "동기·동인"motivation 등 정신분석학의 개념을 더욱 적극적으로 차용했고, 정신보건체계 확산과 함께 자신들의 영역을 크게 확장해나갔다.[13]

이처럼 미국 사회에서 정신보건 영역과 그것의 중심에 있는 미국식 정신분석학·역동정신의학은 양차 세계대전을 발판삼아 미국 문화와 보건체제에서 대중화되고 커다란 영향력을 가지게 되었다. 역동정신의학은 사회적 요소들과 인간 내면 간의 상호작용을 탐구하고 정신의학이 사회과학 분야와 폭넓은 대화의 장을 열게 하는 등 긍정적 영향을 많이 끼친 것이 사실이지만, 동시에 모든 사람의 일상적 "삶의 문제들"을 정신의학적 진단과 해석의 영역으로 포섭해 의료화하는 효과를 발휘했다. 특히 아동청소년 비행 문제를 비롯한 사회적 소수자들을 양산하는 사회구조적 부정의와 불평등을 개별적 성격과 양육 환경의 문제로 탈정치화하는 사회통제의 도구로 기능했다는 것이 중요하다. 역동정신의학의 위상이 절정에 달했던 1940~1950년대 미국 수용소·정신병원 수용 인구가 오히려 증가 일로에 있었다는 사실[14]은 역동정신의학과 정신보건 영역의 모순적이고 복잡한 성격을 드러내는 단면이다. 역동정신의학의 치료법인 정신치료(또는 정신요법)나 대화 치료는 값비싼 치료비를 지불할 능력이 있는 중산층 환자들의 전유물이었고, 따라서 유능한 의사들 대부분이 역동정신의학으로 몰리는 악순환이 초래되었다. 사회적 불평등과 빈곤으로 치료와 돌봄을 받을 수 없고 또 그만큼 만성질환을 가지게 될 확률도 더 높은 빈곤층·유색인 집단은 오히려 기피 대상이거나 사회사업가, 심리치료사, 범죄학자 등 정신보건 영역 내 새로운 중산층 직업군의 통제 대상이었다.[15]

모든 삶의 일상적 문제들을 개인화함과 동시에 불평등이 양산해내는 다양한 소수자(그들 중 다수는 불평등의 결과로 나타난 정신적 붕괴와 질환으로 고통받아야 했다)를 통제하는 생명권력 기술·장치로서 당대 미국 정신의학 이론과 정신보건 영역은 양차 세계대전에 이어진 냉전의 역동 속에서 한국으로 빠르게 이식된다.

한국전쟁기 한미 군정신의학의 초국가적 교류

앞에서 살펴본 것처럼 미국은 20세기의 총력전을 경험하며 정신의학·정신보건 분야에서 급진적 변화를 겪었다. 마찬가지로 남한의 서양의학 일반은 전쟁을 통해 커다란 전환의 계기를 맞이했으며, 특히 정신의학 분야에 있어 전쟁은 "르네상스"[16]를 만난 격이었다.[17] 일제시기부터 전쟁 전까지 일부 대도시 상류층의 전유물이었던 서양의학은 전시 의료구호를 통해 일제히 가난한 기층 서민들과 접속되었고, 이는 서양의학에 대한 신뢰를 넘어 맹신 풍조까지 나타나게 했다.[18] 또한 전시 상황은 군의관으로 대거 군대에 집결된 의사들이 유엔군, 특히 미군과 활발하게 접촉하며 최신의 미국식 의학 지식을 접할 수 있는 계기를 마련해주었다. 그러나 전쟁으로 가능해진 의사 교육의 진일보와 미국화에도 불구하고 전후 사회 혼란상과 출혈적 국방비 지출 등으로 인해 보건의료체계의 구축은 요원한 일이 되었다. 결과적으로 전쟁은 중상층 전문 직업군의 양적·질적인 팽창을 가져온 반면, 많은 국민이 국가 보건의료체계의 부재 속에서 만연한 질병과 장애에 지속적으로 노출되어야 하는 모순적 상황을 초래했다.

　한국전쟁기 한미 정신의학은 전선이 고착되는 1951년부터 본격적으로 교류하기 시작했다. 미군은 맥아더의 인천상륙작전 성공 직후 이미 사단 정신과를 설치해 자국의 정신보건 전문가들을 파견했고, 그들은 미국 병사들의 치료에 전념했다. 한국군의 경우에도 1950년 9월 서울 수복 당시 일군의 정신과 의사들이 일제히 군에 입대한 상황이었지만, 정신과 진료의 필요성에 대한 인식이 매우 낮았기 때문에 그들은 내과 등 타 과 진료를 위해 배치되었다. 그러나 전선이 고착된 후부터 미국 정신보건 전문가들은 미8군의 중심적 군병원인 121부대 후송병원 정신과를 중심으로 한국 정신과 군의관 단기 속성 훈련 프로그램을 실시해 그들이 일선에서 한국군 정신과 사상자를 위한 치료자로 일하도록 배치했다. 해당 교육 프로그램을 최초로 이수

한 사람이 유석진이었다. 유석진은 일제시기 말기에 경성제국
대학에서 수학했고, 1951년 군의관으로 입대했을 당시 30대 초
반의 나이에 서울대 의대 정신과 조교수로 임명됐다. 그는 121
후송병원 정신과 훈련 프로그램을 이수하며 미국식 정신의학
체계와 사조를 적극 받아들였고, 이후 미국의 원조에 의한 한국
정신과 군의관 재교육 프로그램의 책임자가 되어 한미 간 교류
를 매개하고 확장시켰다. 이후 121부대 후송병원은 신경정신과
를 별도로 분리 설치하고 전체 한국 정신과 군의관들에 대한 교
육을 실시하며 정신과의 위상은 한층 강화되었다. 1952년에는
한국 군의관 미국 파견 프로그램이 실시되었고, 정신과 의사들
도 미국 군병원이나 군대 경험이 있는 정신과 의사들에게 파견
되어 6개월간의 재훈련을 받았다. 이처럼 전쟁 기간 한미 정신
의학 전문가들이 활발하게 교류한 결과 국군 내 정신과의 위상
은 전쟁 전과는 완전히 달라졌다. 1953년 수도육군병원(정신과
과장 유석진)은 정신과 군의관 양성코스를 개설했고, 1954년 육
군본부는 최초로 사단 정신과 제도 도입 문제를 논의하는 등 군
에서 정신과의 역할은 점점 더 명확해지고 있었다.[19]

　　1954년까지 미국 군정신의학 훈련을 받은 의사는 총 45명
이며, 이들 대다수가 훗날 주요 대학 및 의료기관의 교수, 의사,
관리자가 되어 한국 정신의학 체계와 이론적 확립에 다양한 방
식으로 기여하게 된다.[20] 따라서 이들이 받은 교육 훈련의 핵심
적 성격이 무엇이고 또 그들은 어떻게 그것을 흡수했는가를 확
인하는 것은 중요하다. 먼저 2차 세계대전 당시와 마찬가지로

한국전쟁 기간 미국 군정신의학의 헤게모니는 역동정신의학이었다. 2차 세계대전 중에 정신의학 전문가들이 개발한 후 미국 군대에서뿐 아니라 전 사회적으로 보편화되기 시작한 정신질환 진단과 분류에 관한 메뉴얼은 한국 정신과 군의관들 교육과정에서 곧바로 교과서가 되었다. 해당 매뉴얼은 '성격', 특히한 개인이 발달 과정에서 가지게 되는 성격적 이상이 정신질환의 원인이라고 전제하고 매우 광범위하게 적용 가능한 진단명들을 제시했다. 이에 한국 정신과 군의관에게 눈에 띄는 신체 및정신적 질병이 없는데도 전투 임무를 적절하게 수행하지 못하는 군인들은 일제히 성격적이고 심리적인 장애, 이른바 "양키스타일 트라우마"Yankee-style trauma[21]를 가진 것으로 간주되었는데, 그들을 위한 가장 적절한 치료법은 자연스럽게 미국식 역동정신의학이었다. 이에 고통을 호소하는 모든 병사는 증상을막론하고 표준화된 심리검사[22]와 역동정신의학에 입각한 진단을 통해 심리적으로 분석되어야 했다. 정신과 군의관들은 병사들의 가족관계, 성 경험, 지능지수, 교육 경험, 경제적 상황 등을분석한 결과를 토대로 그들의 낮은 교육 수준, 양부모나 조실부모, 낮은 지능, 성 경험의 부재 혹은 이상, 빈곤 등 병사들 개개인의 가정환경 및 심리 상태를 증상의 원인으로 지목했다.[23]

그렇다면 한국의 의사들은 이러한 미국식 정신의학을 어떻게 받아들였을까? 한국의 정신의학은 일제시기 일본식 정신의학의 영향 아래 한국전쟁을 계기로 미국식으로 빠르게 재편되었다. 전시에 미국과 얼마나 밀접하게 교류하고 지원을 획득하는가는 당시까지 입지가 매우 좁기만 했던 국군 내 정신의학 전문가들의 위상을 높이고 영향력을 확장하는 데 핵심적이었기 때문에, 미국 정신의학이 그토록 빠르게 흡수될 수 있었던 동력은 미국의 일방적 힘과 헤게모니에 의한 것이라고만 볼 수 없다. 동시에 그러한 전시 경험은 정신과 의사들이 군대를 넘어 한국 사회에서 정신의학 및 정신위생 영역에 대한 인식을 높이고 사회적 인정을 획득할 청사진을 제시했다. 유석진은 전쟁 종료 후 군대에서 실시했던 정신위생 프로그램을 일반 시민을 위해 실시할 시점이라고 강조했다.[24] 그러면서 그는 일제시대 정신과 의학도들이 받은 교육은 생물학 기반 정신의학에 치우쳐져서 "매일의 삶의 문제"를 해결할 정신위생과 정신치료에 관심이 있는 의학도들에게는 매우 불충분했지만, 해방과 한국전쟁이 이러한 상황을 역전시켜 "아동 정신의학, 정신위생, 역동정신의학, 심리치료" 등의 영역을 훈련받을 수 있는 분기점이 되었다고 평가했다.[25] 따라서 전시에 미국식 교육과 훈련을 통해 최신 지식과 기술을 습득한 새로운 세대의 정신과 의사들은 군대뿐 아니라 전체 시민사회에 요구되는 정신위생을 책임질 적임자였다.

유년기의 심리적·성격적 장애를 가지고 있던 사람 대부분이 전쟁에서 정신과적 사상자("양키 스타일 트라우마")가 되었다는 사실이 군대 내 정신위생 프로그램의 필요성을 입증한 것처럼, 한국 사회 일반 시민 중에 얼마나 많은 정신장애인이 분포하는가는 한국 사회에서 정신위생 영역이 확장될 필요를 증

명할 것이었다. 따라서 정신과 의사들은 한국 사회 일반의 정신
장애 출현 규모를 파악하기 위한 통계조사를 자체적으로 실시
했다. 유석진 자신도 1956년부터 4년간 한국의 농촌 지역들에
서 대대적인 정신질환 역학조사를 실시했고 그 결과는 1962년
학술지에 게제되었다. 해당 조사는 미국에서 사용되는 진단
및 분류의 범주를 바탕으로 실시되었다.[26] 구체적으로 조사 대
상 범주는 크게 주요 정신증major psychoses[27]과 그 외 정신장애
mental disorder로 분류되었고, 후자의 경우 정신적 결함mental
deficiency, 정신병리적 성격psychopathic personality, 정신신경증
psychoneuroses(히스테리아hysteria[28]는 정신신경증의 하위 범주로 분
류되었다) 등 굉장히 모호하고 광범위한 적용이 가능한 범주들
을 포함했다. 유석진은 조사 결과를 토대로 한국 농촌 지역에서
정신장애 발생 빈도는 다른 국가들과 유사한 것으로 드러났으
며, 이는 한국 사회에도 외국과 같이 정신보건 계획이 수립되어
야 할 확실한 증거라고 결론지었다.[29]

　　한국 최초의 민간 정신병원인 청량리 뇌병원(후일 청량리 정
신병원) 초대 원장을 역임한 최신해[30] 역시 일반 사회 내 질환자
들의 통계 수치를 근거로 "정신보건"의 필요성을 강조했다. 그
는 일반적으로 정신질환이 근대화와 도시화가 낳은 질병이라
고 여겨지지만, 한국과 같이 "후진성"을 면치 못하고 있는 저개
발국이라고 해서 정신병 발생률이 적은 것은 아니라고 강조했
다. 그리고 한 지역에서 조사된 정신병 발생 빈도를 토대로, 한
국 사회 전체 인구에서 약 22만 명의 정신질환자가 있을 것으로

추산했다. 그가 보기에 "후진성"의 진정한 지표는 오히려 병원 치료를 받고 있는 정신질환자 중 대다수인 약 70퍼센트가 "좁은 의미의 정신병인 정신분열증"을 가지고 있다는 통계였다. 그는 이 같은 현상의 원인이 정신병원 시설 및 의사 부족, 조기 진단과 치료의 부재, "정신보건 사상의 미급" 등으로 인해 환자들이 병을 키우고 이미 만성이 된 상태에서 병원 문턱을 넘기 때문이라고 진단하며 정신보건 운동이 시급하다고 주장했다.[31]

그러나 전후 한국 정부는 2차 세계대전 후 미국 정부처럼 정신질환을 예방, 치료하고 정신보건 운동을 보급할 국가 정신보건체계를 수립하는 데 관심을 두지 않았다. 그나마 외국 원조가 대학 의료기관 복구에 우선적으로 투입되었지만, 대학병원급 시설은 전쟁 전과 마찬가지로 찾는 사람이 많지 않았다. 값비싼 치료비를 지불할 수 없었기 때문이다.[32] 이러한 경향은 정신의료 분야도 예외가 아니어서, 위에서 최신해가 지적하고 있는 것처럼 전후 사회에서 대다수 사람은 여전히 병원을 통해 서양 정신의료를 경험할 수 없었고, 병원 치료를 받는 경우에도 정신분열증 환자가 다수였다.[33] 이처럼 병원에서 의사들이 맞이해야 했던 환자수가 극히 적은 데 더해 역동정신의학에서 상대적으로 비중이 크지 않았던, '광기', '비정상'의 고전적 형태로서 정신분열증이 대다수였다는 것은 미국식 역동정신의학 훈련을 받은 후 군대에서 일반병원으로 이동한 정신과 의사들에게 최신 이론과 치료법을 적용할 기회가 극히 제한되었다는 것을 의미한다. 물론 역동정신의학 이론에 따르면 정신분열증 역시 다른 정신질환과 마찬가지로 어린 시절 성장 과정에서 겪는 성격이나 감정의 갈등에 원인이 있으므로 정신요법이 가장 적합한 치료법이지만, 당시 미국에서조차 그러한 치료는 부유한 계층 환자들의 전유물이었다.[34] 한국의 병원도 소수의 상류층 환자들에게는 증상의 종류와 관계없이 정신요법에 치중했지만 그 외 환자들에게는 값이 저렴한 "전기충격 요법" 등 전통적인 "물리적 요법"이 주류 치료법이 되었기 때문에, 전반적으로 병원 내에서 의사들이 환자에게 "정신요법"을 활용할 기회는 많지 않았다.[35]

따라서 한국전쟁을 통해 정신보건을 위한 최신 지식과 기술을 손에 쥐게 된 정신과 의사들에게 "실험실의 현미경과 시험관만이 아니라 인간 상호 간의 관계"[36]와 "매일의 삶의 문제"를 통해 자신들의 위상을 확고히 할 장소는 병원이 아니라 병원 문턱을 넘을 수도 없는 허다한 사람들과 보다 가까웠던 비의료적 장소였다.

인구 전체의 정신보건을 위한 시설화: 치료와 통제의 융합

앞서 살펴본 것처럼 20세기 초반 서구사회에서는 보건의료 및 복지 영역에 대한 광범위한 국가 개입 요구가 분출되었으며, 동시기 생물학 기반 정신의학을 대체하며 창발한 역동정신의학은 양차 세계대전을 계기로 더욱 높아진 정신보건의 위상과 함께 빠르게 대중화될 수 있었다. 당대 '정신위생'을 비롯해 '사회

위생', '인종위생' 등 다양한 '위생' 영역은 계급, 젠더, 장애, 인종, 민족 등에 따른 사회적 억압이 초래한 빈곤, 범죄, 질병·장애 등의 문제를 개인적 일탈 또는 이상abnormality의 문제로 개인화했다. 따라서 전체 인구의 복지와 건강을 증진할 위생 영역의 실천적 개입은 주변부 집단을 통제할 시설 격리, 단종, 이민 제한 등으로 귀결되었다.[37] 이는 20세기 초반 백인 중산층 중심의 진보주의 개혁가들 대부분이 우생학을 지지한 이유를 설명해준다. 앞서 확인한 것처럼 세계대전 전후 정신위생 영역 전문가들은 표면적으로 우생학을 지지하든 그렇지 않든 인구의 정신위생을 해치는 사회문제, 특히 범죄, 일탈 등의 문제를 정신적 '질병'의 문제로 해석, 각종 시설에 그들을 수용해 전문가의 진단과 치료를 제공할 필요가 있다고 보았다는 점에서 우생학자들을 계승했고 또 둘의 논리는 상당 부분 겹쳐 있다고 평가된다.[38] 결과적으로 20세기 전환기부터 범죄를 저질렀거나 그러한 잠재성이 있다고 여겨진 아동청소년, 정신박약인, 매춘 여성, 부랑인 등 다양한 사회적 소수자들을 대상으로 한, '치료'와 '통제'를 융합한 혼종적 통제 관행은 전후 시기까지 이어졌다. 교도소, 정신병원asylum, 복지시설 등 각종 수용시설은 그러한 통제를 위한 대표적 장소였다.

이처럼 세계대전 전후 서구 정신보건 영역이 우생학과 상당한 친연성을 가지고 있었다는 사실은 해방 전까지 일본식 정신의학의 영향력 아래에 있던 정신의학 전문가들이 미국식으로 그토록 빠르게 전환할 수 있었던 원인을 이해할 수 있게 하는 또 하나의 요소다. 달리 말해 일제시기 조선인 정신의학 전문가들에게 전수된 일본식 생물학 기반 정신의학은 한국전쟁을 통해 미국으로부터 유입된 역동정신의학과 완전히 단절된 것이 아니었고, 오히려 둘은 상당한 친연성을 가지고 있었으며 그렇기에 정신의학 전문가들에게 미국식으로의 전환은 그토록 빠르고 쉽게 이루어질 수 있었다고 볼 수 있다.

식민지 조선 사회에서 사회적 소수자들에게 시행했던 시설 격리는 조선총독부의 식민 통치 효율성을 위해 채택되었으며, 조선인 정신과 의사 등 지식인 역시 '민족위생'의 필요성을 역설하며 조선총독부에 단종, 시설 격리 정책을 수립할 것을 촉구했다.[39] 정신의학 전문가들도 한국전쟁기 미국 군정신의학을 접하기에 앞서 이미 아동청소년 분야를 중심으로 '정신위생' 실천에 적극적으로 나섰다. 일례로 유석진은 정신박약 등 정신적 결함을 가진 아동청소년을 수용, 보호하기 위한 목적으로 1948년 개원한 국립중앙각심학원의 운영에 의료전문가로 개입했다.[40] 해당 시설 원장 이문형[41]은 정신박약이 생물학적으로 "저격한 형질"을 가진 빈민 계층에서 발생하여 범죄, 매춘 등 온갖 사회문제를 일으키는 악질유전이며, "민족우생적 견지에서 민족 장래의 번영을 위하여서 악질유전을 방지하고 근절할 수 있는 민족우생법"이 필요하다고 한 우생학 신봉자였다.[42]

해방 후에도 전문가들은 국가 재건 과정에서 식민지 당국의 조선인 통제 도구였던 우생학 관련 지식과 정책을 광범위하게 계승하고 확장해나갔고[43] 정신의학 전문가들은 지속적으로 우생학과 긴밀하게 연결되어 있었다. 당대 병원이라는 공간이 대부분의 사람에게 문턱이 높거나 미리 질병을 예방하지 못해 만성 장애를 가진 후에야 겨우 진입할 수 있는 장소가 되어 있었기 때문에 그들이 일반 사회의 '정상적' 사람들과 접촉하고 최신 이론과 치료법을 적용할 수 있는 방법은 병원 밖의 사회통제 장치들에 개입하는 것이었다. 동시에 범죄·퇴화 가능성이 있다고 여겨진 소수자 집단을 시설에 격리하는 우생학적 통제 실천은 인구 전체의 정신위생을 실현하기 위한 실천들과 결코 충돌하지 않고 유연하게 양립할 수 있는 것이었다. 유석진과 함께 정신과 군의관 최초로 미국 군정신의학 훈련을 이수한 바 있는 오석환은 전쟁 후 늘어나고 있는 "불량범죄"에 관한 분석과 해결책을 제시하는 글을 아래와 같이 신문지면에 게재했다.

> (강조는 인용자) 이와 같이 불량범죄 행위가 환경의 제조건으로부터 직접 혹은 간접적으로 큰 영향을 받는 것만은 사실이나, 그렇다고 해서 각자가 각각 조금씩 다른 환경조건하에서 각각 다른 **동인**과 심적 과정으로 그 환경에 **적응**해가는 데 실패한 결과가 불량범죄 행위로 나타났다는 점을 무시해서는 안될 것이며, 이러한 현재 환경을 만날 때까지 어떠한 정신발전 건강 상태와 **성격의 구조**를 가져온 인간인가를 검토함이 중요한 문제. 사실에 있어 **불량소년 범죄자 중에는 성격이상자, 정신박약, 각종 정신질환을 가지고 있는 자가 상당히 많다**는 것은 이미 널리 연구되어있는 바이다. (중략)

3부 격리되고 배제된 이들

즉 원래 정신적으로 불건강하였던 자가 환경의 악조건에 부딪쳤을 때 가정생활, 사회생활에 **적응**하지 못하고 실패하고 마는 것이다.[44]

당대 가족이 없거나 가난하여 거리를 배회하는 대규모의 부랑아들은 실제적이고도 잠재적인 범죄자·매춘녀의 꼬리표가 붙은 대표적인 집단이었으므로,[45] 앞의 글에서 "성격이상, 정신박약, 정신질환"의 꼬리표까지 더해 문제화하고 있는 아동청소년은 결코 계층과 젠더에서 중립적인 범주라고 볼 수 없다. 오석환은 최신 역동정신의학의 개념들(동인, 적응, 성격의 구조)과 이론에 따라 일반 아동청소년의 정신건강을 도모하기 위해서는 아동기의 건전한 양육을 위한 모성교육과 부모의 올바른 양육 태도가 필수라고 강조하며 가정환경, 특히 어머니의 양육 태도를 주요하게 거론했다. 동시에 그는 "정신박약, 불량범죄 행위를 하는 자, 정신결함자" 등 문제적 아동청소년에 대해서는 수용시설, 소년감화원, 소년원 등 각종 시설을 확장, 신설해 전문가들의 개입하에 과학적 교도와 지도가 실천되어야 한다고 역설했다.[46]

정신과 의사들은 스스로 정신보건 증진을 위한 민간 기구 설립에 앞장서기도 했다. 유석진을 포함한 정신의학 전문가들이 법률, 사회사업, 심리학 등 다양한 분야 전문가들과 함께 공동 창립한 서울아동상담소(1958년)[47]와 대한정신건강협회(1960년)는 대표적 사례다. 그러나 이승만 정부는 병원뿐 아니라 치료·복지 명목의 수용시설 설립에 있어서도 상당히 미온적이었다. 남녀 아동청소년 부랑아 시설인 서울시립아동보호소를 비롯해 서울시립소녀직업보도소, 국립자매원 등 수용 위주의 국공립 시설이 1950년대에 소수 개원하기는 했지만, 여전히 근거 법률은 마련되지 않았고 따라서 운영 환경은 열악하고 이용 인원도 많지 않은 등 제 역할을 하지 못했던 것으로 보인다. 결국 일제시대부터 우생학에 기반을 두고 사회통제를 위한 담론적 실천에 관여해온 다양한 전문가들과 긴밀한 네트워크를 형성하는 한편, 전후 사회에서 역동정신의학의 새로운 이론을 통해 자신들의 권한을 확장하는 데 주력한 정신보건 영역 전문가들은 1961년 쿠데타 이후 시점에 이르러서야 관련 법정책을 수립하고 체계적인 국가 수용시설을 설립하는 등 1950년대와는 전혀 다른 상황을 맞이하게 된다.

부랑부녀자에 대한 '저능' 호명

1961년 쿠데타로 집권한 이른바 '혁명정부'는 국민국가 건설과 통치성 확립을 위해 인구문제, 그중에서도 만연한 도시 부랑인과 빈민 등 문제적 인구를 처리하는 데 주력했다. 당국은 인구의 양적이고 질적인 조절을 통해 서구식 근대화를 밀어붙인다는 생각으로 1961년 제1차 경제개발사업의 일환으로 가족계획사업을 추진할 것을 결의했다. 이에 의사들을 중심으로 보건 관계 전문가들이 정부와 민간을 아울러 요직에 배치되어 인구에 관한 '과학적' 지식을 생산해내며 인구통치의 주체로 부상했다.[48] 정신과 의사 유석진 역시 "혁명의 깃발을 드높이 경제 재건과 승공 결전에 총 진군하고 있는 시기"에 "인간개조, 정치개혁, 경제 재건, 국토 건설" 등 제 문제는 정신의 문제라며, 혁명정부의 통치에서 정신보건 영역의 중요성을 강조했다.[49] 이처럼 "인구의 병리적 상태를 치유하고 또한 예방하는"[50] 것으로서 인구통치에서 이미 정신병리적 상태로 구성된 인구, 즉 빈곤 계층과 여하한 소수자들이 1차적인 통제의 표적이 되는 것은 물론이었다. 그 방법으로 가족계획사업을 통한 출산 억제만 고려된 것이 아니었다.

집권 초기 박정희 정부는 1950년대에 논의만 되고 성사되지 않은 의료복지 관련 법률들의 입법을 대대적으로 감행했다. 의료보험법, 산재보험법 등의 제정은 해방 후부터 1950년대에 표출되었던 복지, 위생 전반에 대한 국가책무 및 공공성에 대한 사회적 요구를 반영한 것이었다. 그러나 주지하다시피 이 시기 복지 입법은 '선 성장 후 분배' 논리에 수렴되어 실효성이나 공공성을 전혀 담보하지 못했다.[51] 요보호자(생활보호법 제2조)·요보호여자(윤락행위등방지법 제7조)·요보호아동(아동복리법 제2조) 등 온갖 "요보호" 집단을 선별적 구휼 대상으로 호명한 법률도 제정되었는데, 그들은 '보호'가 시급하기도 했지만 앞에서 살펴본 것처럼 일제시대부터 줄곧 범죄와 퇴화 등의 문제를 양산할 수 있는 '위험' 인구로 지목되었다. 이에 1961년 일제히 제정된 윤락행위등방지법, 생활보호법, 아동복리법 등 "요보호"

집단 관련 법률은 국가의 복지 의무를 부과한 것이라기보다 요보호집단을 민관을 아우르는 수용시설에 수용할 수 있는 법적 근거를 제시한 것으로서 실질적 의미를 지녔다. 정부는 해당 법률들 제정과 맞물려 수용시설의 신축·정비에 적극적으로 나선 것은 물론 부랑인 단속, 사창 단속을 연일 강화해나갔다. 부랑인 인구의 최대 밀집 지역인 서울시에 서울시립부녀보호지도소, 서울시립갱생원이 1961년에 신축된 것을 필두로 춘천시립갱생원(1961년), 강릉시구호소(1962년), 경기부녀보호지도소(1962년) 등이 각 지방정부의 주도로 차례로 개원했으며, 시설 수용 인구는 1950년대와 달리 급격히 늘어났다.[52]

주목할 것은, 이처럼 1960년대 인구 통치화 시도와 맞물려 본격화된 시설화에서 우생학과 역동정신의학이 혼재된 전문가 담론은 가난한 여성들의 몸을 우선적인 통제의 표적으로 했다는 점이다. 그리고 이 과정에서 젠더, 섹슈얼리티, 계층, 장애는 복잡한 역학관계를 그리며 동시 작동하면서 그러한 통제를 정당화했다. 1962년 '윤락여성 선도대책 위원회'에 심리학자, 사회사업계 전문가 등과 함께 의사로서는 유일하게 위원으로 참여한 유석진[53]은 "윤락여성은 갱생할 수 없나"라는 제목의 글에서 아래와 같이 적고 있다.

성 행위를 상품처럼 팔고 사는 것이 윤락행위인데 이런 행위를 하는 사람의 정신이 문제이다. 그들은 자기를 지배하는 인격상의 결함을 가지고 있다. 즉 미숙한 사람 또는 병적인 사람이 그러하다. (중략) 이런 이들을 어떻게 구해낼 수 있을까. 사회에서는 이들을 욕하지 말고 벌하지 말고 정부에서는 경찰을 동원해서 잡아 가두는 것이 방책이 아니라 이들을 정신학적으로 치료해줄 센타가 필요하다고 생각한다. (중략) 이들을 위한 센타를 지어놓고 이들을 집단적으로 가르치고 기술을 배워주며 유능한 지도자의 감화력으로 이들을 선도하여야겠다.[54]

정부가 직접 나서 구성한 윤락여성 통제 목적의 위원회[55]에 의료전문가로서는 유일하게 정신과 의사가 위원으로 참여했다는 것은 많은 함의를 가진다. 유석진은 앞의 글처럼 가난하고 가족의 부양체계에서 이탈해 스스로 생계를 책임져야 했던 여성들을 정신이상으로 규정했고, '병든' 여성들에 대한 해법은 시설("센타")에 수용해 치료·교육·감화하는 것이었다. 이처럼 소수자 여성들을 정신병리화하고 정신보건 영역 전문가들의 권한하에 포섭해나가는 과정은 윤락행위등방지법에 근거해 1961년 '부랑부녀'[56] 수용을 위해 설립된 서울시립부녀보호지도소(이하 '부녀보호소')의 운영실태를 통해 보다 구체적으로 파악할 수 있다. 부녀보호소는 1960년대 초반 국가 주도로 일제히 설립된 남녀 부랑인 수용시설 중 수용 대상에 대한 정신의학적 진단과 개입을 매우 체계적으로 실시한 이례적인 수용시설이었다. 부녀보호소 설립 초기 소장을 지낸 김용아[57]에 따르면, 이 같은 정신의학적 진단과 분류 작업은 수용 여성들을 "인상적으로 파악하는 것이 아닌 과학적인 이해를 확실하게 하기 위"[58] 함이었다. 여기서의 "과학적 이해"란 구체적으로 무엇인가.

부녀보호소는 자체적으로 임상심리실을 설치하고 전문 임상심리사를 고용해 여성들에 대한 다양한 검사와 진단을 실시했고, 1966년에는 그러한 진단과 분류 결과를 토대로 『윤락여성에 관한 연구보고서』를 발간했다. 해당 보고서 작성에 핵심적으로 관여한 부녀보호소 임상심리사 이문자[59]는 여성들의 가정환경, 가출 시점, 성 경험, 지능지수 등을 주요하게 분석했다. 수용 여성 중 편부모, 계모·계부, 양친 부재 등 총 50퍼센트가 넘는 것으로 드러난 "비정상 가정"과 가정불화는 수용 여성들이 어려서부터 "욕구불만" 내지는 "욕구과잉충족상태" 등을 유발해 온갖 심리적 결함과 부도덕성, 비행으로 이어지게 만드는 원인으로 분석되었다. 그의 설명은 당시 미국의 주류 아동 범죄심리학 이론, 즉 비정상적 가정환경과 (양)부모와의 대인관계에서 빚어지는 "애정 결핍"이나 불건전한 "인격 형성" 등이 아동 비행의 핵심적 원인이라고 하는 이론에 기댄 것이었다.[60]

여성들 개개인의 가정환경 못지않게 분석에서 중요한 비중을 차지한 것은 지능검사와 성병 검사 결과였다. 먼저 이문자는 심리검사 결과 수용된 '윤락여성'의 약 70퍼센트가 정신박약이나 경계선급의 저능으로 분류된다고 보고하며 아래와 같이 서술했다.

Goddard는 미국 16개소의 소년소녀 감화원의 원생들을 대상으로 조사한 결과 평균 50퍼센트가 정신박약자였고 선천적인 범죄자는 선천적인 정신박약자라고 말했다. (중략) 본 조사의 결과와 위 여러 학자들의 조사 보고에 의할 것 같으면 여성 범죄의 수위를 점하는 윤락행위의 원인에는 정신박약이 큰 비중을 차지하고 있지 않나 추측된다.[61]

이문자는 여성들 대다수가 저능 또는 정신박약이라고 밝혀진 심리검사 결과를, 역시 20세기 초반 미국에서 활동한 대표적 범죄심리학자이자 우생학자인 허버트 고다르Hurbert Goddard의 주장과 비교한 후, 지능 상태(정신박약과 저능)가 범죄(윤락)의 원인이라고 한 전형적인 우생학 이론을 입증했다. 물론 '윤락여성' 중에는 실제로 다양한 차이를 가진 여성들이 혼재할 수 있고, 심리조사 결과는 시설의 수용자 처우나 교육에 있어 차별화를 모색할 근거가 될 수도 있었을 것이다. 그러나 이어질 내용에서 볼 것처럼 시설 내 장애여성에 대한 대책은 공백 상태였다. 오로지 저능과 정신적 결함이 일탈과 윤락으로 이어진다는 발견만이 중요성을 가졌다. 이 조사 결과는 이후 사회사업·심리학·교육학 등 관련 분야 연구들에서 반복적으로 인용되며 '윤락=저능'을 진리로 강력하게 구성해냈다. 더구나 정신박약은 19세기부터 서구 우생학 사조에 의해 대표적인 유전적 장애로도 분류되고 있었기에 '윤락=저능'의 도식은 이러한 부도덕과 일탈이 해당 여성들에만 그치는 것이 아니라 그녀들의 섹슈얼리티와 재생산을 통해 미래 인구의 정신보건과 안녕을 위협하는 것임을 함의하기도 했다.

한편 심리검사에 더해 부녀보호소가 철저하게 수행한 또 다른 의료적 실천인 성병 검사 역시 여성들을 정신적 결함 및 우생학적 위협 모두와 결부시키는 실천이었다. 이문자는 위 보고서에서 수용된 여성들에게 실시한 성병 검사 결과 임질, 매독 등의 성병 노출 비율도 매우 높았다는 사실을 언급하며 다음과 같이 적었다.

> 망국병이라고 일컫는 무서운 성병으로 신음하고 있는 이들은 적절한 치료를 받지 못하고 증세가 오랫동안 계속되어 고객들에게 전염시키고 있는 실정임을 볼 때 전후 풍조의 나타난 성의 해방, 성의 자유로 인하여 성애만능주의로 쾌락을 추구하는 많은 사람이 성병에 감염되어 매우 심한 고통과 괴로움을 받고 있다 하며, 자손에게까지 해독을 미치는 매독의 경향으로 유산, 조산, 사상은 물론 출생 후의 신체 발육장애 또는 정신장애로 나타나는 저능아나 백치로 비참한 평생을 보내는 예를 허다히 볼 수 있다.[62]

위의 인용문에서 보듯 성병은 여성들의 정신적 결함 및 성적 일탈을 "전염"과도 강력히 결합하는 매개가 된다. 정신적 결함, 성적 일탈 그리고 전염의 공포라는, 서로를 강화하는 상관관계는 그 뿌리가 깊지만[63] 특히 19세기에서 20세기 중반까지 맹위를 떨쳤던 매독에 의한 정신질환, 즉 '신경매독' 또는 '진행성

마비'라고 명명되는 질환에 의해 형성되었다. 매독 말기에 나타나는 해당 질환은 정신적 장애와 신체적 장애(주로 신체적 마비 증상)를 동반하며, 주요 성구매자층인 중산층 중년 남성이 이 병에 다수 이환됐지만 여성들, 특히 성매매 여성도 결코 자유로울 수 없었다. 신경매독은 치사율이 매우 높아 가난한 여성 환자 대부분이 수용소에서 죽음을 맞았다.[64] 1940년대에 페니실린이 발명되면서 서구사회에서 신경매독은 점차로 완치 가능해졌지만, 한국 사회에는 적어도 1980년대까지 이 병의 이환자가 존재했다.[65] 이는 1960년대 초반 당시 부녀보호소에 수용된 '부랑부녀', '윤락여성' 중에도 신경매독으로 고통받았을 여성이 상당수 존재했을 가능성을 시사한다. 하지만 그에 대한 고려 없이 부녀보호소는 앞의 인용문에서처럼 부도덕한 섹슈얼리티와 정신적 결함·장애, 전염성을 연결하는 뿌리 깊은 관행을 강화하고만 있다. 또한 앞의 글이 강조하는 여성의 위험은 단지 성병의 전염만은 아니며 수직감염을 통해 미래의 재생산에 끼치는 악영향 또한 언급된다. 정신적 결함 자체의 유전성에 더해 수직감염을 통한 전염성 질병의 전파는 부랑부녀의 섹슈얼리티와 재생산하는 몸을 이중의 위협으로 강력하게 구성해냈다.

사실상 대부분의 여성이 저능, 정신질환 등의 정신적 결함을 가진 자들이자 존재만으로 우생학적 위험이 된다는 사실은 정신보건 전문가가 참여해 여성들에 대한 "과학적 이해"를 높이고 시설 운영에 개입하는 것을 정당화하는 요인이었다. 임상심리사 이문자는 여성들의 윤락 원인이 그들에게 만연한 불건전한 가정환경이나 경제적 어려움에도 상당히 기인하지만, 정신의학적 검사 결과에서 보인 것처럼 그들에게 내재한 "불건전한 정신상태"가 더욱 중요한 요인이 되고 있다고 결론지으며 향후 "더 깊은 정신의학적, 심리학적 연구와 아울러 치료가 절실히 필요"하다고 강조했다. 또 윤락의 방지와 선도를 위한 대책으로 포주와 인신매매 단속, 빈곤 가정에 대한 생계지원, "가족계획 지원" 등과 함께 정신적 결함을 가진 여성들을 위한 특수 훈련과 교육을 행할 수용시설이 확충되어야 한다고 제언했다.[66]

남성 중심의 '불구자' 구휼체계와 '불구가 되어가는' 여성들

마지막으로 설립 초반 부녀보호소가 여성의 몸을 표적으로 의료적 진단과 분류를 실시한 이례적 부랑인 수용시설이었고, 이 과정에서 많은 여성이 스스로는 물론 사회 전체에도 위험을 가하는 질병·장애를 가진 것으로 판명되었다는 사실은 부녀보호소의 수용자 관리 방식 측면에서 타 부랑인 시설과 차별화된 지점이 무엇이었는가 하는 질문을 제기한다. 원칙적으로 부녀보호소는 "자립갱생의 의욕이 성취되었다고 인정될 때까지" 6개월에서 1년의 기간 동안 여성들을 '보호' 명목으로 강제수용하면서 정신교도와 직업교육을 실시하는 것이 기본 방침이었다.[67] 그러나 위에서 살펴본 바와 같이 여성의 섹슈얼리티와 우생학적 우려에 기반한 진단 및 분류 작업이 부녀보호소의 고유한 기능으로 부과되면서, 그 결과에 따른 별도의 관리 방침을 수립하

3부 격리되고 배제된 이들

는 것이 추가적인 임무가 되었을 것으로 보인다. 먼저 부녀보호소 설치조례 시행규칙 제3조는 "검진 결과 전염성 질병의 보유자는 격리 수용하여 치료"한다고 규정하고 있는데, 전염성 질환에 이환된 여성에게는 무기한 격리수용이 시행되었음을 알 수 있다. 그들을 위한 특별한 "감금수용소"[68]가 부녀보호소 내에 따로 마련되어 있었다.

그러나 둘째의 경우, 즉 심리학적 검사로 조사된 것만 최소 40퍼센트에 달한다는 정신박약여성과 그 외 다양한 이유로 정신질환을 가진 여성들의 관리를 어떻게 차등화했는지는 모호하다. 1차적으로 교도 대상으로 적합하지 않다고 여기는 여성 대다수를 가족에게 인계해 가족의 감독하에 두려고 했을 것으로 보인다. 그러나 문제는 인계할 가족이 없는 경우인데, 부녀보호소 설치조례 시행규칙은 수용 여성에게 "불구, 질병, 정신이상" 등이 발견될 시 타 적격시설로 이송한다고 규정하고 있다. 그러나 또 다른 문제는 정신적 장애를 가진 여성들을 이송할 의료복지체계 인프라 자체가 절대적으로 부족하거나 그나마도 남성을 우선적 구휼 대상으로 했다는 점이다. 1968년 당시 전국의 성인 '불구자' 수용시설에서 집계된 약 3,000명의 수용자 가운데 남성은 약 2,600명으로 남성이 사실상 대부분이었다.[69]

정신의료기관의 경우도 상황은 마찬가지였다. 1964년 전국의 정신의료기관 실태조사에 따르면, 국공립 및 사립 정신병원(종합병원 정신과 포함) 수는 총 27개에 1,500여 개 병상이어서 해방과 전쟁 직후 시점보다 늘어나긴 했지만 수십만에서 수

백만에 이르는 것으로 추산되는 환자들을 수용하기에는 턱없이 부족했다. 그런데도 무상 치료를 제공하는 국공립 정신병원을 제외한 병원들에서는 병상이 남아도는 현상이 나타났는데, 여전히 많은 사람이 경제적 빈곤 때문에 아파도 병원을 이용하지 못했기 때문이다. 입원 중인 경우도 전체 약 1,000여 명의 환자 중 남녀 비율은 약 7 대 3이어서 남성이 대다수였으며,[70] 그들 역시 경제적으로 어려워 의사의 지시를 무시하고 조기 퇴원을 하는 것으로 나타났다.[71]

결국 부녀보호소는 가족이 없을 시 장애여성을 타 적격시설로 이송 조치하는 것을 원칙으로 했음에도 당시 가난하고 장애가 있는 여성들을 받아줄 공공 의료복지시설은 사실상 존재하지 않았다. 그렇다고 해당 여성들을 무작정 퇴소 조치하는 것은 더욱 어려웠을 것인데, 퇴소는 방치로 이어질 가능성이 높고, 방치는 애초에 그들을 시설에 유입되도록 만든 요인인 "불건전한 이성관계"[72] 등으로 몰아 성폭력이나 윤락은 물론 그로 인한 임신과 출산의 위험까지 안게 될 것이었다. 따라서 성적으로 문란하고 사회에 방치되면 우생학적 위협이 된다고 여겨진 정신적 결함을 가진 여성 중 일부는 부녀보호소에 장기 격리 수용되기 시작했던 것으로 보인다. 1960년대 말이 되면 부녀보호소는 정신적 결함이나 장애를 가진 것으로 분류된 여성들을 위해 분소分所를 마련해 분리 배치, 장기 수용하기 시작하고, 1970년대 중반에는 분소가 부녀보호소 본소로 다시 이전해 독립적 시설인 '남부부녀보호지도소'로 승격, 이로서 부녀보호소는 명실상

부 장애여성의 장기 수용소가 된다.[73]

　부녀보호소는 최초 설립된 지 2년 만인 1963년 당시 동작구 대방동으로 확장 이전되었는데, 해당 부지에는 원래 노량진 구호병원(국립제대군인정신병원)이 자리하고 있었다.[74] 노량진 구호병원은 한국전쟁 동안 정신적 상해로 제대한 군인을 수용, 치료하기 위해 1953년 설립된 한국 최초의 국립정신병원이었다. 1954년도 한 취재기사는 입원 환자 대부분이 가난한 농가의 자식들이며 전쟁에 나가 정신적 상해로 입원 조치 되었지만 병원 시설이나 식사 등이 매우 열악한 상태여서 "버림받은 사람들"이라고 묘사했다.[75] 1962년 성동구 중곡동에 국립정신병원이 신축되어 노량진 구호병원에 수용되어 있던 남성 환자 전원이 국립정신병원으로 전원 조치 되었으며, 병원 부지와 남겨진 일부 건물이 부녀보호소에서 재사용되었다.[76] 전쟁 중 정신적 상해를 입고 군에서 추방당한 군인들을 격리 수용하던 병원 부지와 건물이 전후 사회의 전쟁과 같은 일상에서 억압받고 착취당하는 여성들, 그리하여 불구가 '되어가는'becoming 여성들을 격리하는 수용시설로 전환했다는 것은 많은 것을 생각하게 한다. 그와 같은 장소성과 '광기'의 계보는 1950~1960년대 군사화된 개발국가의 통치화라는 시급한 요구에 부응해 (군)병원과 수용소를 유연하게 오가며 자신들의 영향력과 권한을 확장해 나가는 데 주력한 정신보건 영역 전문가들의 궤적을 반영하고 또 초래한 것이었다 하겠다.

장애, 젠더, 계층, 인종 등이 교차하는 삶과 시설화, 그 역사적 현재

이 장에서는 전후부터 1960년대까지 한국 사회에서 정신보건 전문가들이 통치적 주체로 부상하는 과정을 살펴보고, 여성 수용시설인 서울시립부녀보호지도소의 구체적 운영 사례를 통해 여성의 몸이 그러한 과정에서 핵심적 표적이 되었음을 알아보았다. 가부장적 가족의 부양체계에서 방출되어 비공식·저임금 육체노동에 가까스로 종사하며 스스로를 부양해야 했거나, 그도 아니면 구걸이나 부랑 상태에 놓였던 주변부 여성들을 위험한 집단으로 분류해 치료 명목으로 시설에 격리하는 통제에서 우생학적 병리화와 장애 호명은 결정적인 것이었다. 다층적인 사회적 배제와 위계로 인해 복잡한 삶을 살아야 했던 여성들에게 일제히 '저능'이라는 과잉된 표식을 부착하고, 그러한 과잉된 표식은 그녀들을 다시 ('치료'라는 이름의) 격리와 배제의 표적으로 (재)구성해내는 순환 과정이 생성된 것이다. 이처럼 여성의 몸을 통제해 가부장제와 자본주의의 착취 구조를 효율화하는 과정에서, 몸으로 사는 취약한 인간으로서 많은 여성이 몸/마음의 상해와 불구자 '되기'에 노출될 수밖에 없었다. 그러나 이미 언제나 정신적 결함을 체현한 것으로 병리화된 여성들 내부에서 실재하는 장애는 효과적으로 무화되었고, 매우 불완전한 공공의료복지체계는 여성들을 우선적으로 배제했다. 결국 여성들의 몸에서 질병과 장애는 전문가들이 주장한 것처럼 생물학적 운명이나 불운한 가족 상황의 결과이기만 한 것이 아니라 사회가 체계적으로 생산해내는 것이었다.

지난 코로나19 사태는 불구가 '되어가는' 존재들과 그들의 시설화된 삶이 지나간 과거가 아니라 현재 진행형임을 일깨웠다. 오늘날에도 불평등하고 부정의한 사회구조가 양산한 문제의 원인을 특정한 집단의 결함·일탈로 환원해 그들을 보이지 않는 장소에 격리하는 실천은 인구 전체의 안전과 복지를 향상하는 일인 것처럼 정당화되고 있다. 물론 오늘날의 시설화는 과거와 같이 노골적으로 우생학 논리를 앞세우거나 국가의 직접적인 강제력을 동원하는 형식을 취하지 않는다. 반대로 당사자나 그 가족의 적극적 선택 내지 수용受容의 형식을 취한다. 하지만 이성애 정상가족 규범과 안정된 소득·의료·돌봄 자원의 부재 혹은 결핍 등, 젠더, 섹슈얼리티, 계층, 장애가 교차하는 중층적 억압 상황에서 많은 이들에게 시설은 강제되는 선택지다. 특히 여성이면서 정신적 장애나 질병을 가진 이들의 상당수가 한번 시설에 수용되면 종국에 그곳에서 죽음을 맞이하는 경향이 있다고 할 수 있을 정도로 여성은 장기 시설화되는 가장 대표적집단이다.[77] 무엇이 오늘날 그들 스스로 시설화된 삶을 선택 내지 수용하도록 추동하는가. 또한 지금의 사회는 얼마나 시설화된 공간들과 가깝고도 먼 곳에 있는가. 청도대남병원을 비롯해 수많은 시설과 그 안의 정치화된 생명을 목격했고 또한 기억하고 있는 '우리' 모두가 이 질문에 답해야 할 것이다.

에필로그

김재형

이 책 본문의 다양한 사례들이 보여주듯이 과거의 유물이라 여겨졌던 우생학은 우리 역사 곳곳에 퍼져 지금까지 이어지고 있다. 대표적인 것이 1973년 제정 및 시행된 '모자보건법'과 '모자보건법시행령'이다. 우생학적 내용을 담고 있는 모자보건법의 제1조는 이 법의 목적을 "모성의 생명과 건강을 보호하고 건전한 자녀의 출산과 양육을 도모함으로써 국민의 보건향상에 기여"하는 것이라 정의하고 있다. 하지만 '건전한 자녀의 출산'이란 건전하지 못한 자녀의 출산을 막는 것으로만 가능하다. 그렇기에 모자보건법시행령에 나열된 장애나 질환에 걸릴 확률이 희박하게나마 있거나, 과학적으로 증명되지 않았더라도 사회적으로 위험한 집단으로 낙인찍히면 임신중절수술이나 인공임신중절수술을 받았다. 그렇다면 비윤리적인 것이라 여겨졌던 우생학적 내용이 왜 법률에 남아 우리 사회에 영향력을 발휘했을까? 그것은 근대적 과학기술로 우리 사회를 발전시킬 수 있을 뿐 아니라 인간 그 자체의 질 역시 개량할 수 있다는 낙관론적 사고가 역사적으로 우리 내면에 깊게 자리하고 있기 때문이다.

과학기술에 대한 근대적 낙관론과 인간의 질을 개선할 수 있다는 욕망은 지금도 이어지고 있다. 각종 미디어와 SNS는 더욱 아름답고 멋있고, 강한 몸을 찬양하고 있으며, 그러한 몸을 지향하는 노력에 대한 찬사가 이루어진다. 이러한 분위기는 경쟁과 생존이 중요시되는 신자유주의 시대에 더욱 강화되고 있고, 그렇지 못한 몸에 대한 비난과 그렇지 못한 이들은 도태되어야 한다는 논리로 귀결된다. 건강하고 장수하는 몸에 대한 동경은 고대로부터 이어져왔지만, 과학기술의 발전은 완전한 몸, 더 향상된 신체, 더 능력 있는 지능을 현실화할 수 있다는 믿음과 그러한 믿음에 근거한 욕망을 구성한다. 일제시기와 독립 이후 근대국민국가의 탄생 과정에서 이러한 욕망은 집합적이었다. 더 강하고 근면한 민족이 되어야만 독립과 경제적 발전을 이룰 수 있다는 시대정신은 우생학과 쉽게 결합했다. 그리고 우생학이 시대정신과 결합하면서 우생학은 진보적인 사상으로 사회에 받아들여졌다.

하지만 우생학이 제시하는 개량되고 우수한 몸들로만 이루어진 가족, 사회, 국가를 만드는 것은 불가능하다. 근대 과학기술은 그러한 몸과 인구를 만들 수 있다고 자신을 포장했지만, 사회적으로 그 약속을 지킬 수 있는 능력이 있었다고 보기는 힘들다. 지난 세기 내내 유전학은 급속히 발전했지만 우생학이 추구하는 인구의 개량을 이루는 역량을 달성하지는 못했다. 7,000여 개의 유전병이 판별될 정도로 유전질환의 진단에서 괄목할 만한 성장이 있었음에도, 10개 남짓 상용화된 유전자 치료제로는 여전히 인구의 개량이라는 약속을 지키기가 요원해 보인다. 질병과 장애에 관한 의료지식은 한편으로는 치료법을 개발하는 데 기여했으나 다른 한편으로는 환자와 장애인을 통제하는 데 필요한 제도적이고 담론적인 근거를 만들어냈다. 이러한 상황에서 과학에 근거한 우생학은 실제로는 장애나 질병이 있는 자들을 제거하는 방식으로 우생사회를 만들어왔다. 한센인과 장애인은 우수한 민족을 만드는 데 걸림돌로 여겨져 배제당하고 시설에 격리되었으며 심지어는 강제불임과 낙태수술의 대상이 되었다. 또 혼혈아동 역시 인종주의와 우생학이 결합된 제도와 사회구조로 인해 배제되었고 해외로 입양되었다.

이렇게 본다면 더 나은 몸과 인구를 만들기 위해 출산과 양육 등에 개입하는 긍정적(적극적) 또는 자유주의적 우생학과 열등한 몸과 인구를 범주화해 배제하고 절멸시키는 부정적(소극적) 우생학은 분리하기 힘든 동전의 양면과 같다. 몸과 집단의 다양성을 인정하지 않고 특정한 몸과 집단을 우월하다거나 미래를 위해 더 바람직한 몸으로 상정하는 과정은 자연스럽게 그 기준에 미치지 못하는 몸을 바람직하지 못하며 열등하다고 낙인찍는 것으로 귀결되기 때문이다. 하지만 우등한 몸과 열등한 몸, 그리고 건강한 몸과 그렇지 못한 몸은 어떠한 기준으로 구분할 수 있을까? 애초에 그러한 기준이 존재할 수 있을까? 인간은 태어나서 누구나 일시적 또는 장기적인 아픔 또는 장애 상태를 경험하고, 결국에는 노화를 거쳐 죽음에 이른다. 인간은 많은 경우 독립적인 개체가 아니라 서로에 대한 돌봄과 관계 속에서 살아갈 수 있는 취약한 존재이다. 이러한 관점에서 우생학이 약속하는 우등한 몸과 인구로 구성된 사회, 그리고 국가는 현실에 존재할 수 없는 환상에 불과하다. 이러한 환상이 우리 사회에 줄 수 있는 것은 약자에 대한 폭력뿐이다.

우생학이 약속한 환상, 그리고 그 환상이 부추기는 욕망과 실천은 자주 개인의 선택처럼 보인다. 예를 들어 더 나은 아이를 갖고자 하는 욕망은 장애를 갖고 있거나 더 약한 아이를 갖는 것에 대한 공포로 이어지고, 이 과정에서 의료적 지식과 기술은 그러한 공포를 정당화하고 그것을 현실화하는 수단을 제공한다. 욕망에서 공포로 변화하는 과정은 각 개인의 내면에서 발생하는 것처럼 보이지만, 실제로는 국가와 사회가 인간 재생산에 대해 적극적으로 개입한 결과이다. 이렇듯 국가와 사회적으로는 건강한 인구를 만드는 것이 중요하고, 개인적으로는 더 나은 아이를 갖는 게 가장 중요한 우생사회에서는 그러한 과정에서 특정 몸과 인구 집단이 배제되고 절멸되는 과정에 대해 경각심을 갖거나 성찰하기 힘들다. 왜냐하면 우생사회에서는 그러한 욕망과 공포가 매우 자연스러운 감각처럼 여겨지고 그러한 실천이 정당화되기 때문이다. 그러한 점에서 우리 사회는 우생학적 논리와 주장, 감각이 충분히 내면화된 사회라 할 수 있다. 우생사회는 또한 계급적인 편견이 재생산 과정에 쉽게 개입하는 사회이기도 하다. 이러한 사회에서는 신체적·교육적·경제적 수준이 높은 부모는 자녀의 양육을 잘 수행해 더 나은 사회 구성원을 만들 것이라는 인식과 함께 그렇지 못한 부모의 자녀는 사회적으로 문제가 된다는 사고로 나아간다. 그리고 그러한 사고는 아이의 양육을 국가와 사회가 담당해야 한다는 논리와 실천보다는 계급적으로 낮은 가정의 아이들에 대한 과도한 통제와 배제로 귀결될 가능성이 크다. 이러한 점에서 역사적으로 한센인 자녀와 고아들에게 가해졌던 낙인과 차별은 우생사회의 논리가 개인과 사회에 내면화되었기 때문에 발생한 것이다.

우생학이 우리 사회에 깊숙이 뿌리내릴 수 있었던 이유는 그것이 매우 유연하며 다양한 이념적·사회적 자원을 쉽게 동원하기 때문이다. 우생학은 당대의 과학자와 의사들이 생산한 지식이며, 그러한 지식에 기반한 제도이고, 동시에 일반 사회에 퍼져 있는 담론이자 사회운동이라는 특징을 갖고 있다. 또한 인종주의, 민족주의, 자유주의, 페미니즘, 사회주의와 같은 당대의 다양한 주요 이념들과 쉽게 결합하기 때문에 보수적이고 전체주의적 성격을 갖기도 하지만, 동시에 진보적인 성격도 지닌다. 그 모든 것의 뿌리에는 인간 집단을 개량함으로써 더 나은 사회와 국가를 만들 수 있다는 근대의 발전주의적 이념이 도사리고 있다. 이러한 특징 때문에 우생학은 사회적 힘을 갖기 위해 쉽게 다른 이념과 결합하고, 그것에 기반해 여러 사회적 자원들을 동원한다. 그렇기에 우리는 역사 속에서 여러 형태의 우생학과 맞닥뜨린다. 동시에 당대의 여러 이념이 내포하고 있는 더 나은 사회로의 지향은 우생학적 지향과 쉽게 결합할 수 있다. 즉 각 이념과 사회적 힘들이 지향하는 이상적인 사회가 특정한 몸과 집단을 배제할 수도 있다는 경각심, 비판, 성찰이 존재하지 않는다면, 그것이 자유주의이든 전제주의이든 무관하게 우생학적 사고와 쉽게 결합할 수 있다는 것이다.

이 책의 프롤로그에서도 언급했듯이 탈우생사회로 가는 가장 중요한 첫걸음은 우리가 살고 있는 곳이 우생사회라는 것을 인정하고, 우리가 왜 우생사회를 살게 되었는지 진단하는 것이다. 독자들이 이 글을 읽고 우생사회에 대한 경각심을 갖고 탈우생사회로 나아갈 수 있는 방향을 함께 모색해나가는 동료가 되길 바란다. 그리고 이 책이 우리 사회의 우생학 문제에 관한 더욱 풍부한 연구의 마중물이 될 수 있기를 바란다.

1부 민족개조의 염원

1장 '민족성 향상'을 위한 도구, 우생학

1   박성진, 「1920년대 전반기 사회진화론의 변형과 민족개조론」, 『한국민족운동사연구』 17, 1997, 5~64쪽.

2   박성진, 『한말~일제하 사회진화론과 식민지사회사상』, 도서출판 선인, 2003, 172~173쪽.

3   김예림, 「전시기 오락정책과 '문화'로서의 우생학」, 『역사비평』 73, 2005, 332쪽.

4   "소학생도의 위생교육(2)", 『동아일보』, 1925.8.26; "소학생도의 위생교육(8)", 『동아일보』, 1925. 9. 26.

5   신영전, 「식민지 조선에서 우생운동의 전개와 성격: 1930년대 『우생』을 중심으로」, 『의사학』 15(2), 2006, 133~155쪽.

6   이재곤, "산아조절 사상의 과거와 현재와 장래(4)", 『조선일보』, 1935. 2. 27.

7   이영준, "산아조절론에 대하야", 『신동아』, 1934. 10; 소현숙, 「일제시기 출산통제담론 연구」, 『역사와 현실』 38, 2000, 240쪽에서 재인용.

8   김사일, "우생학상으로 본 단종법(하)", 『동아일보』, 1938.6.30.

9   김명선, "단종법의 과학적 근거", 『조선일보』, 1938.6.30.

10 "국민 소질 향상 촉진, 단종법을 실시키로", 『동아일보』, 1940.3.12.

11 김재형·오하나, 「한센인 수용시설에서의 강제적 단종·낙태에 대한 사법적 해결과 역사적 연원」, 2016, 『민주주의와 인권』 16(4), 186~187쪽.

12 김재은, "편상일속(7): 표정", 『동아일보』, 1927.9.30.

13 "체질향상과 경기", 『조선일보』, 1933. 5. 20.

14 김창세, 「민족적 육체개조운동, 개인의 생활뿐 아니라 민족 전체의 운명을 지배하는 건강문제」, 『동광』 1, 1926, 3~5쪽.

15 김혜경, 『식민지하 근대가족의 형성과 젠더』, 창비, 2006, 133~138쪽.

16 "화순청년동맹", 『조선일보』, 1928. 2. 3; "금산청년동맹 창립대회 개최", 『동아일보』, 1928.2.7; "신의주 청년 동맹", 『동아일보』, 1928. 2. 22; "전주청맹

삼례지맹 대회 성황", 『조선일보』, 1928.3.1; "안동청맹", 『조선일보』, 1928. 3. 1; "해서지방", 『동아일보』, 1929.1.17; "어린이날 준비", 『동아일보』, 1929. 5. 1; "어린이날 기념", 『조선일보』, 1929. 5. 11.

17 저자 미상, 「무산아동 건강진단 실시」, 『보건운동』1(2), 1932, 74쪽.

18 주요섭, "소학생도의 위생교육(4)", 『동아일보』, 1925. 9. 1.

19 앞의 글.

20 김중효, 「한국 근대 초등학교 체육정책」, 부산대학교 박사학위논문, 2008, 43~55쪽.

21 황의룡·김태영, 「식민초기 조선의 교육잡지를 통해 본 학교위생 및 체육교육 연구」, 『의사학』22(3), 660~661쪽; 李基綾(1930), 「身體檢査と其の利用 法」, 『朝鮮の敎育硏究』2(11), 2013, 91쪽.

22 이 수치는 유형식, 『한국근대의학연구사: 1910-1945』, 한국의학원, 2011에 실린 『조선의학회잡지』 목록, 국립중앙도서관에서 제공하는 『조선의학회잡 지』 원문서비스, 서울대학교 의학도서관에 소장된 『조선의학회잡지』와 『경 성제국대학 위생학교실 업적집』을 비교·대조하여 산출한 결과이다.

23 "본사주최, 유유아심사회", 『매일신보』, 1928. 8. 7; 「명예로운 의학인-고 이 선근 약력」, 『대한의학회』, http://www.kams.or.kr/business/fame/sub1. php?mode=view&sid=24&keyfield=all&key=(최종 접속일: 2022. 11. 30); 「국내 항일운동 자료 경성지방법원 검사국 문서-[朝鮮女子體育獎勵會] 集會取締 狀況報告(通報)」, 『한국사데이터베이스』, http://db.history.go.kr/ id/had_147_1010(최종 접속일: 2022. 11. 30).

24 "창립된 보건운동사-기관지 발간과 보건 사상 철저 보급", 『동아일보』, 1931. 12. 7.

25 박지영, 「식민지 위생학자 이인규의 공중보건 활동과 연구」, 『의료사회사연 구』4, 2019, 55~60쪽.

26 裵永基, 「學齡期ニ於ケル朝鮮兒童ノ體位ニ關スル硏究(第1編)」, 『朝鮮醫學 會雜誌』29(10), 1939, 66쪽.

27 李仁圭, 「朝鮮兒童ノ身長, 體重及ビ胸圍ニ就テ」, 『朝鮮醫學會雜誌』23(8), 1933, 61~82쪽; 崔義楗·鄭冕錫, 「京城ニ於ケル朝鮮學齡兒童ノ生體測定成 績」, 『朝鮮醫學會雜誌』24(11), 1934, 12~22쪽; 李炳南, 「靑少年期朝鮮人體 格及ビ體能ニ關スル硏究(1)」, 『朝鮮醫學會雜誌』30(6), 1940, 43~125쪽.

28 李仁圭, 「朝鮮兒童ノ身長, 體重及ビ胸圍ニ就テ」, 『朝鮮醫學會雜誌』23(8), 1933, 79쪽.

29 李仁圭·姬野幸雄, 「京城ノ專門學校入學志願者ノ體格ノ統計的觀察」, 『滿鮮 之醫界』129, 1931, 19~32쪽.

주   285

30 사카노 토오루, 『제국일본과 인류학자(1884-1952)』, 박호원 옮김, 민속원, 2013, 283~334쪽; 현재환, 「유전적 민족 만들기: 한국의 인류 유전 연구, 민족 정체성, 그리고 초국적 과학 교류, 1926-2009」, 서울대학교 박사학위논문, 2018, 104~111쪽.

31 김옥주, "경성제대 의학부의 체질인류학 연구", 『의사학』 17, 2008, 191~208쪽.

32 裵永基, 「學齡期ニ於ケル朝鮮兒童ノ體位ニ關スル研究(第1編)」, 『朝鮮醫學會雜誌』 29(10), 1939, 47~81쪽.

33 李仁圭, 「京城ニ於ケル朝鮮人貧困兒童ノ身體發育」, 『朝鮮醫學會雜誌』 27(8), 1937, 29~41쪽.

34 이인규, "아동의 발육형상: 조선아동의 특이성(3)", 『동아일보』, 1937. 11. 7.

35 최희영 외, "민중보건 좌담회", 『조광』 4(8), 1938, 94쪽; 최희영, "의학부대의 직언: 사망률의 협위", 『조광』 7(7), 1941, 234쪽.

36 이인규, "아동의 발육형상: 조선아동의 특이성(1)", 『동아일보』, 1937. 11. 5; 이인규, "아동의 발육형상: 조선아동의 특이성(2)", 『동아일보』, 1937. 11. 6; 이인규, "아동의 발육형상: 조선아동의 특이성(3)", 『동아일보』, 1937. 11. 7; 이인규, "아동의 발육형상: 조선아동의 특이성(4)", 『동아일보』, 1937. 11. 9.

37 최희영, "새 시대에 학술도 동정. 전시의학. 3M의 중대한 일각. 인적자원의 문제(상)", 『조선일보』, 1939. 12. 12; "신장, 체중, 흉위 등 북조선 청년이 최량", 『매일신보』, 1938. 7. 20; 최희영, "의식주의 합결을 먼저 개선하라", 『동아일보』, 1938. 1. 1; "소학교 아동 발육 극불량 허약 아동의 대책 긴급", 『동아일보』, 1938. 11. 10; "건강아동과 분리하고 양호학급 특설", 『동아일보』, 1938. 11. 10.

38 김고은, 「전시총동원을 위한 조선총독부의 조선인 청년층 체력향상책의 실태」, 2011, 고려대학교 석사학위논문.

39 宮村正興, 「中等學校의 入學試驗方案 改正과 그 意義」, 『春秋』 3(3), 1942, 99~102쪽; "신체 발육을 중시", 『동아일보』, 1940. 1. 21.

40 朝鮮總督府學務局內 朝鮮教育會, 「附錄-中等學校入學考查 體格檢查標準表」, 『中等學校 改正入學考查の手引』, 朝鮮教育會, 1940.

41 "일반학부형이 알아둘 중등학교 입학척도", 『조선일보』, 1940. 1. 27.

42 "체격검사 표준표 발표", 『동아일보』, 1940. 1. 27.

43 "중등학교 제1학년 입학자 선발의 요향", 『동아일보』, 1939. 10. 15.

44 "신교육방침으로 생도 부담 경감", 『동아일보』, 1939. 10. 15; "수험 연옥 전망(1) 체육편", 『조선일보』, 1940. 2. 17.

45 이성봉, "학교통신부(1)-신체검사란에 대한 리해와 주의", 『조선일보』,

1936. 4. 25; 이성봉, "학교통신부(2)-신체검사란에 대한 리해와 주의", 『조선일보』, 1936. 4. 26; 이성봉, "학교통신부(3)-신체검사란에 대한 리해와 주의", 『조선일보』, 1936. 4. 28; 이성봉, "학교통신부(4)-신체검사란에 대한 리해와 주의", 『조선일보』, 1936. 4. 29.

46 정윤용, 「신체검사에 어떻게 하면 붙을까」, 『소년』 3(2), 1939, 19~23쪽.

47 "興亞型健兒를 내자면 育兒訓普及이 急務. 李聖鳳博士談. 本社 京日主催 優良 幼兒審査會 앞두고", 『매일신보』, 1941. 4. 24.

48 정윤용, 「조선인의 체력문제」, 『조광』 5(4), 1939, 180~187쪽.

2장   여성의 '선택' 속 우생학의 그림자

1   "꿈일까 무서워요"…자발적 '비혼모' 선택한 방송인 사유리, 〈KBS 뉴스 9〉, 2020. 11. 16.

2   "시험관 시술은 부부만?…인권위·의료계 '충돌'", 〈KBS 뉴스〉, 2022. 9. 30.

3   "'비혼출산' 제도화 논의 본격화…"다양한 가족구성권 보장의 시작"", 『여성신문』, 2023. 6. 28.

4   "자발적 비혼모…'초이스 맘' 어떻게 생각하십니까?", 『아시아경제』, 2022. 9. 20.

5   앙드레 피쇼, 『우생학: 유전학의 숨겨진 역사』, 이정희 옮김, 아침이슬, 2009, 126쪽.

6   염운옥, 『생명에도 계급이 있는가: 유전자 정치와 영국의 우생학』, 책세상, 2009, 46~48쪽; 앙드레 피쇼, 앞의 책, 127쪽.

7   염운옥, 앞의 책, 49~50쪽.

8   요코야마 다카시, 『일본이 우생사회가 될 때까지: 과학계몽, 미디어, 생식의 정치』, 안상현·신영전 옮김, 한울 아카데미, 2019, 39쪽.

9   김호연, 「과학과 이념 사이의 우생학」, 『동서철학연구』 48, 2008, 245쪽.

10 앙드레 피쇼, 앞의 책, 17쪽.

11 요코야마 다카시, 앞의 책, 33쪽.

12 박찬승, 『한국 근대 정치 사상사 연구』, 역사비평사, 1992.

13 전복희, 『사회진화론과 국가사상』, 1996, 한울, 118~120쪽.

14 이영아, 『육체의 탄생』, 민음사, 2008, 130~138쪽.

15 김혜경, 「일제하 자녀양육과 어린이기의 형성 1920~30년대」, 『근대주체와 식민지 규율권력』, 문화과학사, 1997, 230쪽.

16 유길준, 『서유견문』, 영인판, 경인문화사, 1969, 407쪽.

17 이광수, 「혼인에 대한 管見」, 『학지광』 제17호, 1918. 8.

18 김영자, 「학설」, 『여자지남』 제1권 제1호, 1908. 4.

19 리옥경, 「여자교육회 총재」, 『여자지남』 제1권 제1호, 1908. 4.

20 「조혼의 폐해(속): 제 구 인구의 감손」, 『대한학회월보』 제7호, 1908. 9.

21 김영민, 「한국 근대 초기 여성담론의 생성과 변모(2)-근대 초기 잡지를 중심으로」, 『현대문학의 연구』 60, 2016, 134쪽.

22 「제1회 좌담회기: 배우자 선택에 대하야」, 『우생』 제1호, 1934. 9; 미수생(糜壽生), 「결혼과 연령」, 『우생』 제1호, 1934. 9.

23 이광수, "혼인론", 『매일신보』, 1917. 11. 21~30.

24 소영현, 「야만적 정열, 범죄의 과학: 식민지 조선 특유의 (여성)범죄라는 인종주의」, 『한국학연구』 41, 2016, 547쪽.

25 "과부개가", 『제국신문』, 1899.10.14; "과부개가", 『제국신문』, 1900. 12. 4. ~5; "경고각사회상", 『대한매일신보』, 1904. 7. 10.

26 「조혼의 폐」, 『서우』, 1907. 7.

27 개화기 소설에 나타난 개가 논의에 대해서는 이영아, 『신소설에 나타난 육체 인식과 형상화 방식 연구』, 서울대 박사학위 논문, 2005 참조.

28 염운옥, 앞의 책, 51쪽.

29 유연실, 「근대 한·중 연애 담론의 형성」, 『중국사연구』 79, 2012.

30 케이의 사상은 이처럼 우생학과 밀접히 관련되어 지나친 '모성'의 강조와 우등/열등한 '아동'의 구분 등에 초점을 맞춤으로써 나치즘의 유대인 학살 및 인체실험 등 20세기 초·중반을 풍미했던 전체주의의 이론적 토대로서 악용되기도 했다는 측면에서 그 폐해가 강하게 지적되기도 한다; 이지형, 『과잉과 결핍의 신체』, 보고사, 2019, 194~202쪽.

31 후지메 유키, 『성의 역사학』, 김경자·윤경원 옮김, 삼인, 2004.

32 소현숙, 「일제 식민지기 조선의 출산통제 담론의 연구」, 한양대 석사학위논문, 1999.

33 이면규, "조선인구의 자연증가문제(5)", 『동아일보』, 1930. 12. 3.

34 유연실, 「근대 동아시아 마거릿 생어의 산아제한 담론 수용: 1922년 마거릿 생어의 중·일 방문을 중심으로」, 『중국사연구』 109, 2017, 119쪽.

35 그리하여 일본에서는 1922년경부터 관동(關東)에 중산계급을 대상으로 한 '중앙산아조절상담소'가 설치되었고 오사카(大阪)에는 노동자, 농민에게 피임법을 실제로 선전하는 '산아제한연구회'가 생겨났다; 「산아조절의 의의와 현세, 동광대학 제7강」, 『동광』, 1931. 9.

36 "산아제한 가부토론회", 『동아일보』, 1924. 9. 11; "횡설수설", 『동아일보』, 1929. 2. 4; "이론상전개된 산아제한의 가부", 『동아일보』, 1929. 2. 4; "산아

제한가부", 『동아일보』, 1930. 3. 12.

37 식민지 조선에서는 법률상으로는 산아제한이 허용된 적이 없다. 낙태뿐 아니라 피임도 1930년대 후반에는 '스사로 생산되는 생명을 업새게 한다'는 명분을 통해 죄악시하고 신문·잡지에 피임약 광고를 못 하게 했다; 의사 박창훈·정석태·장문경 대담,「심야에 병원문을 두드리는「산아제한」의 신여성군」,『삼천리』, 1937. 5.

38 소현숙, 앞의 글, 19쪽.

39 "생활난을 두려워 만삭에 복약 낙태", 『동아일보』, 1928. 8. 6; "양육할 길이 없어 기자를 교살암장", 『동아일보』, 1929. 1. 27; "생활난 기아", 『동아일보』, 1930. 3. 6; "산아문제와 빈곤", 『동아일보』, 1925. 1. 14.

40 "산아제한과 산아장려", 『조선일보』, 1927. 7. 14.

41 염운옥, 앞의 책, 95~96쪽.

42 성대의학부병리실 이재곤, "산아조절사상의 과거와 현재와 장래(3)", 『조선일보』, 1935. 2. 26.

43 여성들이라고 해서 모두 산아제한에 찬성한 것은 아니었다. 1924년 9월 16에 서울청년회 주최로 개최된 산아제한 문제에 관한 토론회에서 찬성 측에 박형병, 김용준 여사, 신일용, 박원희 여사가 있었던 반면, 반대 측에 지정신 양, 최원순, 한신광양, 조봉암으로 양측 모두에 여성들이 배치되어 있었다("산아제한토론 연사도 결덩", 『동아일보』, 1924. 9. 14.). 또「명류부인과 산아제한」(『삼천리』, 1930. 4.)에서 실시한 여류명사들에게 산아제한을 하느냐고 묻는 설문에서도 최선복(주요한 처), 여순옥(양주동 처), 정영숙(최독견 처) 등이 산아제한을 하지 않는다고 답했고, 여순옥은 "산아제한론을 그리 달갑게 생각지 않습니다"라는 반대 의견을 직접적으로 표명했다.

44 김명희,「시평: 산아제한시비토론」, 『신여성』, 1925. 1.

45 「심경타진, 여학생들은 산아제한을 소원하나」, 『삼천리』, 1933. 4.

46 "단종법시행설", 『조선일보』, 1938. 6. 20.

47 「좌담회기」, 『우생』, 1934. 9.

48 김재형·오하나,「한센인 수용시설에서의 강제적 단종·낙태에 대한 사법적 해결과 역사적 연원」, 『민주주의와 인권』16(4), 2016, 182~188면.

49 이기영, 『처녀지』, 삼중당, 1944, 403~406쪽.

50 신영전,「식민지 조선에서 우생운동의 전개와 성격: 1930년대 〈우생〉을 중심으로」, 『의사학』15(2), 2006, 137쪽.

51 앞의 책.

52 윤치호 조선우생협회회장,「권두사」, 『우생』제1권, 1934. 9.

53 신영전,「미수(麋壽) 이갑수(李甲秀)의 생애와 사상: 우생 관련 사상과 활동

을 중심으로」, 2019, 『의사학』 28(1).

54 유상규, 「우생학상으로 본 산아제한」, 『우생』 제2권, 1935. 9.

55 김호식, 「우생의 생물학적 기초」, 『우생』 제2권, 1935. 9.

56 앞의 글, 또한 이 글에서는 유전과 전염에 의한 질병을 구분하면서 매독, 임질, 폐병 등은 전염병이지 유전병이 아님을 밝혀주기도 한다. 이처럼 의학적 사실에 기반한 지식들을 제공함으로써 우생학은 오히려 여성들이 출산과 관련해 그동안 받아왔던 오해와 누명으로부터 해방시켜주는 효과가 있기도 했다.

57 이갑수, 「태교의 과학적고찰」, 『우생』 제2권, 1935. 9.

58 한편 동성동본의 결혼을 금하는 것은 모계 쪽으로는 근친결혼도 허용하기 때문에 엄밀히 말해 우생학적 사상에 근거된 것이 아니라 "男子專制이니만치 부계의 혈통만을 중요하게 보아온 관계"라는 점도 지적한다; 「좌담회기」, 『우생』 제1권, 1934. 9.

59 "결혼한 이후에 혹 화류병 같은 악질이 있을 때 통계학상으로 보면 이러한 병은 대개 남자의 죄로 많이 생깁니다마는(구십퍼센트까지)"; 「제2회 좌담회기: 건전한 자녀를 두자면」, 『우생』 제2권, 1935. 9.

60 이갑수(李甲洙)는 1893년생으로 오카야마의전, 교토제대를 졸업하고 경성제대 의학부 강사를 역임한 의사이자 생리학 연구자이고, 이갑수(李甲秀)는 1899년생으로 경성의전, 베를린대를 졸업한 의사이자 조선 내 우생운동의 선두주자로 조선우생협회를 창립, 『우생』 발간을 주도한 인물이다. 두 인물 모두 조선우생협회의 회원이어서 위와 같이 대담 중 두 사람의 발언이 모두 확인된다.

61 「제2회 좌담회기: 건전한 자녀를 두자면」, 『우생』 제2권, 1935. 9.

62 장문경은 경남 진주 출생으로 정화고등여학교와 동경제국여자의전을 졸업했다. 1934년부터 관훈동에 정화산부인과의원을 개업했고 적십자부인봉사회, 여자의사회, 장문경장학재단 등을 통해 꾸준히 사회사업에도 동참했던 여성 의사이다.

63 「심야에 병원문을 두드리는 〈산아제한〉의 신여성군」, 『삼천리』 제9권 제4호, 1937. 5.

64 장문경, 「산아와 육아-특히 산아제한문제를 중심으로」, 『민성』 38호, 1949. 9.

65 「심야에 병원문을 두드리는 〈산아제한〉의 신여성군」, 『삼천리』 제9권 제4호, 1937. 5.

66 "인간개조론(4)-우생학의 전망(상)", 『동아일보』, 1959. 7. 11.

67 ""MZ 세대는 정자 선택해 임신(상)"… '초이스맘'이 트렌드?", 『서울신문』, 2022. 9. 14.

3장   과학자들의 민족우생론과 그 유산

1   "우생학적으로 본 근친결혼: 강영선",『동아일보』, 1959. 6. 25.

2   국문학자 이행선은 1938년에 설립된 일본 후생성 예방국 우생과의 업무를 소개하면서 "민족우생(民族優生)을 우생학과 민족위생이 결합된 것"이라고 설명했다. 그러나 당대 일본의 우생학자들은 민족위생, 우생학, 민족우생에 큰 구별을 두고 사용하지 않았다. 이보다는 후생성 우생과 설립 전후에 "민족우생보호법안(民族優生保護法案)" 등이 제출되면서 해당 법안의 이름이 미디어나 정부 조직 가운데 널리 쓰이기 시작한 것으로 보인다. 국민우생이라는 용어도 마찬가지로 1940년 국민우생법(國民優生法) 제정 이래 일반화된 것 같다. 이행선, 「일제말, 해방공간 우생학과 소년수(少年囚)를 통해 본 '착한/불량국가' - 거세, 단종법, 격리, 정신병」,『동아시아문화연구』 53, 2013, 329~367쪽.

3   김명선·최신해,『일반과학 인류계교과서 (중등) 생리위생』, 정음사, 1947.

4   "세계보건일의 의의: 본사주최·좌담회(완)",『경향신문』, 1953. 4. 11.

5   강영선 외,『신제 유전학』, 문운당, 1968, 335~337쪽. 우생 관련 장은 강영선이 집필했다고 서문에 밝혀져 있다.

6   이병구·민경찬·김사달,『고등체육』, 고시학회, 1956, 268~270쪽. 1967년에 김사달이 집필한『보건위생』교과서에서도 정확히 동일한 내용이 실려 있다.

7   김형익, 「우생에 관한 상식」, 김익달 엮음,『국민의학전서』, 대양출판사, 1955, 1344쪽.

8   "의학에세이「93」생명과학의 중요성",『동아일보』, 1974. 6. 14. 백용균의 우생학적 불만에 대해서는 그의 1995년도 정년기념 회고록을 참고하면 된다.

9   "민족전통을 중시: 김대법원장, 민법안취지설명",『동아일보』, 1957. 11. 7.

10   "근친결혼과 유전: 민법수정안에 대한 유전과학적 고찰 (상)",『동아일보』, 1957. 11. 27.

11   "근친결혼과 유전: 민법수정안에 대한 유전과학적 고찰 (하)",『동아일보』, 1957. 11. 28.

12   "동성동본결혼의 허용범위: 유전과 입법 사이에서 (상)",『동아일보』, 1957. 12. 3; "동성동본결혼의 허용범위: 유전과 입법 사이에서 (하)",『동아일보』, 1957. 12. 4.

13 강영선, 「遺傳學에서는 同姓同本結婚을 어떻게 보는가」, 『여원』 2, 1958, 220~224쪽.

14 이승만, 『애국애족의 길: 대통령 리승만 박사 정책교서』, 신문학회, 1958, 55쪽.

15 "젊은 세대가 보는 혼인법", 『동아일보』, 1957. 11. 28.

16 "혈족결혼과 유전: 열성인자와 병중인자", 『동아일보』, 1959. 3. 26.

17 "우생학적으로 본 근친결혼", 『동아일보』, 1959. 6. 25.

18 Yung Sun Kang and Wan Kyoo Cho, "Data on the Biology of Korean Populations", *Human Biology* 31 (1959), pp. 244~251; "우생학적으로 본 근친결혼: 강영선", 『동아일보』, 1959. 6. 25.

19 신영전, 「우생에 나타난 1930년대 우리나라 우생운동의 특징-보건사적 함의를 중심으로」, 『의사학』 15, 2006, 133~155쪽.

20 김명선, 「단종법안에 대한 비판: 국민우화의 근본책으로의 방안」, 『조광』, 1938, 301쪽.

21 "한국민족우생협회발족", 『한성일보』, 1946. 10. 20. 신영전·정일영, 「미수(靡壽) 이갑수(李甲秀)의 생애와 사상: 우생 관련 사상과 활동을 중심으로」, 『의사학』 28, 2019, 52쪽에서 재인용.

22 같은 글, 52쪽.

23 "민족우생학상, 화류병예방요급", 『독립신문』 1947. 10. 1; "신랑신부진단서 필요, 보건부에서 우생결혼법안기초", 『수원경제신문』, 1949. 8. 31.

24 김재형·오하나, 「한센인 수용시설에서의 강제적 단종·낙태에 대한 사법적 해결과 역사적 연원」, 『민주주의와 인권』 16(2016), 190쪽.

25 김사달, 「우생학과 유전: 우생결혼과 단종수술에 대하여」, 『여성계』 7권 6호, 1958, 90~93쪽.

26 "산아제한에 대한 시비", 『동아일보』, 1959. 12. 6.

27 김사달, 『좋은 아기를 낳는 가족계획』, 신태양사, 1961, 24~25쪽, 그리고 38~41쪽.

28 김인달, "의학상으로 본 인구정책", 『대학신문』, 1959. 6. 15.

29 권이혁, "민족자질 향상에의 제언", 『대학신문』, 1959. 6. 15.

30 같은 글.

31 같은 글.

32 최종선, 「한국에 있어서의 가족계획에 대한 고찰: 방문조사를 중심으로 하여」, 서울대학교 보건대학원 석사학위논문, 1960, 8쪽.

33 윤석춘, 「각국 우생법의 비교고찰」, 서울대학교 보건대학원 석사학위논문, 1960, 5쪽.

34 같은 글, 35쪽, 그리고 38~39쪽.

35 "임신중절은 살인행위", 『동아일보』, 1963. 5. 9.

36 "가부 임신중절: 국민우생법안지상공청", 『동아일보』, 1964. 3. 11.

37 김택일, 「가족계획사업 30년 회고」, 한국보건사회연구원 편, 『인구정책 30년』, 보건사회연구원, 1991, 30~48쪽.

38 신유나·최규진, 「모자보건법 제14조(인공임신중절수술의 허용한계)의 역사: 인구정책변화에 따른 의미 변화와 '사회경제적 이유' 포함 논쟁을 중심으로」, 『비판사회정책』 66, 2020, 93~130쪽.

39 "가부 임신중절: 국민우생법안지상공청", 『동아일보』, 1964. 3. 11.

40 권이혁, 『공중보건학』, 동명사, 1963, 197쪽, 그리고 200~203쪽.

41 같은 책, 203~204쪽.

42 같은 책, 205~206쪽.

43 같은 책, 206쪽, 그리고 219~222쪽.

44 권이혁, 『인구와 보건』, 동명사, 1967, 164쪽.

45 요코야마 다카시, 『일본이 우생사회가 될 때까지: 과학계몽, 미디어, 생식의 정치』, 안상현·신영전 옮김, 한울아카데미, 2018, 8장.

46 같은 책, 202쪽, 222쪽.

47 KS신서간행회, 『공중보건학』, 수문사, 1962. 이 역시 우생학을 적용하여 "악질자"를 제한하는 내용과 일본의 우생보호법에 관한 소개가 실려 있었다. 1968년에 출간된 홍재길의 교과서 역시 우생학, 역선택, 우생보호법에 대해 앞선 두 교과서들과 대동소이한 내용을 다루고 있었다. 홍재길, 『공중보건학』, 실문출판사, 1968.

48 "정박아불임수술 꼭 해야 하나", 『조선일보』, 1975. 7. 2.

49 추종길·심재국, 『환경과 인류』, 정문각, 1998, 174~175쪽.

50 Jaehwan Hyun, "Tracing National Origins, Debating Ethnic Homogeneity: Population Genetics and the Politics of National Identity in South Korea", *Historical Studies in the Natural Sciences* 49, 2019, p. 375.

4장 한국 가족계획사업과 장애인 강제불임수술

1 仙台地判 令和元·5·28 判夕1461号, 153頁.

2 "'강제불임' 국가에 의한 인권침해…피해자들 승소", 『일다』, 2022. 6. 16.(https://www.ildaro.com/9371) 일본에서의 우생보호법과 강제불임수술에 관해서는 每日新聞取才班, 『强制不妊−旧優生保護法を問う』 每日新聞

出版, 2019; 藤野 豊, 『强制不姙と優生保護法』岩波書店, 2020 등 참조.

3 김호연, 『우생학, 유전자 정치의 역사』, 아침이슬, 2009, 32쪽; 앙드레 피쇼 지음, 『우생학: 유전학의 숨겨진 역사』, 이정희 옮김, 아침이슬, 2009, 51~52 쪽; 각국의 우생학 입법 과정에 대해서는 中村滿紀男 編著, 『優生學と障害 者』, 明石書店, 2004 참조.

4 소현숙, 「일제 시기 출산통제담론 연구」, 『역사와 현실』 38, 2000; 신영전, 「『우생(優生)』에 나타난 1930년대 우리나라 우생운동의 특징: 보건사적 함 의를 중심으로」, 『의사학』 15-2, 2006.

5 이 책의 6장 김재형의 글 참조.

6 염운옥, 『생명에도 계급이 있는가: 유전자 정치와 영국의 우생학』, 책세상, 2009, 12~13쪽.

7 배은경, 『현대 한국의 인간 재생산: 여성, 모성, 가족계획사업』, 시간여행, 2012, 3장·4장; 조은주, 『가족과 통치: 인구는 어떻게 정치의 문제가 되었 나』, 창비, 2018, 3장 참조.

8 신유나·최규진, 「모자보건법 제14조(인공임신중절수술의 허용한계)의 역 사: 인구정책 변화에 따른 의미 변화와 '사회경제적 이유' 포함 논쟁을 중심으 로」, 『비판사회정책』 66, 2020, 103쪽.

9 배은경, 앞의 책, 37~43쪽.

10 차옥희, 「인공임신중절의 사회의학적 조사」 서울대 보건대학원 석사학위논 문, 1962, 4쪽.

11 "임신중절은 살인행위", 『동아일보』, 1963. 5. 9.

12 "공청회 후퇴한 모자보건법", 『경향신문』, 1970. 12. 5.

13 요코야마 다카시 지음, 『일본이 우생사회가 될 때까지: 과학계몽, 미디어, 생 식의 정치』, 안상현·신영전 옮김, 한울아카데미, 2019, 제8장 참조.

14 전효숙·서홍관, 「해방 이후 우리나라 낙태의 실태와 과제」, 『의사학』 12-2, 2003, 137쪽 표 1.

15 모자보건법은 제정 이후 여러 번 개정이 시도되었다. 결국 1986년 5월 10일 개정으로 14개의 조항이 29개로 증가하고 인공임신중절수술의 허용한계도 제8조에서 제14조로 변경되었다(모자보건법 법률 제3824호, 1986. 5. 10). 이와 더불어 모자보건법 시행령도 제3조가 제15조로 변경되었으나, 인공임 신중절수술을 할 수 있는 우생학적 또는 유전학적 정신장애나 신체질환에 관 한 규정은 동일하게 유지되었다(모자보건법시행령 대통령령 제12046호, 1986. 12. 31). 이후 1990년대 중반에 접어들면서 인구 정책의 기조가 바뀌 어 저출산·고령사회에 대한 대응이 주요 과제가 됨으로써, 2009년 다시 한번 개정, 모자보건법 제14조와 시행령 제15조가 개정되었고 인공임신중절 허용

사유의 범위와 허용 주수가 축소되었으나, 우생학적 사유는 삭제되지 않았다. 최근 낙태죄 폐지와 연동하여 2024년 초 모자보건법이 개정되었으나, 우생학 조항은 여전히 존치하고 있다.(모자보건법 법률 제20215호, 2024. 2. 6.)

16 신동일,「모자보건법 제14조: 개정 필요성과 방향」,『안암법학』32, 2010, 154쪽.

17 앙드레 피쇼 지음,『우생학: 유전학의 숨겨진 역사』, 이정희 옮김, 아침이슬, 2009, 190쪽.

18 이와 관련한 자세한 내용은 이 책의 2, 3장 참조.

19 "의학계 권위들의 임상노트 (33) 결혼과 유전성 질환",『경향신문』1975. 3. 31.

20 "산아제한과 가족계획",『경향신문』1961. 10. 13.

21 "인력개발 (4) 활용",『매일경제』1967. 11. 16; 윤종주, "한국의 인구 문제",『경향신문』1970. 7. 13.

22 "인구억제에 적절한 조절",『경향신문』1973. 6. 1; "인구조사 결과를 정책 추진에 살려야",『경향신문』1973. 6. 12.

23 「제58회 국회 보건사회위원회 회의록 제3호」(의안정보시스템).

24 민창동,「가족계획과 법률: 모자보건법과 가족계획」,『가정의 벗』1973. 2, 23쪽.

25 토비앙스 휘비네트 외,『인종 간 입양의 사회학: 이식된 삶에 대한 당사자들의 목소리』, 뿌리의 집, 2012, 279쪽.

26 조은주,『가족과 통치: 인구는 어떻게 정치의 문제가 되었나』, 창비, 2018, 224쪽.

27 김원규,「1970년대 법률 담론에 나타난 하층여성(성)」,『서강인문논총』30, 2011, 39쪽.

28 "비극의 감소와 윤리의 혼란",『동아일보』1973. 2. 1; "모호한〈불임 수술대상 규정〉",『동아일보』1973. 10. 19; "공포된 모자보건법 시행령 불임수술 대상 구체화",『경향신문』1973. 5. 29; "구체화된 중절 불임대상, 시행령 공포로 본 궤도 오른 모자보건법",『동아일보』1973. 5. 30.

29 "간질 등 유전성 환자 불임강제시술 검토",『경향신문』1975. 3. 6; "유전성 정신질환 가진 소녀 9명 국내 첫 강제불임시술할 듯",『동아일보』1975. 6. 24.

30 "신경정신의학회, 보사부에 건의, "불임시술 재고를"",『경향신문』1975. 6. 26.

31 "강제불임, 그 시비의 저변",『경향신문』1975. 6. 26; "찬반 엇갈린 강제불임수술",『동아일보』1975. 6. 30; "정박아 불임수술 찬반토론",『동아일보』

1975. 7. 22.

32 "신경정신의학회, 보사부에 건의, "불임시술 재고를"", 『경향신문』 1975. 6. 26; ""강제불임 시술 신중을" 정신의학회 건의, 유전성 재검사 필요", 『동아일보』 1975. 6. 26; "유전병 환자는 3~4명뿐", 『경향신문』 1975. 6. 27.

33 "우수 열등 공존할 권리 있다", 『경향신문』 1975. 7. 7. 한국행복한가정운동협의회는 정부의 가족계획 정책에 대응하여 인공적인 임신중절과 피임을 비판하고 자연가족계획법의 보급을 위해 가톨릭이 조직한 단체이다. 1973년 2월 한국 가톨릭병원 협회 내에 '행복한 가정 연구위원회'가 발족되었고, 이후 1975년 5월 주교회의 산하 독립기구로 전환하여 서울에 전국협의회, 각 교구에 교구위원회를 두었다. 인간의 존엄성과 생명권 보호를 위해 활동하였다. 최선혜, 「1960~70년대 한국 정부의 가족계획사업에 대한 가톨릭의 대응」, 『인간연구』 9, 2005, 195쪽.

34 "강제불임시술 철회 인권옹호연서 촉구", 『동아일보』 1975. 6. 27. 국제인권옹호 한국연맹은 '세계인권선언'의 이념을 구현하기 위하여 1953년 10월 24일 창립되었다. 인권사상의 앙양, 인권 제도의 개선, 인권침해의 구제, 북한 인권의 개선 등을 표방하고 활동해왔다. 본 연맹은 대한인권옹호연맹으로 1953년 창립하여 1955년 UN인권이사회 산하 비정부국제기구인 국제인권옹호연맹에 1955년 기입하였고, 57년 국제인권옹호 한국연맹으로 개칭. 1941년 뉴욕에서 창립된 국제인권연맹은 비정부국제기구로서 26개국에 41개의 지부를 두었다(www.humanrights-korea.or.kr/).

35 임지연, 「1960~70년대 한국 정신의학 담론 연구」, 『의사학』 26-2, 2017, 199~200쪽.

36 이정은, 「한국 인권운동의 토대 형성: 해방 후부터 1970년대 초까지」, 『역사비평』 103, 2013, 86~87쪽.

37 "찬반 엇갈린 강제불임수술", 『동아일보』 1975. 6. 30.

38 "천륜이냐 우생이냐 유전성 질환 강제불임시술명령: 각계 반향을 알아보면", 『경향신문』 1975. 3. 8.

39 "본인에게도 다행", 『경향신문』 1975. 7. 2; "우수민족 위해 불임수술 불가피", 『경향신문』 1975. 3. 12.

40 "의학에세이 (199) '바보'의 인권", 『동아일보』 1975. 7. 7; "정신병과 유전", 『동아일보』 1975. 8. 21.

41 "유전병 환자는 3~4명뿐", 『경향신문』 1975. 6. 27.

42 "학자들 이론 분분해서", 『경향신문』 1975. 9. 5.

43 "충남 정심원 75년에도 강제불임시술 의혹", 『연합뉴스』 1999. 8. 20; "정신장애도 서러운데… "66명 강제 不妊(불임)수술"" 『조선일보』 1999. 8. 20.

44 "스웨덴 '강제불임수술' 충격", 『경향신문』 1997. 8. 27; "스웨덴 '우생학 불임시술' 파문", 『한겨레』 1997. 8. 27; "강제불임시술 미국이 원", 『한겨레』 1997. 8. 29; "복지천국 북유럽국, 강제불임시술 지옥", 『동아일보』 1997. 8. 31; "日도 작년까지 불임시술", 『동아일보』 1997. 9. 18; "뉴질랜드서도 강제불임수술", 『경향신문』 1997. 9. 2; "프랑스도 강제불임시술 정신박약 여성 대상 최소 1만 5,000명", 『한겨레』 1997. 9. 11.

45 법률 제5859호 모자보건법 1999. 2. 8. 일부개정.

46 "정신장애 66명 강제 불임수술", 『동아일보』 1999. 8. 20.

47 "정신장애인 불임수술 관이 주도", 『한겨레』 1999. 8. 23; 윤민화, "정신지체 장애인 강제불임수술 실태와 대책", 『월간 복지동향』 12, 참여연대사회복지위원회, 1999, 31~32쪽.

48 김홍신, 「장애인 불법·강제불임수술 실태와 대책에 관한 조사보고서」, 1999 (장애우권익문제연구소 자료실 http://cowalk.or.kr/bbs/board.php?\-bo_table=B20&wr_id=422), 11쪽 표 재구성.

49 "장애인 강제불임수술 관이 주도", 『연합뉴스』 1999. 8. 22.

50 최원규, "생명권력의 작동과 사회복지: 강제불임 담론을 중심으로", 『비판사회정책』 12, 2002, 167쪽.

51 "자기결정권 없는 장애인 불임수술", 『서울신문』 2019. 4. 18.

5장   산전진단기술이 만들어낸 우생학적 공포

1 배은경, 「한국사회 출산조절의 역사적 과정과 젠더」, 서울대학교 대학원 박사학위논문, 2004; 조은주, 『가족과 통치』, 창비, 2018; 박승만, 「복강경의 기술사」, 연세대학교 대학원 박사학위논문, 2021; 하정옥, 『한국 생명의료기술의 전환에 관한 연구』, 서울대학교 대학원 박사학위논문, 2006; 정연보, 「생명경제와 재생산: 가족계획 사업의 실험적 성격과 연구자원으로서의 몸」, 『과학기술학연구』 20:3, 2020, 31~64쪽.

2 김재형·오하나, 「한센인 수용시설에서의 강제적 단종·낙태에 대한 사법적 해결과 역사적 연원」, 『민주주의와 인권』 16:4, 2016, 153~200쪽; 소현숙, 「우생학의 재림과 '정상/비정상'의 폭력: 가족계획사업과 장애인 강제불임수술」, 『역사비평』, 132, 2020, 259~294쪽.

3 박창현·김금진·김경희·정유나, 『장애아동 관련 실태조사 및 종합적 지원체계 구축방안 연구』, 육아정책연구소, 2021.

4 다운증후군의 경우 해외는 1만 명 출생당 8.3명, 일본은 1만 명 출생당 10.57

명, 미국은 1만 명 출생당 13.56명이다. Kim, Min-A., et al, "Prevalence of birth defects in Korean livebirths, 2005-2006," *Journal of Korean medical science* 27:10, 2012, p. 1233~1240.

5 마거릿 생어를 대표로 하는 산과술 도입을 주도한 초기 여성운동과 우생학 간의 관련성은 비교적 잘 탐구된 주제이다. Richardson, Angelique. *Love and eugenics in the late nineteenth century: Rational reproduction and the new woman*, Oxford: Oxford University Press, 2003;, Jane Carey, "The Racial Imperatives of Sex: birth control and eugenics in Britain, the United States and Australia in the interwar years." *Women's History Review* 25, 2012, pp. 733~752; Soloway, Richard A., "The 'perfect contraceptive': eugenics and birth control research in Britain and America in the interwar years," *Journal of Contemporary History* 30:4, 1995, pp. 637~664 참조.

6 김집,「人間染色體」,『대한의학협회지』6:3, 1963, 294~309쪽.

7 권오주 외,『(우리나라) 의학의 선구자 제2집』, 한국의학원, 2009, 383~386쪽. 버지스는 주로 방사선이 세포 유전체에 미치는 영향이나 다운증후군 부모에 관하여 연구하였다. Wald, Niel, et al., *A Cytogenetic Study of Some Radium Dial-painters and Their Progeny*. USAF School of Aerospace Medicine, Aerospace Medical Division (AFSC), 1963, pp. 1~7; Borges, Wayne H., James W. Nicklas, and Charles W. Hamm, "Prezygotic determinants in acute leukemia," *The Journal of pediatrics* 70:2, 1967, pp. 180~184.

8 Oh, Yung Keun, Tai Sun Shin, and Jong Sun Kim, "Sex Determination with Sex Chromatin of Epithelial Cells from the Oral Mucosa in Koreans.," *Yonsei Medical Journal* 2:1, 1961, pp. 10~12.

9 전택준·서상욱,「가성 반음양의 1예」,『大韓産婦人科學會雜誌』7:4, 1964, 189~190쪽; 최형락 외,「초록보고: 반음양환자의 특징」,『대한산부인과학회 학술대회』41, 1978, 35~36쪽.

10 Bevis, D.C.A. and Mane M.B, "Composition of liquor amnii in haemolytic disease of newborn," *The Lancet* 256:6631, 1950, p. 443.

11 이태호,「羊水中 剝脫上皮細胞의 性染色質에 關한 研究」,『中央醫學』5:6, 1963, 699~702쪽.

12 전택준,「양수중 상피세포로서 태아성별예지에 관한 연구」,『大韓産婦人科學會雜誌』7:4, 1964, 179~184쪽.

13 Ju, Kap Soon, et al. "Prenatal sex determination by observation of the X-chromatin and the Y-chromatin of exfoliated amniotic fluid cells," *Obstetrics and gynecology* 47:3, 1976, p. 287~290; "태아의 성 98% 확진: 양

수세포 흡인. X.Y 염색위 관찰로", 『의사신문』, 1976. 9. 20.

14 경희의료원, 『醫療院二十年史』, 경희의료원, 1992.

15 Marshall D. Levine, and Michael M. Kaback, "Prenatal genetic diagnosis and ultrasound—A perspective: 1975", typescript; Archives of National Institute of Child Health and Human Development (NICHD), NIH. cited in Cowan, Ruth Schwartz, *Heredity and Hope: The Case for Genetic Screening*, Harvard University Press, 2009.

16 "Midtrimester amniocentesis for prenatal diagnosis. Safety and accuracy," *JAMA* 236:13 (1976), pp. 1471~1476.

17 그러나 처음부터 국내에 초음파를 통한 '안전한' 양수천자법이 도입된 것은 아니었다. 처음 주갑순의 양수천자 방법은 심음 도플러(Aloka)를 활용하여 태아의 심음이 들리지 않는 위치를 골라 천자하는 방식이었다. 주갑순, 「양수천자법의 임상적 관찰」, 『大韓産婦人科學會雜誌』 21:4, 1978, 247~252쪽.

18 대한의학유전학회, 『대한의학유전학회 30년사』, 대한의학유전학회, 2011, 201쪽.

19 "아들이냐… 딸이냐 胎兒 性鑑別 성행", 『경향신문』, 1978. 3. 14.

20 조남훈·서문희, 『性比의 不均衡 變動推移와 對應方案』, 韓國保健社會研究院, 1994.

21 Stocker, Juan, and Evens Lorraine, "Fetal sex determination by ultrasound," *Obstetrics and gynecology* 50(4), 1977, pp. 462~466.

22 "「生命 존엄」무시…초음파 胎兒 진단 --保社部 규제 계기로 본 실태", 『조선일보』, 1985. 8. 8.

23 민병근, 「유전성질환과 지능장애」, 『대한의학협회지』 16:7, 1973, 27~32쪽; 문형노, 「정신박약아에 대한 세포유전학적 연구」, 『小兒科』 13:6, 1970, 17~24쪽; 이종현, 「精神薄弱兒의 細胞遺傳學的 研究」, 『충남의대잡지』 2:2, 1975, 423~433쪽; 최규완 외, 「한국인 Down 증후군의 세포유전학적 연구」, 『대한내과학회지』 19:3, 1976, 234~239쪽.

24 이종현, 앞의 논문.

25 강제불임시술명령 시도에 관한 자세한 분석 및 연구는 소현숙, 앞의 논문 참조.

26 이에 관한 자세한 내용은 본 책 4장 참조.

27 Penrose, Lionel S, "The relative effects of paternal and maternal age in mongolism," *Journal of Genetics* 27:2, 1933, pp. 219~224.

28 주갑순, 「임신중 딸 아들 구별하는 법 (1)」, 『가정의 벗』 9:10, 1976, 20~22쪽.

29 주갑순, 「산전양수세포의 유전학적 검사」, 『대한의학협회지』 21:3, 1978, 216~220쪽; 주갑순, 「(21q 21q) 전위형 다운즈증후군아를 가진 임신에서 21번 3배성 다운즈증후군」, 『大韓産婦人科學會雜誌』 22:12, 1979, 1109~1114쪽; 이승현 외, "XYY핵형의 산전태아 진단의 1예", 『大韓産婦人科學會雜誌』 23:10, 1980, 851~858쪽.

30 주갑순, 「산전 태아 염색체검사」, 『大韓産婦人科學會雜誌』 23:8, 1980, 657~664쪽.

31 주갑순, 「임신중 딸 아들 구별하는 법 (2)」, 『가정의 벗』 9:11, 1976, 34~37쪽.

32 양재모, 「人口資質의 向上策」, 『보건학논집』 21:2, 1984, 7~16쪽.

33 김정근·허정, 「人口政策과 人口資質向上을 위한 研究」, 『한국인구학』 3:1, 1980, 5~41쪽.

34 김정근·이선자, 「人口政策과 人口資質에 關한 研究」, 『한국학교보건학회지』 2:1, 1989, 3~37쪽.

35 Cho Nam hoon, *Achievements and Challenges of the Population Policy Development in Korea*, Korea Institute for Health and Social Affairs, 1996.

36 Yang, Young Ho, et al., "The Korean collaborative study on 11,000 prenatal genetic amniocentesis," *Yonsei Medical Journal* 40:5, 1999, pp. 460~466.

37 "바다를 푸르게…病(병)들어가는 沿岸(연안)…오염 現場(현장)을 간다 (2) 馬山灣(마산만)", 『경향신문』. 1979. 7. 5. 미나마따병의 선천성 질병 발발의 대략적 개요는 Kiyotaro Kondo, "Congenital Minamata Disease: Warnings From Japan's Experience," *Journal of Child Neurology*, 15:7, 2000, pp. 458~464, 참조.

38 대구시 수돗물사태 시민단체 대책회의 진상조사위원회, 『대구시 수돗물 페놀 오염 백서』 대구시 수돗물사태 시민단체 대책회의 진상조사위원회, 1991, 19쪽.

39 "대구「페놀오염」충격 임산부 837명「보상투쟁」태세", 『경향신문』, 1991. 8. 11. 環境部 中央環境紛爭調整委員會. 『地方環境汚染被害紛爭調整事例集. 제1집』, 中央環境紛爭調整委員會, 1996, 5쪽.

40 1992년 도별 출생성비에서 대구는 남녀 비율이 124.6으로 전국에서 가장 높았고, 둘째, 셋째, 넷째 아이의 출생 성비는 각각 132.0, 334.0, 442.9로 전국적으로 추종을 불허하는 1위를 차지하는 등 심각한 수준의 출산 전 성별 선택(인공 유산)을 수행했다. 통계청, 『인구동태통계연보』, 통계청, 1990. 조남훈·서문희, 앞의 책에서 재인용. 또한 대구 시내 종합병원 산모를 대상으로

300

한 연구에서는 산모의 초음파 검사 비율이 1984년 27.1퍼센트에서 1987년 74.4퍼센트로 폭증했으며 35세 이상 산모가 초음파 기록이 있는 경우 성비가 450.0으로 높으며 여아 두 명 이상의 산모가 검사를 수행한 경우 그렇지 않은 경우보다 성비가 6.5배 높았다. 지하용·박재용, 「종합병원 출산아의 성비에 관련된 요인」, 『한국인구학회지』 11:2, 1988, 67~76쪽.

41 고경봉·김세광, 「출산 전후 여성들 간의 스트레스지각 및 정신병리의 비교」, 『신경정신의학』, 30:5, 1991, 863~872쪽.

42 "畸形兒 20년새 3倍 증가", 『경향신문』, 1991. 4. 3.

43 보건복지70년사편찬위원회 편찬, 『보건복지 70년사: 질병의 시대에서 건강시대로. 보건의료편. 제2권』, 보건복지부, 2015, 318쪽.

44 박정순·김창규, 「초록보고: 임신초기 AFP수치에 관한 연구」, 『대한산부인과학회 학술발표논문집』 68, 1991, 130쪽.

45 1994년 전미산부인과학회는 35세 이하 산모들 대상으로 모체 혈청 검사 (aFP, hCG, estriol)을 제공할 것을 권고했다. ACOG Committee, "Down syndrome screening. ACOG Committee Opinion: Committee on Obstetric Practice. Number 141--August 1994 (replaces No. 76, December 1989)," *International journal of gynaecology and obstetrics* 47:2, 1994, pp. 186~190. 한국도 전미산부인과학회의 권고에 적극 따랐을 것이다.

46 Yang Young-Ho. et al., "The Korean collaborative study on 11,000 prenatal genetic amniocentesis", *Yonsei medical journal* 40(5), 1999, pp. 460~466.

3부 격리되고 배제된 이들

*   염운옥, 『생명에도 계급이 있는가: 유전자 정치와 영국의 우생학』, 책세상, 2009.

6장 한센인에 대한 강제 단종과 낙태

1 한국한센인권변호단, 『한센인권활동백서 4권』, 2017, 319쪽.

2 같은 책, 320쪽.

3 Leung, Angela Ki Che, *Leprosy in China: a history*, Columbia University Press, 2009, pp. 17~22.

4   Siep Stuurman, "François Bernier and the Invention of Racial Classification," *History Workshop Journal* 50, 2000, pp. 4.

5   조녀선 마크스,『인종주의에 물든 과학』, 고현석 옮김, 이음, 2017, 36~38쪽.

6   Eric T. L. Love, *Race Over Empire: Racism and U.S. Imperialism, 1865-1900*, The University of North Carolina Press, 2004.

7   Love, 앞의 책, p. 154.

8   Rod Edmond, *Leprosy and Empire: A Medical and Cultural History*, Cambridge University Press, 2006.

9   Julius Goldschmidt, "On the etiology and Prophylaxis of leprosy", *The Medical Age* 12, 1894, pp. 197~199.

10   Shubhada S. Pandya, The first International Leprosy Conference, Berlin, 1897: the politics of segregation, História, *Ciências, Saúde-Manguinhos* 10, 2003, pp. 161~177.

11   藤野豊,『日本ファシズムと優生思想』, かもがわ出版, 1998.

12   김재형,「한센인의 격리와 낙인 차별에 관한 연구」, 서울대학교 사회학과 박사학위 논문, 2019, 39~41쪽.

13   藤野豊, 앞의 책, 63쪽.

14   藤野豊,『「いのち」の近代史:「民族浄化」の名のもとに迫害されたハンセン病患者』. かもがわ出版, 2001.

15   김재형,「전염병 환자 가족에 대한 낙인과 차별: 한센인 자녀 사례를 중심으로」,『사회와 역사』137, 2023, 35쪽.

16   Robert Wilson, "Sterlization and Marriage of Lepers", *International Journal of Leprosy and Other Mycrobacterial Disease* 3(2), 1935, pp. 201~204.

17   국가인권위원회,「한센인 인권 실태조사」, 2005.

18   "나병근절은 거세외 무도리, 거세로써 유던방지, 지하박사담."『동아일보』. 1927. 4. 15.

19   "의학상으로 본 산아제한방법론."『별건곤』제34호. 1930. 11. 1.

20   신영전,「식민지 조선에서 우생운동의 전개와 성격: 1930년대『우생(優生)』을 중심으로」,『의사학』15(2), 2006, 133~155쪽.

21   이행선,「일제말·해방공간 우생학과 소년수(少年囚)를 통해 본 '착한/불량국가': 거세, 단종법, 격리, 정신병」,『동아시아문화연구』53, 2013, 329~367쪽.

22   "살인범과 악질자에겐 자녀생산을 금지, 매독환자도 시술후에야 결혼, 이번 의회에 상정된 단종법안."『동아일보』. 1935. 3. 8.

23 김옥주,「경성제대 의학부의 체질인류학 연구」,『의사학』17(2), 2008, 191~203쪽.

24 김재형·오하나,「한센인 수용시설에서의 강제적 단종·낙태에 대한 사법적 해결과 역사적 연원」,『민주주의와인권』16(4), 188~190쪽.

25 김재형,『질병, 낙인: 무균사회와 한센인의 강제격리』, 돌베개, 2021, 158쪽.

26 신영전, 앞의 글, 145쪽.

27 보건부차관 정준모. 1952.7.11. 나병환자취제에관한건. 보의 제2376호. 국총비제372호.

28 "나환자단종연구."『동아일보』. 1959. 12. 10.

29 "의술은 두 분의 천생연분, 우생학계몽에 중점노력: 나병환자가 날로 늘어 감을 개탄."『동아일보』. 1957. 4. 8.

30 김재형·오하나, 앞의 글, 191~192쪽.

31 김재형, 앞의 글, 210~212쪽.

7장 입양에 적합한 아이 찾기

1 김아람,「1950년대 혼혈인에 대한 인식과 해외 입양」,『역사문제연구』22, 2009, 40에서 재인용.

2 국가법령정보센터, https://glaw.scourt.go.kr/wsjo/lawod/sjo192.do?lawodNm=%EB%B3%91%EC%97%AD%EB%B2%95%20%EC%8B%9C%ED%96%89%EB%A0%B9&jomunNo=136&jomunGaji-No= (2023년 10월 22일 접속).

3 국가인권위원회,『기지촌 혼혈인 인권실태조사』, 국가인권위원회, 2003; 이승애,「한국사회에서의 혼혈여성(Amerasian Women)의 경험을 구성하는 젠더와 인종에 관한 연구」, 이화여자대학교 석사학위논문, 2005; 박정미,「혈통에서 문화로?: 가족, 국적, 그리고 성원권의 젠더 정치」,『한국사회학』54:4, 2020, 83~119쪽.

4 제인 정 트렌카·줄리아 치니에르 오패러·신수윤 엮음,『인종 간 입양의 사회학』, 뿌리의 집 옮김, 뿌리의 집, 2012.

5 국가인권위원회,『기지촌 혼혈인 인권실태조사』; 박경태,『소수자와 한국사회』, 후마니타스, 2008; 캐서린 김 외 3인 엮음,『인종주의의 덫을 넘어서: 혼혈 한국인, 혼혈 입양인 이야기』, 강미경 옮김, 뿌리의 집, 2020.

6 이병희, "우생학적 견지에서 본 혼혈아와 유전",『조선일보』, 1946. 12. 1.

7 주요섭,「혼혈」,『대조』, 대조사, 1949, 143쪽.

8 "전국 혼혈아의 실태", 『조선일보』, 1962. 9. 7.

9 홀트아동복지회 50년사 편찬위원회, 『홀트아동복지회 50년사』, 홀트아동복지회, 2005.

10 Nadia Y. Kim "The United States Arrives: Racialization and Racism in Post-1945 South Korea," Demel, Walter and Kowner, Rotem eds., *Race and Racism in Modern East Asia: Interactions, Nationalism, Gender and Lineage*, Boston: Brill, 2015, pp. 274~295.

11 Eleana J. Kim, *Adopted Territory: Transnational Korean Adoptees and the Politics of Belonging*, Duke University Press, 2010.

12 김박 넬슨, 「국제시장에서의 아동 쇼핑」, 제인 정 트렌카·줄리아 치니에르 오 패러·신수윤 엮음, 앞의 책, 176~204쪽. 직접 인용은 180쪽, 183쪽.

13 조가은, 「박정희 정부 해외 입양 정책의 형성과 체제화: 근대화 구상과 해외 입양 체제」, 서울대학교 석사학위 논문, 2019.

14 보건사회부 아동복리위원회, 『한국 장해아동 조사 보고서』, 보건사회부 한국 아동복리 위원회, 1962.

15 보건사회부 아동복리위원회, 앞의 책; Eunjung Kim, *Curative Violence: Rehabilitating Disability, Gender, and Sexuality in Modern Korea*, Durham: Duke University Press, 2017.

16 보건사회부 아동복리위원회, 앞의 책, 28쪽, 34쪽.

17 보건사회부 아동복리위원회, 앞의 책, 14쪽.

18 Amos Morris-Reich, "Anthropology, Standardization and Measurement: Rudolf Martin and anthropometric photography," *BJHS* 46:3, 2013, pp. 487~516.

19 현재환, 「'지방차'와 '고립한 멘델집단': 두 '중심부' 과학과 나세진의 혼종적 체질 인류학, 1932-1964」, 『한국과학사학회지』 37:1, 2015, 345~382쪽.

20 장진요, 「한국인과 백인 및 흑인과의 혼혈아에 대한 체질인류학적연구 제1 편」, 『서울의대잡지』 2:1, 1961, 63~77쪽; 이정환, 「혼혈인의 사회의학적 조사연구」, 서울대학교 박사학위논문, 1962.

21 보건사회부 아동복리위원회, 『한국 장해아동 조사 보고서』, 92쪽.

22 Margaret Valk, "Adjustment of Korean-American Children in Their American Adoptive Homes," Box 10 Folder 2, 1957. 1.

23 ISS Branches Korean Adoption, Box 34, Folder 21, 1958; "Korean Adoptions to 1962," Box 34, Folder 22, 1962.

24 Ibid, 2; "Report on Visit to Korea," Box 34, Folder 22, 1956.

25 신재의, 「일제강점기 치과의사회의 설립과 활동」, 『대한치과의사협회지』

42:2, 2004, 108~137쪽.

26 "구강위생 강조 주간 간설", 『인천일보』, 1947. 6. 11; "구강위생을 강조함, 사탕은 충치의 온상", 『마산일보』, 1952. 6. 10; "이를 튼튼하게", 『경향신문』, 1956. 6. 10; "어린이 구강검사 일군", 『조선일보』, 1961. 6. 21.

27 최동률 외, 「한·미 혼혈아동의 치관에 관한 인종해부학적 연구」, 『현대의학』 6:2, 1967, 181~185쪽; 남기택, 「한국인 혼혈아에 있어 치간 색조에 관한 연구」, 『중앙의학』, 10:6, 1966, 723~725쪽; 장진요, 「한국인과 백인 및 흑인과의 혼혈아에 대한 체질인류학적연구 제1편」; 장진요, 「한국인과 백인 및 흑인과의 혼혈아에 대한 체질인류학적연구 제2편」, 『서울의대잡지』 2:2, 1961, 11~34쪽; 유양석, "한국인과 백인 및 흑인과의 혼혈아의 치궁발육에 관한 연구", 『최신의학』 8:6, 1965, 75~108쪽; 최동률, "한·미 혼혈아동의 영구치붕출 시기에 관한 인종해부학적 연구", 『종합의학』 12:5, 1967, 67~80쪽.

28 최동률 외, 앞의 글; 최동률, 앞의 글.

29 Jenny Bangham, *Blood Relations: Transfusion and the Making of Human Genetics*, Chicago: The University of Chicago Press, 2020.

30 정준영, 「피의 인종주의와 식민지의학: 경성제대 법의학교실의 혈액형 인류학」, 『의사학』, 21:3, 2012, 513~549쪽.

31 장진요, 「한국인과 백인 및 흑인과의 혼혈아에 대한 체질인류학적연구 제1편」, 74.

32 유양석, 「한국인과 백인 및 흑인과의 혼혈아의 치궁발육에 관한 연구」.

33 오기환·김명국, 「한국인과 백인 및 흑인과의 혼혈아의 치아색조에 관한 연구」, 『중앙의학』 9:3, 1965, 361~365쪽.

34 박정형, 「인종적 타자로서의 혼혈인 만들기: 1950년대~1970년대 한국의 의학지식생산물을 중심으로」, 중앙대학교 석사학위논문, 2012; Inga Kim Diederich, "Blood of the Nation: Medical Eugenics, Bio-Nationalism, and Identity Formation in Cold War South Korea," (Ph.D dissertation of UCSD, 2021).

35 서울대학교 의과대학 해부학교실, 『서울대학교 의과대학 해부학교실사』, 서울대학교 해부학교실, 2002.

36 아리샤 오, 『왜 그 아이들은 한국을 떠나지 않을 수 없었나: 해외 입양의 숨겨진 역사』, 이은진 옮김, 뿌리의 집, 2019.

37 "Outline of Child's History," Box 3, Folder 4. 1954.

38 Margaret Valk, "Adjustment of Korean-American Children in Their American Adoptive Homes," Box 10, Folder 2.

39 "Procedures Affecting Born Children Adopted in the United States", Box 3,

Folder 4, (1957).

40   Marianne Welter, "Comparison of Adopted Older Foreign and American Children," Ph.D Dissertation of Case Western Reserve University, 1965, 217.

41   "Adoption of Oriental Children by American White Families Symposium Report," Box 11, Folder 9., 1959.

42   Harry Shapiro, "Anthropology and Adoption Practice," Michael Schapiro ed., *A Study of Adoption Practice, Volume II: Selected Scientific Papers Presented at the National Conference on Adoption*, New York: Child Welfare League of America, 1955, pp. 34~38.

43   Sheldon C. Reed, "Social Fitness versus Reproductive Fitness," *Science* 113, 1951, pp. 294~296; Sheldon C. Reed, "A Short History of Genetic Counseling," *Social Biology* 21:4 1974, pp. 332~339.

44   Sheldon C. Reed, Counseling in Medical Genetics, Philadelphia: W. B. Saunders Company, 1955; Sheldon C. Reed, "Towards a New Eugenics", *The Eugenics Review* 57:2, 1965, pp. 72~74.

45   Sheldon C. Reed, *Counseling in Medical Genetics*, W. B. Saunders & Co, 1963.

46   Alexandra M. Stern, *Telling Genes: The Story of Genetic Counseling in America*, Baltimore: The Johns Hopkins University Press, 2012.

47   The United Nations Educational, Scientific and Cultural Organization, *The Race Concept: Results of an Inquiry*, Paris: Imprimerie des Arts et Manufacture, 1952.

48   Sheldon C. Reed, ibid, pp. 157~158.

49   캐서린 김 외 엮음, 『인종주의의 덫을 넘어서: 혼혈 한국인, 혼혈 입양인 이야기』 강미경 옮김, 뿌리의 집, 2020.

50   임광순, 「국내 조선족 범죄의 실제와 방향성」, 『역사비평』 111, 2015, 358~384쪽.

8장   정신적 결함, 성적 일탈, 우생학

1   보건복지부, 『2019 보건복지통계연보』, 보건복지부, 2019.

2   김진혁, 「이승만 정부시기 의사 집단의 보건의료체제 구상과 재편」, 고려대학교 한국사학과 박사학위논문, 2023.

3   Nathan Hale, "American psychoanalysis since World War Ⅱ", R. Menninger and J. Nemiah, eds., *American Psychiatry after World War Ⅱ, 1944-1994*, Washington DC: American Psychiatric Press, 2000; Elizabeth Lunbeck, "Psychiatry", T. Porter and D. Ross eds., *The Cambridge History of Science* 7: The Modern Social Science, Cambridge UP, 2008.

4   19세기 말 뇌의 유전학과 생물학에 몰두했던 정신과 의사들은 정신질환이 세대를 통해 유전되며 결국 인구 집단 전체의 퇴행을 가져온다는 '퇴행이론'을 지지했다. 이는 19세기 말부터 20세기 초 무렵 절정을 이룬 우생학 운동의 이론적 자원으로 차용되었다. 에드워드 쇼터, 『정신의학의 역사: 광인의 수용소에서 프로작의 시대까지』, 최보문 옮김, 바다출판사, 2020.

5   증상의 호전에 뚜렷하게 작용하는 것으로 밝혀진 항정신증 약물 클로르프로마진이 세상에 나온 것은 1950년대이며, 그로부터 약 20년이 지난 1970년대 말에 이르러 생물학 기반 정신의학은 정신의학의 주류적이고 지배적인 위치를 차지하게 된다. Andrew Scull, "The mental health sector and the social science in post-World War Ⅱ USA. Part 2: The impact of federal research funding and the drugs revolution", *History of Psychiatry* 22:3, 2011, pp. 268~284.

6   Elizabeth Lunbeck, ibid., pp. 665~666.

7   그러나 역동정신의학의 개념적 성격은 유럽과 미국 각각의 지정학적 맥락에 따라 매우 상이하게 이해되고 적용되었다는 점 또한 짚고 넘어갈 필요가 있다. 자레츠키는 유럽에서 태동해 유럽적 사회문화 맥락에서 구시대 타파적·저항적 성격을 지녔던 프로이트 정신분석학은 미국으로 건너가 미국적 사회문화 속에서 저항보다는 개인적 치유와 자기계발의 대중적 양식으로 변모했다고 지적한다. 20세기 초 '포드주의'로 대변되는 미국의 대량생산·대량소비 물질문화는 개인의 가정생활과 내면성에 천착한 프로이트주의 개념들과 선별적으로 착종되어 유토피아 지향적이고 자기계발에 천착하는 중산층 노동자집단을 만들어냈다는 것이다. 결국 "포드주의와 프로이트주의의 운명적 만남"은 내적 개발과 이성애 규범적 가족화를 지향하는 미국 문화 및 그것을 토대로 한 산업자본주의 발달에 기능하게 되었다는 분석이다. 엘리 자레츠키, 『프로이트와 20세기: 정신분석의 사회문화적 역사』, 권오룡 옮김, 문학과 지성사, 2022, 230쪽.

8   20세기 초반 진보주의 시기의 용어인 '위생'(hygiene)은 20세기 중반기 이후 '보건'(health)으로 대체된다. 오늘날 '보건', '의료', '보건의료' 등의 용어는 비슷한 의미로 쓰이는데, "건강을 보호하거나 향상시키는 데 필요한 건강증진, 예방, 치료, 질병 관리, 재활, 보호 등"을 뜻한다. 김창엽·김명희·이태

진·손정인,『한국의 건강 불평등』, 서울대학교출판문화원, 2015, 31쪽.

9   Andrew Scull, "The mental health sector and the social science in post-World War Ⅱ USA. Part 1: Total war and its aftermath", *History of Psychiatry* 22:1, 2010, pp. 6~7.

10 로이 리처드 그린커,『정상은 없다: 문화는 어떻게 비정상의 낙인을 만들어내는가』, 정해영 옮김, 메멘토, 2021; Nathan Hale, "American psychoanalysis since World War Ⅱ"; Andrew Scull, "The mental health sector and the social science in post-World War Ⅱ USA. Part 1".

11 Michael Rembis, *Defining Deviance: Sex, Science and Delinquent Girls, 1890-1960*, Univ. of Illinois Press, 2011; John Schowalter, "Child and adolescent psychiatry comes of age, 1944-1994", R. Menninger and J. Nemiah, eds., *American psychiatry after World War Ⅱ, 1944-1994*, Washington DC: American Psychiatric Press, 2000.

12 John Schowalter, ibid., p. 463.

13 Michael Rembis, ibid., pp. 131~132.

14 Bernard Harcourt, "From the asylum to the prison: Rethining the incarceration revolution", *Texas Law Review* 84:7, 2006, pp. 1751~1786; Elizabeth Lunbeck, ibid.

15 엘리 자레츠키, 같은 책; Ellen Herman, *The romance of American psychology: Political culture in the age of experts*, Univ. of California Press, 1997; Nicole Rafter, *Creating born criminal*, Urbana: Univ. of Illinois Press, 1997, p. 170; Andrew Scull, "The mental health sector and the social science in post-World War Ⅱ USA. Part 1".

16 대한신경정신의학회,「한국정신의학 100년사」, 2009, 89쪽.

17 전쟁 발발 이전 일제시기를 거치며 조선에서는 근대적 정신의학이 스스로의 기반을 갖지 못했다. 일제시기 조선총독부는 정신보건 관련 뚜렷한 정책을 가지고 있지 않았다. 경찰범처벌규칙에 따라 1차적으로 가족에게 정신병자의 보호감독 의무가 부과되었고, 조선총독부의원(후일 경성제국대학 부속의원)과 세브란스병원 정신과 병동 등 소수의 의료시설과 병상이 존재했을 뿐이다. 그렇기 때문에 일제시기 내내 대부분의 조선인은 근대적 정신의료를 경험해 보지 못했고, 1945년 해방 당시 정신과 교육을 받은 의사는 불과 20여 명이었다. 대한신경정신의학회, 앞의 자료; 이방현,「식민지 조선에서의 정신병자에 대한 근대적 접근」,『의사학』 22:2, 2013, 529~578쪽.

18 김진혁,「이승만 정부시기 의사 집단의 보건의료체제 구상과 재편」, 고려대학교 박사학위 논문, 2023.

19   대한신경정신의학회, 앞의 자료; 유석진, 「건국 10년간의 한국 정신의학」, 유
     석진박사 문집 발간위원회 엮음, 『한국 정신의학계의 거목』, 학지사, 2001;
     전한가람·백명재·이도형·조수철, 「한국 군진 정신의학의 역사」, 『대한군
     진의학 학술지』 47:1, 2016, 71~81쪽; 조두영, 「효산 유석진과 정신분석」,
     『정신분석』 23, 2012, 73~78쪽; Jennifer Yum, *In sickness and in health:
     Americans and psychiatry in Korea, 1950~1962*, Ph.D dissertation, Har-
     vard University, 2014.

20   조두영, 앞의 논문.

21   Jennifer Yum, ibid., p. 98.

22   정신의학과 마찬가지로 서구 임상심리학(clinical psychology)과 심리검사
     분야는 세계대전 시 징병검사(screening), 정신적 사상자 치료 등에 활용되면
     서 급진적으로 발전했고, 전쟁 종료 후 정신보건 영역의 대중화 속에서 제도
     학문 및 직업 영역으로서 빠르게 확장되었다. 한국에서도 한국전쟁은 임상심
     리학자들의 활약과 심리검사 도구의 발전에 중요한 계기가 되었다. 전시에 대
     학 심리학과의 교수들은 군대를 위해 웩슬러 검사, 집단용 지능검사, 성격검
     사 도구 제작에 참여했다. 또한 한국 정신의학에서 역동정신의학의 위상이 높
     아지면서 정신의학과 임상심리학의 협업 가능성 또한 커졌다. 원호택·염태
     호, 「한국 임상심리학의 연혁」, 『행동과학연구』 8, 1986, 109~117쪽; Ellen
     Herman, *The romance of American psychology: Political culture in the
     age of experts*.

23   유석진, 「군진의학」, 『한국 정신의학계의 거목』; Jennifer Yum, ibid.

24   Yoo Suckjin, 「Mental disorders in the Korean rural communities」, 『신경정
     신의학』 1:1, 1962, 9~27쪽.

25   Yoo Suckjin, 「Progress in care & treatment of mental illness in Korea」, 『신
     경정신의학』 1:1, 1962, 55~62쪽.

26   Yoo Suckjin, 「Mental disorders in the Korean rural communities」, 『신경정
     신의학』 1:1, 24쪽.

27   하위 범주는 정신분열증, 조울증, 간질, 노인성 정신증, 진행성마비 등이었다.

28   히스테리아는 정신장애 진단 및 통계 편람 초판(DSM-1)에 장애 범주로 포함
     되었다가 역동정신의학이 쇠퇴하고 생물학 기반 정신의학이 재부상하기 시
     작하는 1980년대에 최종 삭제되었다. 주지하다시피 동성애 역시 DSM 진단
     범주에 포함되었다가 1980년대에 삭제되었다.

29   Yoo Suckjin, 「Mental disorders in the Korean rural communities」, 24~25
     쪽.

30   1941년 세브란스 의학 전문학교를 졸업하고 1943년 경성제국대학 의학부

신경정신과 교실에 입국했다. 해방 직후인 1945년 청량리 뇌병원 원장으로 취임했다. 한국전쟁 기간 동안 최신해는 군병원에 차출되어 군인 치료 업무를 맡았다. 대한신경정신의학회, 위의 자료; Jennifer Yum, ibid.

31 최신해, "한국의 정신병 문제(上): 늘어나는 환자 대책을 위하여", 『동아일보』 1959. 4. 3; 최신해, "한국의 정신병 문제(下): 정신보건운동의 필요성", 『동아일보』 1959. 4. 4.

32 김진혁, 「이승만 정부시기 의사 집단의 보건의료체제 구상과 재편」, 227쪽.

33 김장규·이부영, 「해방이후 10년간 한국의 정신과진료」 『신경정신의학』 35:2, 1996, 342~355쪽.

34 T. M. Luhrmann, "Introduction", T.M. Luhrmann and J. Marrow, eds., *Our Most Troubling Madness: Case Studies in Schizophrenia across Culture*, Univ. of California Press, 2016; Andrew Scull, "The mental health sector and the social science in post-World War Ⅱ USA. Part 1".

35 김장규·이부영, 위의 논문, 352쪽: 진성기, 「한국의 재원퇴원 정신장애자 실태의 역학적 연구」『신경정신의학』3:4, 1964, 35~37쪽.

36 김장규·이부영, 위의 논문, 353쪽.

37 앨리슨 케이퍼, 『페미니스트, 퀴어, 불구』, 이명훈 옮김, 오월의봄, 2023; David Garland, *Punishment and Welfare: A history of penal strategies*, Gower, 1987; A. Bashford and P. Levine, eds., *The Oxford handbook of the history of eugenics*, Oxford UP, 2010.

38 David Garland, ibid.; Nicole Rafter, *Creating born criminal*.

39 김재형, 「사회적 배제의 형성: 식민지기 '부랑나환자'」, 서울대학교 사회학과 형제복지원 연구팀 엮음, 『절멸과 갱생 사이』, 서울대학교출판문화원, 2021; 소현숙, 「식민지시기 '불량소년' 담론의 형성: '민족/국민' 만들기와 '협력'의 역학」, 『사회와 역사』, 107, 2015, 41~72쪽; 이방현, 「식민지 조선에서의 정신병자에 대한 근대적 접근」, 『의사학』, 22:2, 2013.

40 유석진, 「건국 10년간의 한국 정신의학」; Yoo Suckjin, 「Progress in care & treatment of mental illness in Korea」.

41 이문형은 일제시기에 제생원 맹아부 및 영흥학교(조선감화령에 의해 '불량소년' 격리 목적으로 설치된 감화시설)에서 재직한 이력이 있으며 정부 수립 후 중앙각심학원 원장으로 부임했다. 더 상세한 이력은 김대현, 「일본의 우생학에서 미국의 우생학으로: 해방이후~1950년대 한국의 소년범죄 담론」, 『역사문제연구』49, 2022.

42 이문형, 「정신박약아에 대한 사회적 영향」, 『사회복지』, 5·6, 1956, 8쪽.

43 김대현, 앞의 논문, 301~339쪽; 신영전·정일영, 「미수 이갑수의 생애와 사

상: 우생 관련 사상과 활동을 중심으로」,『의사학』, 28:1, 2019, 43~88쪽; 현재환, 이 책의 3장.

44 오석환, "정신위생과 소년범죄(上)",『동아일보』1958. 2. 22.

45 소현숙,「전쟁고아들이 겪은 전후: 1950년대 전쟁고아 실태와 사회적 대책」,『한국근현대사연구』84, 2018, 321~351쪽; 추지현,「사회적 배제의 기술들: 부랑인 단속과 노동력의 쓸모」, 서울대학교 사회학과 형제복지원 연구팀 엮음,『절멸과 갱생 사이』, 서울대학교출판문화원, 2021.

46 오석환, "정신위생과 소년범죄(下)",『동아일보』1958. 2. 23.

47 유석진에 따르면 서울아동상담소는 미국에서 20세기 초반 무렵부터 정신위생 운동의 일환으로 제도화된 '아동보호클리닉'을 모델로 한 것으로, 기관의 영문명은 미국 모델을 그대로 옮긴 "Seoul Child Guidance Clinic"이었다. 서울아동상담소는 정신과의사, 임상심리학자, 사회사업가 등이 협력해 의뢰되는 문제 아동에게 표준화된 심리검사를 실시한 뒤 역동정신의학의 개념과 방법을 활용해 진단하고 '치료'했다. 유석진,「건국 10년간의 한국 정신의학」; Yoo Suckjin,「Progress in care & treatment of mental illness in Korea」.

48 조은주,『가족과 통치: 인구는 어떻게 정치의 문제가 되었나』, 창비, 2018.

49 유석진,「창간사」,『신경정신의학』, 1:1, 1962, 7쪽.

50 조은주, 앞의 책, 164쪽.

51 김조설,『한국 복지정책 형성의 역사: 국가와 국민생활의 변혁』, 인간과복지, 2017; 남찬섭,「한국의 60년대 초반 복지제도 재편에 관한 연구: 1950년대와의 관련성을 중심으로」,『사회복지연구』27, 2005, 33~75쪽; 윤홍식,『한국복지국가의 기원과 궤적 2: 반공개발국가 복지체제의 형성, 1945년부터 1980년까지』, 사회평론아카데미, 2019; 이상록,「경제제일주의의 사회적 구성과 '생산적 주체' 만들기: 4.19-5.16 시기 혁명의 전유를 둘러싼 경합과 전략들」,『역사문제연구』25, 2011, 115~158쪽.

52 김재형·추지현·김관욱·김일환·이묘랑·여준민·황지성,「집단시설 인권침해 실태조사 연구용역 사업: 수도권(서울·경기·인천) 및 강원권」, 진실·화해를위한과거사정리위원회·한국방송통신대학교 산학협력단, 2021.

53 서울특별시 부녀과,「윤락여성 선도대책 위원회 개편」, 서울기록원, 1962.

54 유석진,「윤락여성은 갱생할 수 없나」,『새가정』10:2, 1963, 66~67쪽.

55 '윤락여성 선도대책위원회'의 성격과 역할에 대한 자세한 논의는 김대현,「1950-60년대 '요보호'의 재구성과 '윤락여성선도사업'의 전개」,『사회와 역사』129, 2021, 7~59쪽 참조.

56 1961년 부녀복지의 근거 법률로 제정된 윤락행위등방지법은 "요보호여자"를 "윤락행위의 상습이 있는 자"와 그러한 "우려가 있는 여자"라는 모호하고

도덕적인 기준으로 규정했고, 그들을 보호지도소 등 시설에 수용해 선도·보호하는 것을 골자로 했다. 윤락행위등방지법이 제정된 같은 해 설립된 부녀보호소는 같은 법률을 근거로 하고 있기 때문에 그간 부녀보호소는 '윤락(가능성 있는) 여성' 통제나 성매매 정책의 일환으로 주목받아왔다. 그러나 부녀보호소가 수용 대상으로 한 '부랑부녀'라는 기표는 매우 모호한 것이며, 이하에서 살펴보듯 실제 다양한 차이를 지닌 여성들이 혼재되어 있었다.

57 부녀보호소에서 근무하며 서울대학교 행정대학원에서 수학했다. 그는 행정대학원에서 배운 "사회심리학의 지식을 살려 윤락여성의 실태를 분석, 연구"하고 있다고 밝혔다. "낡은 지식으론 새일 못해: 가정·공부·직장 3역 치러", 『조선일보』 1966. 3. 6.

58 김용아, "삼백 명의 사위를 얻고: 시립부녀보호소 이야기", 『여원』 1967년 3월호, 191쪽.

59 고려대학교 심리학과를 졸업하고 부녀보호소 임상심리실의 임상심리사로 근무했다(전병순, 「윤락여성 선도소」, 『여원』 1965년 4월호). 서울아동상담소 공동 설립, 대한정신건강협회 및 윤락여성선도대책위원회 위원 참여 등 심리학자로서 정신보건 영역에 깊숙이 관여한 고려대학교 심리학과 교수 성백선의 영향을 짐작할 수 있는 부분이다.

60 서울시립부녀보호지도소, 「윤락여성에 관한 연구보고서」, 1966, 28~29쪽.

61 서울시립부녀보호지도소, 앞의 자료, 51쪽.

62 서울시립부녀보호지도소, 앞의 자료, 49쪽.

63 클라인(Wendy Kline)에 따르면 미국 사회에서 정신적 결함과 매독의 역사는 궤를 같이한다. 20세기 초 거의 같은 시기에 지능검사와 매독 검사가 도입되어 일반화되었고, 이러한 과학적 진단 방법들은 가난한 여성들을 표적화했다. 하층계급 여성들을 수용한 시설은 여성들에게 지능검사와 매독 검사를 동시에 시행하기 시작했다. 당대 시설 관리자들은 매독과 정신적 결함이 서로 연결된다고 믿었으며, 수용 여성들은 성병의 1차적 전달자이자 "여성 성적 포식자"(female sexual predator)로 지목되었다. Wendy Kline, *Building a Better Race: Gender, Sexuality and Eugenics from the Turn of the Century to the Baby Boom*, Univ. of California Press, 2001, p. 46.

64 에드워드 쇼터, 앞의 책; 앨런 재서노프, 『생물학적 마음: 뇌, 몸, 환경은 어떻게 나와 세계를 만드는가』, 권경준 옮김, 김영사, 2021.

65 완치가 가능해진 이후 신경매독·진행성마비는 타 정신장애에 비해 주목받지 못하는 질환이 되었고, 한국 사회에서도 그것의 이환자가 정확히 어느 시기까지 얼마나 존재했는지를 파악하기는 어렵다. 매우 소수의 정신의학 전문가들이 1960년대에 진행성 마비를 단독으로 다룬 논문을 제출했고(김종은, 「진행

성마비(마비성 치매)의 진단과 치료」,『대한의사협회지』 5:5, 1962; 박충서,
「신경매독」,『대한의사협회지』 8:5, 1965; Lee, H. S.,「Clinical Study on Neu-
rosyphilis」,『대한의사협회지』 16:6, 1963, 76~91쪽), 이후 시기에는 발견
되지 않는다. 다만 1975년 서울시립정신병원 입원환자 390여 명의 실태를
조사한 연구결과에 따르면 진행성마비 환자가 전체 남녀 환자의 3.6퍼센트
정도 분포했다는 기록이 있다(김임·조완숙·변용욱,「서울특별시립 정신병원
의 입원환자 실태보고」,『신경정신의학』, 14:1, 1975, 60~66쪽). 또 1982년
청량리 정신병원과 시립정신병원의 입원환자 실태조사에서도 남성 환자들에
게서 진행성마비가 진단되었다(김정언·서광윤·이병윤,「정신병 행려환자에
대한 임상적 연구」,『고의대논집』 19:3, 1982, 763~787쪽).

66 서울시립부녀보호지도소, 위의 자료, 53~56쪽.

67 서울시립부녀보호지도소, 위의 자료, 19쪽.

68 전병순,「윤락여성 선도소」, 149쪽.

69 보건사회부,『보건사회통계연보』, 보건사회부, 1968.

70 이 결과를 당대 정신질환을 가진 여성의 수가 적었기 때문이라고 단정하는 것
은 위험하다. 전 세계적인 정신보건 관련 연구들은 경제적 빈곤과 젠더가 교
차해 가난한 여성의 정신건강에 매우 큰 영향을 끼친다고 보고해왔다. 특히
최근 실시된 개발도상국 여성 정신보건에 관한 실태조사에 따르면 여성들은
각종 정신질환에 취약하지만, 남녀의 행동 양식에 대한 다른 문화적 각본과
자기 자신을 제외한 모든 가족 구성원의 돌봄 책임자라는 가족 내 지위 때문
에 여성의 장애는 남성보다 주목받지 못하거나 더 커다란 가족의 수치로 여겨
져 드러나지 않는다. 이러한 정황은 1960년대 한국 사회에 정신질환을 가진
여성이 수적으로 적었던 것이 아니라 공적 의료복지 자원의 접근성에서 남녀
간 커다란 간극이 존재했으며, 남녀에게 기대되는 행동에 있어서 젠더 격차
가 장애여성을 비가시화하고 치료나 복지에서 소외되도록 했을 것으로 추정
케 한다. Jishnu Das et al., "The mental health gender-gap in urban India:
Patterns and narratives", *Social Science & Medicine* 75, 2012; Ronald
Kessler, et al., "Sex and depression in the National Comorbidity Survey:
Cohort effects", *Journal of Affective Disorders* 30, 1992; Vikram Patal, et
al., "Women, poverty and common mental disorders in four restructuring
societies", *Social Science & Medicine* 49(1999).

71 진성기,「한국의 재원퇴원 정신장애자 실태의 역학적 연구」.

72 서울시립부녀보호지도소, 앞의 자료, 38쪽.

73 황지성,「장애여성의 시설화 과정에 관한 연구: 서울시립부녀보호지도소 사
례를 중심으로, 1960-2010」, 서울대학교 여성학협동과정 박사학위 논문,

2023.

74 Jennifer Yum, *In sickness and in health: Americans and psychiatry in Korea, 1950-1962*.

75 "세모에 버림받은 사람들: 제대군인 정신병원", 『동아일보』, 1954. 12. 19.

76 서울특별시 부녀과, 「전 국립정신병원 건물관리 조치」, 서울기록원, 1962.

77 이태진 외, 「2016년도 노숙인 등의 실태조사」, 한국보건사회연구원, 2017; 황지성, 앞의 논문.

각 장은 다음 지면에 발표되었던 글들을 수정, 재구성해 수록했다.

1장 '민족성 향상'을 위한 도구, 우생학
　　박지영,「'민족적 체질' 만들기―식민지 시기 조선인 아동 발육 표준 연구」,
　　『사회와 역사』136, 2022, 11~53쪽.

2장 여성의 '선택' 속 우생학의 그림자
　　이영아,「식민지기 여성의 몸에 대한 우생학적 시선의 중층성」,『사회와 역사』
　　135, 2022, 7~33쪽.

3장 과학자들의 민족우생론과 그 유산
　　현재환,「해방 이후 한국의 '민족우생'론과 의과학자들, 1945~1964」,『사회
　　와 역사』136, 2022, 55~92쪽.

4장 한국 가족계획사업과 장애인 강제불임수술
　　소현숙,「우생학의 재림과 '정상/비정상'의 폭력―가족계획사업과 장애인 강
　　제불임수술」,『역사비평』132, 2020, 259~294쪽.
　　같은 글,『약속과 예측―연결성과 인문의 미래』, 2020, 58~98쪽.

5장 산전진단기술이 만들어낸 우생학적 공포
　　최은경,「1970~1990년대 한국 유전자 산전진단기술 도입: 성 감별에서 기
　　형아 공포로」,『사회와 역사』, 135, 2022, 81~109쪽.

6장 한센인에 대한 강제 단종과 낙태
　　김재형·오하나,「한센인 수용시설에서의 강제적 단종·낙태에 대한 사법적 해
　　결과 역사적 연원」,『민주주의와 인권』, 16(4), 2016, 153~200쪽.
　　김재형,「전염병 환자 가족에 대한 낙인과 차별―한센인 자녀 사례를 중심으
　　로」,『사회와 역사』137, 7~49쪽.

7장   입양에 적합한 아이 찾기
      민병웅, 「적합한 몸의 선별과 집단 사이의 위계화: 1950~60년대 한미 해외
      입양 과정에서의 혼혈아의 몸에 대한 지식 생산과 활용을 중심으로」, 『사회와
      역사』 135, 2022, 35~80쪽.

8장   정신적 결함, 성적 일탈, 우생학
      황지성, 「한국 전쟁 이후 정신보건 영역과 여성 몸에 대한 통제」, 『여성과 역
      사』 39집, 2023, 277~324쪽.